Darwin's Garden

다윈의 정원

진화론이 꽃피운
새로운 지식과 사상들

장대익 지음

바다출판사

다윈의 정원을 거닐며

"개와 비둘기에 관한 내용만 남기고 뒤에 있는 어려운 내용
을 덜어낸다면 이 책은 정말 대박이 날 것입니다."

1859년 어느 날 존 머리John Murray 출판사의 한 편집자가 찰스 다
윈Charles Robert Darwin(1809~1882)이 써 보낸《종의 기원On the Origin
of Species》초고를 검토한 후에 조언한 내용이다. 다윈이 이 조언
을 무시한 것은 천만다행이었다.

세상을 바꾼 책《종의 기원》을 독파하려는 열망으로 책장을
힘차게 넘겨본 독자라면, 제1장 처음부터 살짝 품격이 떨어지는
이야기들 때문에 적이 당혹스러웠을 것이다. "옆 동네에 사는
아무개 사육사가 그러는데 비둘기 이놈과 저놈을 교배시켰더니
이런 기막힌 놈이 나왔다" 뭐 이런 식이다. 그는 육종사의 '매직

핸드'에 의해 비둘기나 개의 다양한 변이들이 어떻게 탄생하는지 시시콜콜하게 써내려 갔다. 제1장 제목부터가 '사육 및 재배 환경에서의 변이'이지 않는가! 그러니 뭔가 폼 나는 얘기를 기대하던 독자는 실망할 수밖에 없다.

그러나 다윈이 살던 시대로 되돌아가보면 이야기는 달라진다. 19세기 영국 사회에서는 육종을 통해 특이하게 생긴 비둘기나 개를 만들어내는 일이 대유행이었다. 계층을 막론하고 개 품평회 같은 것들은 가장 인기 있는 이벤트였다. 애견으로 육종된 닥스훈트니 그레이하운드니 그런 것들이 다 그때 탄생한 것이다. 이런 맥락에서 비둘기와 개 얘기로부터 책을 쓴 다윈은 얼마나 탁월한 글쟁이인가! 그는 책 중반에 가서야 히든카드('자연선택에 의한 진화' 이론)를 꺼냈다.

다윈이 영국 함선 비글호HMS Beagle를 타고 5년 정도(정확히는 4년 9개월 동안) 남미 대륙을 탐험했다는 사실은 이제 많이들 안다. 하지만 그가 귀국한 이후 영국 바깥으로 단 한번도 나가지 않은 채 시골에 틀어박혀 40여 년간 가족과 함께 조용히 지냈다는 사실을 아는 사람은 그리 많지 않다. 더욱 흥미로운 점은 그 조용한 삶 속에서 다윈이 자신의 주요 저작들을 모두 출간했다는 사실이다. 다윈은 그곳에서 깊이 생각했고, 집요하게 정리했으며, 줄기차게 썼다. 심지어 흥미로운 실험들도 수행했다. 그리고 거기에는 다윈의 정원이 있었다.

다윈의 정원

1842년 9월 14일, 다윈의 가족은 런던에서 남동쪽으로 대략 25킬로미터 떨어진 다운Down이라는 마을로 이사를 왔다. 북적거리고 더러운 런던 시내에서 사는 것이 슬슬 짜증이 나기 시작한 젊은 다윈 부부가 새로운 거처를 찾아 1년 여를 헤매다 발견한 곳이었다. 비글호를 타고 귀환한 지 6년 후, 사촌인 에마Emma와 결혼한 지 3년 후였다. 다운 하우스Down House로 이사 온 후 그들은 7만 제곱미터나 되는 땅에 정원을 만들고 삶의 뿌리를 내렸다.

그 정원에는 텃밭, 온실, 비둘기장, 산책로, 과수원 등이 있었다. 그것들은 말 그대로 다윈의 실험실Darwin's laboratory이었다. 가령 텃밭에서는 양배추 씨앗의 확산 실험이 한창이었고, 비둘기장에서는 런던까지 가서 구입한 12개 품종이 사육되었으며, 온실에서는 끈끈이주걱과 파리지옥에 대한 식충 실험이 진행되기도 했다. 또한 그는 해부학자 토머스 헉슬리Thomas Huxley(1825~1895)를 비롯한 당대 최고의 과학자들과 산책로를 따라 함께 걸으며 담소와 토론을 즐겼다. 그곳에는 실제로 다음과 같은 것들이 있었다.

온실 (Greenhouse)

열대 식물 종들을 키우고자 1860년대 초에 텃밭 한쪽에 지었다. 원래는 거실에 있는 화분에 열대 식물 표본을 기르려고 했었지

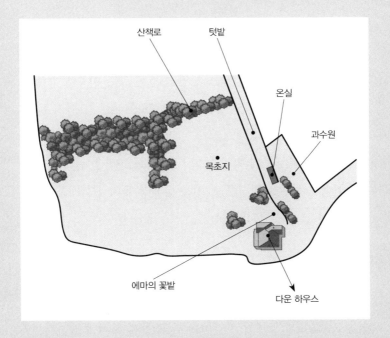

산책로 텃밭 온실 과수원 목초지 에마의 꽃밭 다운 하우스

만, 화분의 크기가 너무 작고 외래종이라 제대로 자라지 않자
이 온실을 설계하게 되었다. 지붕이 유리로 되어 있고 경사가
져 있어 햇빛이 잘 들어오며, 보일러를 통해 온실 속이 따뜻하
게 유지된다. 이 때문에 연약한 표본이 자라는 데 적당한 환경
이 조성된다. 다윈은 이 온실에서 다양한 식물의 성장과 움직임
등에 대해 연구했다. 1855년부터 1867년까지 이곳에서 조사한
내용(주로 식물들의 성장 패턴과 번식과 관련된 행동)들을 '실험 기록서
experiment book'에 기록했다. 그는 이곳에서 여러 난초들이 곤충의
도움을 받아 타화 수분cross-pollination을 하기 위해 얼마나 복잡미
묘한 변이들을 진화시켜왔는지도 입증했다.

텃밭 (Kitchen Garden)

1850년대 후반, 다윈은 《종의 기원》을 집필하면서 텃밭 한쪽을 그의 '실험단experimental beds'으로 만들었다. 그는 이곳에서 앵초과 식물이며 노란색 꽃을 피우는 프림로즈primrose, *Primula vulgaris*와 노란 구륜 앵초cowslip, *Primula veris*로 많은 실험을 진행했다. 그 결과, 동일한 속genus에 속한 두 형태가 타화 수분을 위해 곤충을 활용한다는 사실을 발견했고, 이를 통해 식물의 진화에 관한 그의 연구는 크게 진전되었다.

산책로 (Sand Walk)

다윈은 정원의 가장자리에 400미터 정도가 되는 산책로를 만들어놓고 매일 세 차례씩 지팡이를 짚고 돌며 사색에 잠겼다. 이 산책로를 '사색로thinking path'라 부르는 이유가 바로 그것이다. 때로는 동료들과 함께 지적인 대화를 하며 산보를 하기도 했다. 다윈은 돌을 몇 개 (가령, 정오에는 5개) 세워 놓고 한 바퀴를 돌 때마다 돌을 차서 쓰러뜨리는 방법으로 자신이 몇 바퀴를 돌았는지를 셌다. 간혹 아이들과 함께 산책로를 걷는 경우가 있었는데, 이때 아이들은 아버지를 놀리기 위해 쓰러진 돌을 다시 세워 두기도 했다.

목초지 (Great Meadow)

오른쪽에는 텃밭, 왼쪽에는 길로 둘러싸인 6만 제곱미터 정도

되는 땅이다. 너도밤나무beech tree와 산사나무hawthorn 몇 그루가
호두나무, 체리나무 표본과 함께 심겨 있다. 부싯돌을 골라내며
목초지의 토질을 개선한 다윈은 이곳에서 여러 식물들과 곤충
들을 관찰했다. 1854년에는 호박벌bumblebee이 윙윙거리며 나무
사이를 날아다니는 것을 제대로 관찰하기 위해 아이들을 지휘
하였고, 붉은토끼풀red clover 꽃이 수정하는 데에 호박벌이 꼭 필
요하다는 사실을 발견했다.

과수원 (Orchard)

다윈이 가족들을 위한 과일을 얻기 위해 1843년에 만든 것인데,
나중에는 그의 연구에 사용되었다. 그는 사과, 배, 자두나무의
다양한 변종들을 심었고, 서로 비교하며 연구하였다. 또한 생존
경쟁과 관련한 중요한 요소들을 시험하기 위해 실험을 여러 차
례 반복하며 차근차근 과학 노트를 작성해나갔다. 다윈은 그 연
구들로부터 얻은 결과를《종의 기원》과《가축 및 재배식물의 변
이The Variation of Animals and Plants under Domestication》에 소개했다.

지렁이돌 (Wormstone in Backyard)

다윈의 집 북서쪽 모퉁이에는 잔디로 뒤덮인 땅에 둥그스름하
고 평평한 돌이 하나 있는데, 그 돌의 중간에는 구멍이 나 있
고 그 구멍에 쇠막대기 두 개가 꽂혀 있다. 다윈의 아들 호러스
Horace가 지렁이들이 토양의 이동에 어떠한 영향을 주는지를 알

아보기 위해 만든 것이다. 이 장치를 통해 그는 땅을 파는 지렁이들 때문에 돌이 1년에 2밀리미터 정도씩 가라앉는다는 사실을 알아냈다.

꽃밭 (Flower garden)

4개의 화단을 초본들이 둘러싸고 있다. 이 꽃밭과 여기에 있는 관목들은 다윈의 부인 에마가 관리했다.

지식의 실험실로서의 다윈의 정원

다윈은 늘 호기심이 충만한 학생이었다. 지렁이의 행동이 토양형성에 어떤 영향을 주는지가 궁금하여, 사망 몇 해 전까지도 정원의 한 모퉁이에서 아들, 손자와 함께 실험을 진행했다. 그 결과 지렁이들은 빛에 민감하게 반응하지만 열이나 소리에는 반응하지 않는다는 사실과 400제곱미터 내에 대략 5만 마리 정도의 개체가 서식한다는 사실, 먹이로는 당근을 가장 좋아한다는 사실도 새로이 발견했다.

이른바 '다윈 난초Darwin's Orchid'와 관련된 일화도 정원에서 벌어진 흥미로운 관찰과 깊은 연관이 있다. 다윈은 마다가스카르에서 보내온 한 난초(학명: *Angraecum sesquipedale*)의 기묘한 생김새에 흥미를 보였다. 그 난초에는 30센티미터가 넘는 기다란 거

spur(꽃받침이나 꽃잎 밑부분에 길게 돌출되어 있는 자루 모양의 돌기)가 있었는데, 다윈은 그 난초의 거 끝에 있는 꿀샘까지 가기 위해 30센티미터가 넘는 기다란 주둥이를 가진 곤충이 존재해야만 한다는 결론을 내렸다.

그는 이를 정리하여《곤충 수분을 하는 영국 및 외국 난의 다양한 장치들에 관하여On the Various Contrivances by Which British and Foreign Orchids are Fertilised by Insects》(1862)를 출간했지만, 곤충학자들의 반응은 냉담했다. 그렇게 긴 주둥이를 가진 곤충이 존재할 리가 없다는 것이었다. 하지만 극적인 반전이 있었다. 40년 후인 1903년 마다가스카르에서 그런 나방(크산토판 박각시나방Xanthopan morganii praedicta이라고 한다.)이 실제로 발견된 것이다. 이로써 다윈의 예측이 정확했다는 사실을 모두가 인정하게 되었다.

이 밖에도 다윈은 그의 정원에서 매우 다양한 관찰과 실험들을 수행하였고, 〈원예사의 기록Gardener's Chronicle〉이나 〈원예학 저널Journal of Horticulture〉과 같은 원예학 관련 저널들에 정원에서 수행한 소소한 연구들을 꾸준히 발표했다. 예컨대 씨앗의 생명

크산토판 박각시나방 Xanthopan morganii praedicta

력이 바닷물에서 얼마나 오랫동안 견디는지를 실험적으로 입증했던 그 유명한 연구도 처음에는 〈원예사의 기록〉에 실렸다.

융합의 마당으로서의 다윈의 정원

다윈은 일개 사육사의 흙 묻은 경험에도 귀를 기울이는 과학자였다. 다윈 같은 상류 지식층 인사가 그런 태도를 보이는 것 자체가 파격이라고 할 수 있었다. 그는 당대 최고의 지질학자, 식물학자, 해부학자, 그리고 철학자들을 불러들여 함께 산책했고, 뛰노는 아이들 소리를 들으며 정원 한쪽에 앉아 찰스 디킨스 Charles Dickens(1812~1870)와 조지 엘리엇 George Eliot(1819~1880)의 소설들을 읽었다. 다른 분야의 전문가들과 교류하면서 그의 사상과 글은 어느 누구에게나 호소력을 가진 콘텐츠로 진화했다.

《종의 기원》 개정판 6판(1876)을 출간하면서 출판사 사장에게 런던의 일일 노동자의 임금이 얼마냐고 물었던 일화는 꽤 유명하다. 그 이유는 저렴한 보급판을 만들어 그들에게도 자신의 책을 읽히고 싶어서였다. 그가 책을 써서 벌어들인 인세는 오늘로 치면 10억 원 정도가 된다. 지금보다 훨씬 더 작았을 그 당시의 출판 시장을 생각해보면, 그의 책은 정말 대박이었던 셈이다. 고급 문화 매거진 〈뉴요커 New Yorker〉의 고정 칼럼니스트인 애덤 고프닉 Adam Gopnik은 다윈의 필력을 분석하며 그를 '자연의 소설가

Natural novelist'라 평했다. 만일 다윈이 자신의 전공 분과에만 갇혀 소수의 전문가에게만 통하는 글을 썼다면,《종의 기원》과 같이 세상을 바꾼 과학책이면서 동시에 베스트셀러인 독특한 저작물은 탄생하지 못했을 것이다. 다윈의 3부작인《종의 기원》,《인간의 유래The Descent of Man and Selection in Relation to Sex》, 그리고《인간과 동물의 감정 표현The Expression of Emotions in Man and Animals》은 말 그대로 그 정원에서 가꾼 지식 융합의 열매들이다.

새로운 가치의 터전으로서의 다윈의 정원

그렇다면 150여 년이 지난 지금 다윈의 정원은 어떻게 변해 있을까? 그가 일군 지식의 정원에는 어떤 나무들이 자라고 있을까? 한 그루의 아름드리나무가 늠름하게 서 있는 것은 분명하다. 그것의 이름은 진화생물학evolutionary biology이다. 아직도 종교적 이유 때문에 진화론을 받아들이지 않는 이들이 없지는 않지만, 생물학계에서 진화론은 더 이상 선택의 문제가 아니다. 150여 년간 이 나무는 온갖 풍파를 견뎌냈고 더 튼실해졌다.

진화생물학이라는 거목 주위로 그동안 다윈의 정원 곳곳에는 새로운 가치들이 자라났다. 우선 철학의 땅에 진화의 열매가 맺혔다. 다윈의 사상은 플라톤의 시대 이래로 서양철학의 토대가 됐던 '본질주의essentialism'의 토양을 갈아엎었다. 본질주의는 세상에 존재하는 모든 것의 본질을 찾고자 하는 열망인데, 다윈 이전의 사람들은 자연계에서도 그런 본질을 찾으려 했었다. 아직도 많은 사람이 "우리 인간은 다른 동물들과 본질적으로 다르다"라고 하지 않는가. 그들에게 변이는 비정상일 뿐이다.

하지만 다윈의 생각은 전혀 달랐다. 변이는 그에게 오히려 규범이었다. 가축과 야생의 변이들로 가득한 자신의 정원에서 그는 변이야말로 자연계에 존재하는 유일한 패턴이라고 믿었다. 다윈 이후로 변이는 더 이상 중심에서 이탈한 비정상이 아니라 중심 그 자체가 됐다. 진화론이 철학에 준 충격은 바로 변이에 대한 사고 전환이다.

윤리학의 토양에 뿌려진 진화의 씨앗은 도발의 열매를 맺었다. 리처드 도킨스Richard Dawkins(1941~)는 문제작《이기적 유전자The Selfish Gene》에서 유전자의 관점에서는 동물의 이타적 행동이 모두 이기적일 뿐이며 우리 인간도 '유전자의 운반자'라고 주장했다. 1970년대 이후 많은 진화학자가 이기적 유전자에서 어떻게 남을 돕는 이타적 행동이 진화할 수 있었는지 설명해왔다. 만일 칸트가 지금 살아 있다면 틀림없이 뉴턴의《프린키피아Principia》(원제는《자연철학의 수학적 원리Philosophiae Naturalis Principia Mathematica》)보다 다윈이 쓴《인간의 유래》나 도킨스의《이기적 유전자》를 탐독했을 것이다.

정원 한쪽에 있는 온실에서는 20여 년 전부터 진화심리학 evolutionary psychology이라는 난초가 고운 자태를 뽐내고 있다. 다윈은《종의 기원》말미에서 "심리학이 새로운 토대 위에 세워질 것"이라는 뜬금없는 예언을 던진 바 있다. 요즘 웬만한 대학에서 진화심리학을 가르치고 있는 풍경을 볼 때 그것은 허풍이 아니었다. 진화심리학은 인간의 마음과 행동을 진화론적 관점에서 이해하려는 시도다. 남녀의 짝짓기 행동, 사회성, 인지 능력 등에 대해 기존의 심리학적 설명을 보완하거나 새로운 설명을 제시한다. 진화심리학은 기존 인문학에서 제시한 인간론을 보완하거나 때로는 그것에 도전하면서 21세기의 새로운 과학적 인간학을 제시하고 있다.

다윈이 심은 지식의 묘목은 그뿐이 아니다. 경제학의 게임 이론과 진화론을 접목한 진화경제학, 자연선택론의 관점에서 질병을 이해하고 치료하려는 다윈의학, 보편적 예술성과 문학적 감성의 뿌리를 인간의 인지 적응에서 찾으려는 진화미학, 종교적 신앙과 의례의 기원 및 전파를 과학으로 설명하는 진화종교학 등 또한 가지를 뻗고 있다.

이런 맥락에서 '다윈의 정원'은 진화론이 꽃 피운 새로운 사상과 가치들의 상징이다. 나는 다윈의 지식 정원에서 피어난 새로운 통찰들 중에서 인간을 새롭게 정의하고 있는 '진화 인간학evolutionary studies of human nature'을 제1부에서 충실히 제시할 것이다. 그것에 바탕을 두고 제2부에서는 인문학이 진화론의 영향으로 어떻게 진화했는지에 대해 이야기하려 한다.

자, 이제 다윈의 정원을 산책해보자.

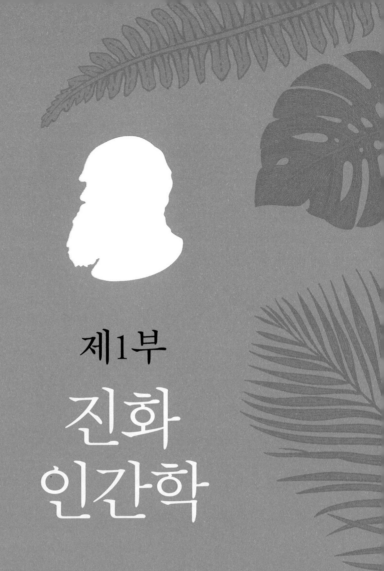

제1부

진화
인간학

다윈의 지식 정원에서 피어난
새로운 인간학

인간은 '다윈 기계'다

진화 인간학의 도전

현대 생물학은 기존의 지식 생태계에서 매우 독특한 위치를 차지하고 있다. 그중에서도 현대 진화론은 과학과 인문학의 경계를 넘나들며 인간을 재규정해왔다. 비록 다윈의 《종의 기원》이 출간된 지 한 세기가 훨씬 더 지난 후이긴 하지만, 1990년대 초부터 심리학과 그 인접 분야들에서 인간의 마음과 행동에 대한 진화론적 연구가 본격화되었다. 그렇다면 진화론의 관점에서 본 인간은 어떤 존재일까? 그런 인간관은 기존 인문학의 인간관과 무엇이 다를까? 나는 여기서 인간에 대한 현대 진화론의 두 가지 중요한 통찰에 대해 논의하려고 한다. 그중 하나는 인간이 '유전자의 생존 기계'라는 것이고, 다른 하나는 인간이 '밈의 생존 기계'이기도 하다는 주장이다. 인간이 이 두 유형의 기계라는 측면에서, 나는 인간을 '다윈 기계Darwinian machine'라 부르려 한다.

"우리는 생존 기계다. 즉, 유전자라는 이기적 분자를
보존하기 위해 맹목적으로 프로그램된 로봇 운반자다."

리처드 도킨스, 《이기적 유전자》

일찍이 토머스 홉스Thomas Hobbes(1588~1679)는 《리바이어던
Leviathan》에서 '자연 상태'를 "만인의 만인에 대한 투쟁"으로 묘
사했다. 그는 인간이 자연 상태를 지나 '사회'를 형성하려면 구
성원 간의 계약이 필요하다는 점을 간파했다. 이때 홉스에게 인
간의 이성은 자연 상태의 야수성을 통제하는 장치이다. 하지만
그가 상정한 자연의 모습은 실제보다 훨씬 더 살벌한 것이었다.
왜냐하면 실제 자연계에서 협동은 경쟁만큼이나 흔하기 때문
이다. 예를 들어 일부 다람쥐 종은 서로에게 위험을 알리는 뚜
렷한 경고음을 내기도 하고, 피를 구하는 데 실패한 흡혈박쥐는
자기 숙소에 있는 다른 동료들에게서 피를 얻으며, 심지어 자기
자식 낳기를 포기하고 평생 동안 여왕개미(여왕벌)를 섬기는 암
컷 개미(벌)와 같이 극단적 행위를 하는 종도 있다.

흥미롭게도 유전자의 눈높이에서 인간을 이해하려는 시도는 자연계에 만연한 이런 협동 행동들에 대한 진화론적 탐구를 통해 시작되었다. 가만히 생각해보자. 대체 협동은 어떻게 진화할 수 있었단 말인가? 이 물음은 《종의 기원》을 쓴 찰스 다윈에게도 매우 곤혹스러운 난제였다. 다윈은 자연선택이 기본적으로 '개체(유기체) 수준'에서 작용한다고 주장했다. 따라서 자기 자신의 적합도$_{fitness}$를 훼손하면서까지 다른 개체와 협동하는 듯 보이는 생명체들의 또 다른 모습은 분명히 설명을 필요로 하는 부분이었다. 이런 의미에서 협동의 진화에 관한 물음이 다윈 이후로 진화생물학의 중심에 자리 잡아 왔다는 사실은 그리 놀랄 만한 것이 못 된다.

다윈은 이 대목에서 도덕성 또는 이타성은 개체가 아닌 집단을 위한 것이라고 대답했다. 하지만 이런 집단 선택$_{group\ selection}$ 이론은 좋은 대답이 아니었다. 왜냐하면 아무리 이타적 개체로만 가득한 집단이라도 이기적 개체가 하나라도 있으면 그 집단은 곧 붕괴될 것이기 때문이다. 그럼에도 불구하고 다윈 이후 100년이 지난 1960년대까지 집단 선택 이론은 대세를 이루었다.

하지만 리처드 도킨스는 《이기적 유전자》에서 집단 선택 이론에 결정적인 반론을 펼치며 다윈이 남겨 둔 퍼즐 조각들을 매우 인상적으로 짜 맞추었다. 그에 따르면, 자연선택은 개체나 집단보다는 오히려 유전자의 수준에서 작용하며 동물의 협동 행동들은 유전자가 자신의 복사본을 더 많이 퍼뜨리기 위한 전략으로서 진화했다. 그는 동물의 이타적 행동이 외견상 이타적일 뿐 유전자의 시각으로는 되레 이기적이라고 주장하며, 인간을 "유전자의 생존 기계이며 운반자"라고 규정한다. 이렇게 우리의 시선을 유전자의 눈높이에 고정하면 상대방을 돕는 행동은 물론, 부모와 자식 간의 갈등, 배우자 간의 갈등, 짝짓기 행동 등과 같이 그동안 사회과학적 설명으로만 이해되었던 현상들이 새롭게 재해석된다.

인간은 유전자의 생존 기계

엄밀히 말해 도킨스는 유전자의 관점에서 자연 · 인간 · 사회를 본다는 것이 무엇인지를 알기 쉽게 전달한 탁월한 해설가였지 유전자 선택론이라는 혁명적 발상의 최초 진원지는 아니었다. 그런 공로는 다윈 이후의 가장 뛰어난 이론생물학자라고 평가받았던 영국의 진화생물학자 윌리엄 해밀턴William Hamilton(1936~2000)에게로 돌아가야 마땅하다. 사실 다윈을 포함한 몇몇 학자들은 동물들이 혈연관계가 없는 개체들보다는 친척들과 더 잘 협동한다는 사실을 이미 오래전부터 인지하고 있었다. 해밀턴은 이런 생각들을 그 유명한 '포괄 적합도 모형inclusive fitness model' 혹은 '친족 선택 모형kin selection model'으로 수학적으로 정식화하였다. 이 모형은 어떤 유전자를 갖고 있는 개체의 적합도에 그 유전자를 공유한 개체(친족)들의 적합도를 더해 그 유전자가 산출하는 형질의 포괄 적합도를 계산함으로써 그 유전자가 세대를 통해 대물림될 수 있는지(즉 그 형질이 진화될 수 있는지)를 예측한다.

예컨대 개미와 벌을 비롯한 진사회성 곤충eusocial insect들의 이타적 행동은 이 모형에 의해 극적으로 잘 설명되었다. 개미 사회를 보자. (벌 사회도 마찬가지다.) 이 사회의 구성원들은 독특한 유전 체계를 가지고 있다. 개미 가계도에 나타나 있듯이 만일 여왕개미가 알을 낳을 때 보관하고 있던 정자를 사용하여 수정란을 낳으면 그 수정란은 암컷으로 자라 일개미 또는 차세대의 여왕개미가 된다. 하지만 정자를 사용하지 않고 미수정란을 낳으면 그 자식은 수개미가 된다. 따라서 개미 사회에서 암컷들은 인간처럼 염색체를 한 쌍씩 지니고 있는 이른바 이배체diploid이지만 수컷들은 염색체를 하나만 지닌 반수체haploid이다.

이런 독특한 유전 체계 때문에 개미 사회에서 일개미들, 즉 자매들 간의 유전 근연도genetic relatedness는 2분의 1이 아니라 4분의 3이다. 그런데 만일 일개미가 수개미를 만나 짝짓기를 하여 자식(일개미)을 낳는다면 어미 일개미와 자식 일개미 간의 유전 근연도는 2분의 1이 된다. 그런데 2분의 1은 4분의 3보다 작다. 해밀턴은 이 사실에 근거해서 일개미가 자식을 낳지 않는 대신에 여왕개미의 출산을 도와 자매를 많이 갖는 쪽으로 진화했다고 주장했다. 왜 곤충 사회에서 '불임'과 '자매 돌보기'라는 극단적인

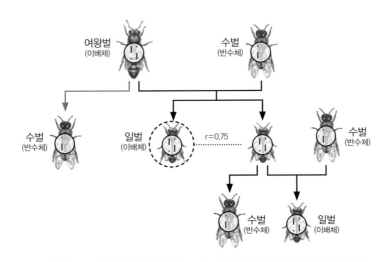

여왕벌
(이배체)

수벌
(반수체)

수벌
(반수체)

일벌
(이배체)

r=0.75

수벌
(반수체)

수벌
(반수체)

일벌
(이배체)

일벌의 경우, 자매들 간의 근연도(relatedness, r)는 0.75이고, 어미와 자식 간의 근연도는 0.5이다. 따라서 일벌은 자식을 낳지 않고 여왕벌을 도와 자매를 많이 가지는 쪽으로 진화하였다.

이타적 행동이 존재하는지가 이로 인해 명쾌하게 설명되었다.

곤충만이 아니다. 가령, *Spermophilus beldingi*라는 종명을 가진 땅다람쥐의 경우에도 포괄 적합도 설명이 잘 적용된다. 이 땅다람쥐는 독수리와 같은 포식자가 주위에 나타나면 경고음을 내곤 한다. 이 경고음을 듣고 다른 개체들은 곧 피신을 해 버리지만 정작 경고음을 낸 개체는 포식자의 표적이 되기 쉽다. 그렇다면 어떻게 이런 이타적 행동이 가능할까? 행동생태학자인 폴 셔먼Paul W. Sherman은 이런 경고음이 '친족들'을 위험에 잘 대처하도록 돕기 위해서 진화된 것이라는 가설을 세우고 이를 경험적으로 입증해보였다. 수컷 다람쥐는 성장한 후에 다른 지역으

로 이주하여 비친족 집단을 이루고 사는 데 비해 암컷은 계속
친족 집단 속에서 지낸다. 따라서 셔먼은 친족이나 자식에게 별
도움을 못 주는 수컷보다 큰 도움을 주는 암컷이 경고음을 더
자주 낼 것이라 생각했고, 경험적 조사를 통해 자신의 가설이
사실임을 밝혀냈다.

　그렇다면 인간의 이타적 행동은 어떻게 설명할 수 있는가?
진화생물학자들은 1964년 이래로 해밀턴의 포괄 적합도 이론을
비롯한 몇몇 다른 이론들까지 동원하여 인간을 포함한 동물들
의 이타적 행동을 설명하기 시작했다. 또한 그런 이론들을 뒷받
침해주는 경험적 증거도 꾸준히 축적해왔다. 그 이론들 중에서
호혜성reciprocity에 의한 협동 행동의 진화 모형은 경제학 이론 분
야에서 진화 게임 이론을 발전시키는 데도 큰 공헌을 했다. 진
화생물학자 로버트 트리버스Robert Trivers(1943~)는 친족이 아닌 개
체 간에 벌어지는 상호 호혜적인 행위들이 어떤 식으로 진화할
수 있는지를 처음으로 탐구했다. 가령 한 개체가 다른 개체를

벨딩 땅다람쥐 Spermophilus beldingi
독수리와 같은 포식자가 나타나면 주위에 경고음을 낸다.
이 경고음을 들은 다른 개체들은 독수리를 피해 도망칠 수 있지만
정작 경고음을 낸 개체는 포식자의 표적이 되기 쉽다.

도울 때 지불할지도 모르는 대가는 아무리 작은 것이라도 나중에 받을지도 모르는 보답보다는 더 클 수 있다. 트리버스에 따르면 이런 상황에서는 누구나 배신의 위험에 직면한다. 왜냐하면 그 상황에서 최대의 이익을 챙기는 개체는 남으로부터 도움만 받고 정작 다른 개체는 돕지 않는 개체일 수밖에 없기 때문이다. 그렇다면 도대체 그런 세계에서 호혜성은 어떻게 진화할 수 있는가? 이 물음에 대해 그동안 연구자들은 게임 이론을 접목시켜 설명해왔다.

하지만 여기서 오해하지 말아야 할 것은, 비친족들 간의 호혜성이 인간의 협동 행동을 더 전형적으로 보여준다 하더라도 친족 선택 자체가 인간에게 작동하지 않는 것은 아니라는 사실이다. 또한 비친족 간의 호혜적 행동도 유전자의 관점에서는 이기적일 뿐이라는 사실도 기억할 필요가 있다. 오히려 이타성의 진화에 대한 더 정확한 이해는 다음과 같이 정리될 수 있다. 동물세계에서는 친족 선택만이 작용하지만 인간의 경우에는 친족선택뿐만 아니라 다른 경로들을 통해서도 이타성이 진화할 수 있다.

하지만 이제는 정설이 되어버린 친족 선택 이론을 비판하며, 학계에서 거의 이단시 되어왔던 집단 선택 이론을 새롭게 부활시키려는 움직임이 있었다. 진화생물학자 데이비드 윌슨David S. Wilson(1949~)과 생물철학자 엘리엇 소버Elliot Sober(1948~)가 그 대표 주자들인데, 그들은 예전의 집단 선택 이론을 폐기하는 대신

'형질 집단trait group 선택' 또는 '다수준multi-level 선택' 이론이라는 새로운 유형의 집단 선택 이론을 들고 나왔다. 그러나 그들의 다수준 선택 모형이 친족 선택 모형과는 현상을 보는 각도만 다를 뿐 서로 번역될 수 있는 것이기에 친족 선택 모형에 비해 더 우월한 모형이 되지 못한다는 비판도 만만치 않다. 최근에는 해밀턴의 포괄 적합도 이론을 널리 알린 에드워드 윌슨Edward O. Wilson(1929~)이 포괄 적합도 이론이 틀렸다고 주장해 논쟁에 새로운 불을 지폈다.

지금까지 이타성의 진화에 대한 진화학자들의 연구가 어떻게 인간에 대한 새로운 통찰, 즉 '인간은 유전자의 생존 기계'라는 도발적 생각과 깊이 연관되어 있는지를 간략하게 살펴봤다. 그런데 이 통찰은 진화된 심리 메커니즘을 연구하는 진화심리학 분야에서 더 확장된다.

유전자를 위한 기계'

다윈은 《종의 기원》의 마지막 부분에서 "심리학은 새로운 토대 위에 기초될 것이다"라고 예언한 바 있다. 윌슨도 1975년에 출판한 자신의 《사회생물학Sociobiology》 마지막 장에서 "사회과학은 가까운 미래에 생물학의 한 분과가 될 것"이라고 호언장담했다. 하지만 심리학 분야에서 다윈의 목소리가 또렷하게 들리기 시작한 것은 이른바 진화심리학이라는 이름이 등장한 1990년대 이후부터다.

진화심리학은 인간의 마음mind이 여러 종류의 수많은 적응 adaptation으로 구성되어 있다고 본다. 인간은 오랜 진화의 역사를 거치면서 여러 유형의 '적응 문제adaptive problems'에 직면했고, 그런 문제를 해결하도록 설계된 마음을 가진 개체만이 진화적으로 성공했을 것이다. 그런데 여기서 중요한 것은, 우리 마음이 모든 문제를 해결하기 위해 설계된 것이 아니라, 특정한 적응 문제(예를 들어 적절한 음식을 찾는 일, 짝을 찾는(또는 지키는) 일, 상대방의 마음을 읽는 일, 동맹을 만드는 일 등)를 해결하기 위해 자연선택에 의해 설계되었다는 대목이다. 이는 마치 우리의 신체가 여러 기관(예컨대, 눈, 다리, 심장 등)으로 구성되어 있듯이 인간의 마음도 하나의 적응적인 기관이라는 뜻이다. 진화심리학자들이 마음을 '정신 기관mental organ'이라고 부르는 이유가 여기에 있다.

이런 생각은 인간의 마음이 어떻게 설계되어 있고 어떤 식으로 작동하는지를 탐구하는 인지신경학·인지심리학에 큰 도전을 준다. 첫 번째 도전은, 인간의 인지 능력이 전에 생각했던 것보다는 훨씬 더 엉성한 구석이 있다는 점이다. 진화심리학의 핵심 이론가인 코스미디스Leda Cosmides(1957~)와 투비John Tooby(1952~)는, 인지심리학에서 잘 알려진 웨이슨Peter Wason(1924~)의 '선택 과제selection task' 실험을 재설계하여 진화심리학적 가설을 시험해보았다. 이를 통해 그들은 인간의 연역 추론 능력의 실상에 대한 진화론적 해석을 꽤 그럴듯하게 제시했다(Cosmides, 1989; Cosmides et al., 1992). 그들에 따르면, 인간의 연역 추론 능력은 주어진 과제가 '사회적 교환social exchange'의 상황일 때 가장 잘 발휘된다. 이런 결과는 인류 진화 역사의 대부분을 차지한 수렵·채집의 기간 동안 인류가 생존과 번식을 위해 해결해야만 했던 적응적 문제(이 경우에는, 사회적 교환 상황에서 사기꾼을 잘 탐지해야만 하는 문제)에 대해 인간의 마음이 적응되었다는 증거이다. 진화심리학자들이 인간의 마음에 '사기꾼 탐지 모듈'이 존재한다고 주장하는 이유는, 바로 이런 사회적 교환 상황에서는 사기꾼을 탐지하느냐 못하느냐가 생사와 번영의 관건이 되었기 때문이다.

원래 '모듈module'이라는 용어와 "인간의 마음이 모듈화되어 있다"라는 주장은 저명한 심리철학자인 제리 포더Jerry Fodor(1935~)가 철학 분야에서 처음으로 제기한 것이었다. 이때 '모듈'이란 특정한 기능을 수행하기 위해 그것의 구성 인자들끼리는 긴밀한 상호작용을 하되 다른 모듈의 구성원들과는 상대적으로 독립적으로 행동하는 장치를 말한다. 그런데 흥미롭게도 정작 포더는, 입력된 감각(언어, 시각, 청각, 미각, 촉각, 후각)을 처리하는 장치들이 각각 모듈로 구성되어 있긴 하지만 그런 입력들을 처리하는 중앙처리장치는 모듈화되어 있지 않다고 주장했다(Fodor, 1983). 그러나 진화심리학자들은 인류의 진화역사에서 '일반적인 문제general problem'란 존재하지 않았고 오직 특수한 적응적 문제들만 있었기 때문에, 중앙처리장치가 모듈에서 제외될 이유 또한 없다고 비판한다. 그들은 만일 마음이 일반적인 문제들을 해결하도록 설계되었다면 오히려 '계산적인 폭발(지나치게 많은 문제를 해결하는 과정에서 생기는 과부하)'이 일어날 것이기에 마음이 구현조차 될 수 없었을 것이라고 주장한다. 그들에 따르면, 모든 것을 소화할 수 있는 일반적인 위장이 진화적으로 존재하지도 않았고 존재할 필요도 없듯이, 모든 문제를 해결할 수 있는 마음은 진화적으로 존재하지도 않았고 존재할 이유도 없다. 따라서 '모듈성modularity'은 진화심리학의 핵심 개념이다 (Barkow et al., 1992; Pinker, 1999).

진화심리학의 두 번째 도전은 인간의 합리적 추론 능력 문제와 깊이 연관되어 있다. 우리가 과연 합리적 행위자인가에 대한 물음은 이제 더 이상 경제학이나 심리학만의 물음이 아니다. 인간의 합리성에 대한 진화론적 고찰은 전통적 경제학과 심리학의 기본 전제들을 뿌리부터 흔들어 놓았다. 지금도 주류 경제학의 설명은 기본적으로 '합리적 선택 이론'에 바탕을 두고 있다. 이 이론에 따르면 인간은 할 수 있는 한 모든 요소를 검토하고 특정 선택을 했을 때 어떤 결과가 나올지를 저울질한다. 그리고 결정하기 전에 이해득실(투자 위험, 감정적·물질적 보상 등)을 따져본다. 선호된 선택은 효용을 극대화한 것이다. 이런 생각은 사실 전통 심리학의 인간관에 기대 있는 것이며 한편으로 정치학을 비롯한 다른 사회과학 분야에서 널리 받아들여진 전제다.

하지만 진화론은 인간이 그런 식의 합리성을 결코 진화시키지 않았다고 반론한다. 인간의 두뇌가 계산 능력이 탁월한 슈퍼컴퓨터로 진화했더라면 지금의 나는 존재하지 않았을 것이다. 왜냐하면 두뇌가 아무리 계산 능력이 뛰어나더라도 엄청나게 복잡다단하고 변화무쌍한 환경에서 수없이 많은 불완전한 정보를 처리하기에는 역부족이기 때문이다. 이는 마치 태풍이 도시 전체를 휩쓸고 지나간 지 2분이 흘렀는데 아직도 태풍의 출현 가능성을 계산하고 있는 슈퍼컴퓨터와도 같다. 인간 두뇌의 사고 능력은 결코 그런 식으로 진화할 수 없었다.

인간의 합리성에 대한 전통적 견해의 비현실성은 심리학자 허버트 사이먼Herbert Simon(1916~2001)이 제시한 '만족화 모형 satisfying model of decision-making'에 의해 본격적으로 비판받기 시작했다. 이 의사 결정 모형은 인간이 가용적이고 우선적으로 감지되는 대안부터 탐색하다가 맨 처음 만족스러운 해결책을 만나면 그것으로 선택을 종료하는 식으로 사고한다는 이론이다. 예컨대 결혼 적령기의 미혼남 중 이상형을 무작정 찾아나서는 미련한 사람은 별로 없다. 대개 자기 주변의 여성 중 가장 매력적인 여성에게 청혼한다. 이것이 바로 만족화 모형이다.

전통적 합리성 이론에 대한 이런 반론은, 사람들이 '발견법 heuristics'이라고 부르는 빠르고 효율적인, 그래서 때로는 부정확할 수 있는 인지 처리 메커니즘을 사용한다는 연구 결과에 의해서 더욱 힘을 얻었다. 인지심리학자 대니얼 카너먼Daniel Kahneman(1934~)과 에이머스 트버스키Amos Tversky(1937~1996)는 확률 추리 과정에서 흔히 나타나는 여러 유형의 편향과 오류를 분석하는 과정에서 인간이 몇 가지 유용한 발견법(일종의 편법)을 사용한다는 사실을 발견했다. 게다가 그 발견법으로 인한 추론상의 오류와 착각은 우발적이기보다는 체계적이며 때로는 교정교육마저 소용없을 정도로 매우 심각하다고 주장한다.

예컨대 동전 던지기를 하는데 다음과 같은 결과가 나왔다고 할 때, 그 다음번에는 어떤 면이 나오겠느냐고 질문해보자.

T-H-T-H-H-T-T-H-H-H-H-?

연구 결과에 따르면 피험자들은 대개 T라고 답한다. 하지만 이런 대답은 틀린 것으로 보인다. 왜냐하면 동전 던지기의 경우 그 이전에 어떤 결과가 나왔든지 간에 앞면과 뒷면이 나올 확률은 1:1로 동일하기 때문이다. 왜 우리는 쉽게 이런 오류를 범하는 것일까? 트버스키와 카너먼 등은 위 사례에서 사람들이 H보다 T가 나오는 경우가 그 반대 경우보다 더 대표적인 연쇄라고 판단하기 때문에 그런 실수를 범한다고 설명한다. 이른바 '대표성 발견법representativeness heuristic'에 의한 불가피한 오류라는 지적이다. 이것은 흔히 '도박사의 오류gambler's fallacy'라고 널리 알려져 있다.

하지만 이런 문제에 대해 진화론을 좀 더 진지하게 적용하기를 원하는 학자들은 그 현상 자체는 받아들이지만 그것이 과연 인지 착오인가에 대해서는 의견을 달리한다. 사실 동전, 주사위, 룰렛 바퀴 등과 같이 '공정한' 도박 기구들은 특수하게 잘 가공돼야 한다. 하지만 100퍼센트 공정한 기구 제작은 사실상 기술적으로 불가능하다. 가령 주사위 눈에서 6이 너무 자주 나오게 되면 그 주사위 자체가 정교하게 만들어지지 않았을 개연성이 실제로 높다. 따라서 실제 도박 기구의 경우 과거의 수행 결과가 미래의 수행 결과에 영향을 미칠 수밖에 없다.

　하물며 자연 세계에 대한 우리의 예측적 판단은 어떠하겠는가? 가령 날씨를 예측할 때 오늘의 날씨를 참고해야 한다는 점은 너무나 명백하다. 왜냐하면 내일의 날씨와 오늘의 날씨는 대체로 공통 원인들을 갖기 때문이다. 오늘의 비가 한반도에 걸쳐 있는 비구름 때문에 왔다면 그 구름이 계속 머물러 있는 한 내일도 동일한 원인에 의해 비가 올 것이다. 이렇게 자연계에서는 과거의 사건이 미래의 사건에 어떤 식으로든 인과적인 관련을 맺고 있다. 따라서 대부분의 자연계에서는 미래의 사건이 과거의 사건과 연관되어 있다는 믿음이 그렇지 않은 믿음에 비해 진화적으로 더 큰 이득을 안겨다 주었을 것이다. 만일 인류가 수십만 년 동안 카지노장에서만 갇혀 지내면서 이길 때마다 번식 성공도reproductive success를 높이는 식으로 진화했다면 자연은 틀림없이 우리의 마음에서 도박사의 오류를 제거했을 것이다. 즉, 진화론적 시각으로는 도박사의 오류가 진정한 인지 착오일 수 없다. 오히려 적응적 추론의 한 사례로 간주될 수 있을 것이다.

수십만 년 동안 인간의 두뇌는 간단한 수와 빈도를 다루도록 진화했지 추상적인 확률 추론을 필요로 하는 복잡한 문제들을 처리하도록 진화하지 않았다.

확률에 대한 개념은 인류 진화사에 비춰볼 때 아주 최근에 등장한 개념이다. 불확실한 상황에서 우리 조상들이 그런 확률을 즐겨 사용했을 가능성은 매우 희박하다. 진화론은 이처럼 인간의 합리적 추론 능력에 대한 기존의 사회과학적 전제들을 재고하게 했다. 이에 기거랜저Gerd Gigerenzer(1947~) 등 일부 진화심리학자들은 합리적 추론에 대한 기존 이론들에 대한 대안으로 '생태적 합리성ecological rationality' 개념을 발전시키고 있다(Gigerenzer et al., 1999; Gigerenzer, 2000).

밈 기계

인간을 유전자의 (생존 및 번식) 기계로 이해하는 진화심리학자들은 연구의 초점을 기본적으로 수렵채집기에 적응된 인간의 심리 메커니즘, 다시 말해 '진화적 적응 환경'에서 유전자의 복제를 최대화하는 심리 메커니즘을 탐구하는 데 주력해왔다. 가령 그들은 짝짓기 상황에서 우리는 왜 이러한 행동을 하는지, 부모와 자식 간에 왜 저러한 행동을 하게끔 심리 메커니즘이 진화했는지를 탐구해왔다. 이렇게 진화심리학은 기본적으로 인간의 보편적 심리 메커니즘의 기원과 진화에 대한 탐구이다.

하지만 질문을 조금 바꿔보자. 인간의 보편적 심리 메커니즘은 어떻게 진화했는지, 그것은 어떻게 작동하는지 등이 아니라, 인간 고유의 심리 메커니즘은 무엇인지, 그리고 그것이 어떻게 작동하는지를 묻자는 것이다. 이 두 유형의 물음은 똑같지 않다. 전자는 인간이 공통적으로 가진 것에 대한 물음이고 후자는 인간만이 가진 것에 대한 물음이기 때문이다. 전자에 대한 대답은, 인간은 다른 동물과 별다를 바 없이 유전자를 위한 (생존과 번식) 기계로 진화했다는 것일 테지만, 후자는 경험적인 '비교 연구'를 통해 대답되어야 하는 질문이다.

인간 본성에 대한 진화심리학적 설명의 밑바닥에는 인간도 다른 동물들과 마찬가지로 유전자의 기계라는 전제가 깔려 있다. 그리고 실제로 우리는 '대체로' 자신의 유전자를 더 많이 퍼뜨리는 방식으로 (무의식적으로든 의식적으로든) 행동한다. 그렇기에 그 행동의 결과들로 우리가 지금과 같은 존재가 되었다는 설명이 틀렸다고는 할 수 없다. 다만 충분하지 않을 뿐이다. 문화를 만드는 존재에 대해서 뿐만 아니라 문화에 영향 받는(때로는 지배 받는) 존재로 진화한 인간에 대해서도 과학적 이론이 필요한데, 진화심리학은 전자에 주로 특화된 설명이기 때문이다. 나는 여기서 잠시 후자의 질문에 집중하여 인간 본성에 대한 또 다른 진화론적 이해로 나아가려 한다. 그것은 인간 독특성 uniqueness의 진화와 관련되어 있다. 이른바 '밈 이론'은 이런 문제

의식에서 출발한, 인간 본성에 대한 또 다른 진화론적 이해이다
(인간 독특성의 진화에 관한 본격적 논의는 2장~3장에서 이어진다).

'밈'이란 무엇인가? 흥미롭게도 이 용어 역시 도킨스의 것이
다. 그의 《이기적 유전자》의 11장에는 인간의 문화 현상에 대한
새로운 진화론적 설명이 등장한다. 장의 제목처럼 거기서 그는
'밈'이라는 '새로운 복제자replicator'를 탐구했다.

나는 새로운 종류의 복제자가 지구 상에 최근에 출현했다고
생각한다. 이것은 우리 눈앞에 있다. 아직은 유아기에 있으며
원시 수프 속에서 서투르게 헤매는 중이다. 하지만 낡은 유전
자들이 따라잡을 수 없는 속도로 진화적 변화를 겪고 있다.
이 새로운 수프는 인간 문화의 수프이다. 우리에겐 새로운 복
제자의 이름이 필요한데, 그것은 문화 전달transmission의 단위,
혹은 모방imitation의 단위라는 개념을 표현해줘야 한다. 이에
관한 그리스어 어원은 'Mimeme'이지만, 나는 'gene'과 같은
단음절을 원한다. 내가 mimeme를 meme으로 줄여 부를 때 고
전학자 동료들이 나를 용서해줬으면 한다. 이를 양해해준다
면, 이것은 'memory', 혹은 불어의 'même'과 연관된 것으로 간
주될 수도 있을 것이다. (리처드 도킨스, 《이기적 유전자》)

문화에 관해 이야기하지 않고 인간의 독특성을 이해할 수는 없
을 것이다. 그는 밈의 사례로 '선율, 아이디어, 캐치프레이즈, 패

션, 주전자 만드는 방법, 문 만드는 기술' 등을 들었다. 그리고 신 개념idea of God을 일종의 '복제자 이론'으로 설명한다.

우선 밈을 또 하나의 복제자로 간주한다는 것은, 예컨대 복제자의 세 가지 요건(수명longevity, 산출력fecundity, 복제 충실도copying-fidelity)이 밈 영역에서 어떻게 적용되는지, 그리고 그것들이 유전자의 경우와 어떻게 유사하고 다른지를 비교한 후에 유전자가 복제자인 이유와 똑같은 의미에서 밈도 복제자라고 간주한다는 뜻이다. 가령 복제 충실도 면에서 유전적 복제자의 경우에는 매우 높지만 문화 복제자의 경우에는 그렇지 않다는 가상 반론에 대해, 그는 유전적 복제의 경우에도 그 충실도가 낮은 경우가 있으며 문화 복제의 경우에 오히려 충실도가 높은 경우들이 존재한다고 대답한다.

따라서 도킨스가 밈을 복제자로 간주하는 것은 밈이 유전자와 중요한 면에서 상당히 유사하기 때문이라기보다는 유전자와 마찬가지로 밈도 복제자의 주요 특징들을 대체로 만족시키기 때문이라고 봐야 한다. 이런 맥락에서 밈과 유전자가 서로를 강화하기도 하고 충돌하기도 한다는 그의 설명은 은유를 넘어선다. 가령 독신에 대해 생각해보자. 이것은 유전적 적합도의 관점에서 보면 이해되기 힘든 이상한 행동이지만, 특정 종교나 이념, 가치의 문화적 적합도 관점에서 보면 충분히 이해되는 현상이다. 이렇게 문화를 만들고 전파하는 인간의 행동은 유전자와 (다른) 유전자 사이, 유전자와 밈 사이, 그리고 밈과 (다른) 밈 사이의 이해 충돌로 설명되어야 한다. 밈은 유전자와 동등한 자격에서 인간의 행동에 영향을 주는 행위자agent이기 때문이다.

도킨스의 밈 이론이 급진적인 진짜 이유는 그것이 이른바 '수혜자 질문qui bono question'을 던지기 때문이다. 이 질문이란 말 그대로 '결국 무엇이 이득을 얻는가?'라는 물음이다. 사람들은 대개 유기체 중심적 사고를 갖고 있어서 스스로 자기 자신의 이득을 위해 행동한다고 생각하는 경향이 강하다. 하지만 도킨스는 유전자가 자신의 복사본을 더 많이 퍼뜨리기 위해 운반자인 유기체를 만들어냈다는 진화의 사실을 드러내보임으로써, 그리고 때로는 유전자 수준에서의 '욕구'와 개체 수준에서의 '욕구'가 충돌할 수 있음을 보임으로써, 수혜자 질문—즉, '그 과정에서 무엇이 이득을 얻는가'라는 물음—을 다시 철학의 테이블 위에 올려놓았다.[2]

수혜자 질문이 대두되면서 얻어진 자연스러운 귀결 중 하나는, 이제 사람들이 '집단의 응집력'이라는 것이 전에 생각했던 것보다 훨씬 더 깨지기 쉬운 것임을 알게 되었다는 사실이다. 몇몇 논자들이 새로운 유형의 집단 선택론을 들고 나와 집단의 응집성 조건을 탐구하고 있긴 하지만 그 조건은 현실 세계에서는 매우 드물게 만족된다.

그런데 수혜자 질문의 파괴력은 오히려 밈에 대한 논의에서 더 커진다. 왜냐하면 만일 밈도 유전자와 마찬가지로 복제자이고, 유전자가 자신의 유전적 적합도를 높이는 방식으로 행동한다면, 밈도 자신의 밈적 적합도memetic fitness를 높이는 방식으로 행동한다는 결론이 나오기 때문이다. 밈은 문화의 전달 단위이다. 특정 단어, 아이디어, 인공물 등도 밈이 될 수 있다. 그런데 이 밈들은 기본적으로 그것의 창시자나 운반자의 적합도를 위해서가 아니라 자기 자신의 적합도를 높이게끔 행동한다. 이런 결론이 왜 도발적이란 말인가?

예를 들어보자. 아마 이런 광경을 본 적이 있을 것이다. 매년 한번씩 100만 명이 넘는 이슬람 신자들이 하지 순례를 위해 메카 주변에 모인다. 이렇게 많은 사람이 한꺼번에 몰리다 보니 수십 명이 다치거나 심지어 사망하기도 한다. 안전을 생각한다면 결코 진행할 수 없는 회합이다. 하지만 이슬람 교인들의 꿈 중 하나는 일생에 단 한번이라도 카바 신전을 직접 만져 보는 것이란다. 이런 광경 자체는 이미 미디어를 통해 매년 소개되고 있기 때문에 별로 놀랄 만한 사건처럼 느껴지지 않는다.

그러나 만일 당신이 외계인 과학자라고 생각해보자. 지구에 와서 호모 사피엔스라는 종을 연구해 보고서를 써야 한다면, 그에게 위와 같은 인간의 행동은 매우 반가울 것이다. 다른 동물들에게서는 절대 볼 수 없는 유형의 행동이기 때문이다. 좀 더 실감 나는 예로 바꿔보자. 예컨대 당신의 정원에 개미 5000마리가 살고 있다. 그런데 매년 12월 24일날 정원 어딘가에 개미들이 모두 모여서 빙글빙글 돌며 춤을 춘다고 해보자. 만약 그런 광경을 본다면 놀랍지 않겠는가? 그 누구도 이 현상을 대수롭지 않게 바라보지는 않을 것이다. 더욱이 그가 만일 개미 연구가라면 이 광경은 설명이 요구되는 부분일 것이다. 마찬가지다. 우리 자신이 인간이기 때문에 대수롭지 않게 보이는 행동이지만, 제3자의 관점, 즉 외계인의 시선에서는 설명을 요구할 수밖에 없는 현상들이 있다.

이런 행동, 즉 자신의 유전적 적합도를 낮추면서까지 무언가를 위하는 행동은 유전자의 관점에서는 이해하기 힘든 대목이다. 하지만 밈의 관점에서 보면 어떤가? 중요한 것은 여기서 과연 무엇이(또는 누가) 최종적으로 이익을 얻느냐는 것이다. 종교 교리, 정치 이념, 경제 제도 등과 같은 밈 자신인가, 아니면 그런 행동을 하는 이들의 유전자인가? 자유, 평등, 평화, 사랑과 같은 (숭고한) 가치를 위해 자신의 삶을 기꺼이 다 바치는 존재, 이것이 인간이다. 그리고 지구 상의 생명체 중에서 오직 인간만이 그런 행동을 한다. 유전자의 관점으로 인간의 마음과 행동을 조망한 것이 진화심리학이라면, 밈학memetics은 유전자와 밈의 관점에서 인간 본성을 이해하려는 진화론적 시도라고 할 수 있다.[3]

그렇다면 우리는 어떻게 밈을 위한 기계로 진화하게 되었을까? 우리 조상과 600만 년 전쯤에 한 공통 조상에서 갈라져 나온 침팬지는 여전히 아프리카 숲에서 그때와 비슷한 삶을 살고 있다. 반면 우리의 조상 호모 속Homo들은 전 대륙으로 퍼져 나가 찬란한 문명을 이룩했다. 대체 무엇이 이런 커다란 차이를 만들었을까? 인간의 독특성에 대해 연구하는 학자들은 인간과 다른 동물 간의 모방 능력을 비교해봄으로써 그 차이에 대한 단서를 찾으려 하고 있다. 그들에 따르면 우리는 우리의 조상들이 진화의 역사에서 '참된 모방genuine imitation'을 할 수 있게 됨으로써 다른 동물들과는 완전히 다른 진화적 경로를 걷게 되었고, 지구상에서 유일하게 문명을 이룩한 종으로 진화했다.

그렇다면 이런 모방 능력의 진화가 밈의 출현과는 어떤 관련이 있단 말인가? 인간만이 가진 정교한 모방 능력(목표뿐만 아니라 절차까지 따라 할 수 있는 능력)은 인공물을 복제자로 격상시키는 마법 장치였을 것이다. 왜냐하면 이러한 모방 능력은 자연선택이 작동하기 위해 복제자가 갖춰야 할 '높은 복제 충실도'를 견인했을 것이기 때문이다. 가령 누군가가 다소 복잡하지만 효과적인 새로운 사냥 기술을 발명했다고 해보자. 그것을 그대로 복제하는 행동은 틀림없이 유전적 적합도를 높이는 적응 행동이다. 그 기술을 습득함으로 인해 추후에 더 많은 사냥감을 얻을 수 있기 때문이다. 일반적으로 무엇이든 잘 따라 하는 개체는 이성에게도 매력적으로 보일 것이고 짝짓기에 유리해질 것이다. 또한 성공한 개체의 행동을 무작정 따라 하게 하는 메커니즘은 그리 복잡한 과정이 아니면서도 적응적일 수 있다. 성공한 개체의 어떤 행동은 따라 하고 다른 행동은 따라 하지 말라는 지침은 복잡하고 틀릴 수도 있다. 무엇이 성공을 가져온 행동인지가 불분명할 수 있기 때문이다. 따라서 모방 능력에 관여하는 유전자들은 집단 내에서 빠르게 퍼졌을 것이다. 그 결과, 인간은 비효율적인 것처럼 보이는 신체 지향적 행동까지도 움직임 수준에서 정확히 따라 할 수 있는 모방 능력을 갖게 되었고, 그 모방 메커니즘 덕분에 인공물들이 복제자의 지위를 얻게 되었다.

이렇게 본다면 인간의 모방 능력이 인간의 유전자와는 독립적인 문화 전달자 밈의 탄생을 촉발했고, 그 밈은 다시 인간의 모방 능력을 발달시키는 역할을 했다고 이야기할 수 있을 것이다. 밈은 모방을 통해서 사람들의 뇌로 퍼져나가며 나름대로 진화의 과정을 겪는다. 그렇다면 침팬지 사회에는 밈이 없다고 말할 수 있는 근거는 무엇일까? 물론 그들에게도 혁신적 행동이나 아이디어가 생겨날 수는 있다. 하지만 인간의 경우처럼 정교하게 절차까지 따라 할 수 있는 모방 능력이 없기 때문에 그런 '밈'은 복제자로서의 밈이 되지 못한다. 게다가 인류는 모방을 넘어서는 '가르치는 행위teaching'를 진화시킴으로써 밈의 복제 충실도를 극대화할 수 있었다.

그런데 여기서 중요한 것은 그 밈이 우리의 보편적 심리 메커니즘을 갈취할 수도 있다는 사실이다. 우리가 만들어낸 밈들은 대체로 우리의 유전적 적합도를 높이는 것들이었다. 그리고 우리의 심리 메커니즘은 그것을 더 용이하게 만드는 매개자 역할을 해왔다. 하지만 밈은 인간의 정교한 모방 능력 덕택에 어느 정도의 자율성autonomy을 갖게 되었다. 우리가 가치를 만들지만 그것이 다시 우리에게 영향을 준다. 때로는 유전적 적합도를 훼손시키면서까지 말이다.

예를 들어보자. 돼지들은 자신이 만든 가치를 위해 평생을 헌신해야겠다는 생각을 하지 못한다. 하지만 우리는 스스로가 창안한 가치와 이념을 위해서 기꺼이 자신을 희생하기도 한다. 이기적 유전자 이론의 관점만으로는 이해할 수 없는 행동이다. 하지만 역사를 돌아보라. 자유, 정의, 평등, 민주주의 등과 같은 이념 때문에 얼마나 많은 사람들이 자발적으로 목숨을 버렸는가? 우리가 만들어낸 제도나 가치들이 다시 우리의 행동과 마음을 사로잡거나 다른 방향으로 끌고 가는 것, 이것이 바로 인간의 세계에만 있는 고유한 특성이다. 우리는 유전자 기계gene machine지만 밈 기계meme machine이기도 하다.

〈소크라테스의 죽음〉 자크 루이 다비드 작
돼지는 가치를 위해 죽지 않는다. 하지만 인간은 스스로 창안한 가치와 이념을 위해 기꺼이 자신을 희생하기도 한다.

인문학에서 과학적 인간학으로

저녁 무렵 슬그머니 풀잎 정상을 향하는 개미들이 있다. 그들은 새벽까지 풀잎을 꽉 깨물고는 꼼짝도 하지 않는다. 뭔가 이유가 있는 행동이지 않을까? 하지만 그 행동 때문에 개미는 풀을 뜯기 시작한 양이나 소에게 잡아먹힌다. 마치 '나 잡아드세요'라는 자살 행동 같다. 개미의 관점에서는 도저히 납득이 되지 않는 행동이다. 비밀은 '창형 흡충*Dicrocoelium dendriticum*'이라는 기생충에 있다. 이 기생충의 '꿈'은 번식의 파라다이스인 양의 위장에 도달하는 것이다. 하지만 혼자서는 그 꿈을 이룰 능력이 없다. 그래서 개미의 뇌를 감염시켜 양에게 쉽게 잡아먹히도록 개미를 조종하는 것이다.

이 무서운 이야기는 곤충을 넘어 포유동물까지 이어진다. 톡소포자충*Toxoplasma gondii*에 감염된 쥐는 심하게 용감해진다. 대개 고양이 오줌 냄새를 맡은 쥐는 고양이의 존재를 느끼고 도망가는데 이 감염 쥐에게는 그런 공포감이 발현되지 않는다. 고양이의 위장에 가서 맘껏 번식하는 것이 최종 목표인 톡소포자충이 쥐의 행동을 조종하고 있기 때문이다. 인간의 경우에 뇌를 감염시키는 것은 기생충이 아니라 밈이다. 밈은 자신의 운반자를 돌보지 않는다. 우리의 뇌는 유전자와 다른 유전자, 유전자와 밈, 그리고 어떤 밈과 다른 밈 간의 전쟁이 벌어지는 '복제자 전쟁터'이다. 이 점이야말로 밈 이론이 우리에게 이야기하는 불편한 진실이다.

인간이란 어떤 존재인가? 우리의 본성은 무엇인가? 인간만의 고유한 특성은 무엇인가? 이제 이런 물음들은 인문학만의 것이 아니다. 오히려 지금은 그 물음의 주도권이 과학으로 많이 넘어왔다. 현대 과학은 실용의 도구를 넘어 인식의 원천으로 진화했다. 아니 원래부터 과학은 그렇게 시작했다. 지금까지 살펴본 인간 본성의 진화론은 과거의 전통적 인문학을 '과학적 인간학'으로 진화시켰다. 이렇게 그려진 큰 그림은 인간이 유전자의 기계로 출발하여 밈 기계로 진화된 존재라고 말한다. 최초의 복제자는 인간을 만들었고 그 인간은 밈을 만들었으며 그 밈은 다시 인간을 새롭게 조직한다. 호모 사피엔스의 미래는 유전자, 인간, 그리고 밈(인공물)의 상호작용을 통해 결정될 것이다.

인간의 독특성은
어디서 왔는가?

모방력의 진화와 문명의 기원

인간은 모방하는 동물이다. 우리는 타인의 행동을 따라 함으로써 그가 학습한 내용을 쉽게 자신의 것으로 만드는 능력을 가진 존재다. 다른 동물들에 비해 인간은 더 정교한 모방 능력을 진화시켰기에 지식과 기술의 비유전적 전달을 가능하게 만든 유일한 존재가 되었다.

그렇다면 인간이 아닌 다른 동물들의 모방과 인간의 모방 행동은 구체적으로 어떻게 다른가? 호모 사피엔스의 특출한 모방 능력은 영장류의 진화 역사에서 어떠한 의의를 갖고 있을까? 이 장에서는 인간 고유의 사회적 학습 능력과 문명 건설의 관계에 대해서도 이야기할 것이다.

"모방은 우리를 다른 생명체들과는 다른 존재로 만들었다."

수전 블랙모어, 《밈》

모방¹의 진화와 신경 메커니즘에 대한 논의에 앞서 모방이 무
엇인지부터 생각해보자. 심리학자 에드워드 손다이크Edward
Thorndike(1874~1949)는 모방을 "한 행위가 행해진 것을 보는 것으
로부터 그 행위를 행하는 법을 새롭게 배우는 것"이라고 정의했
다. 이 정의에 따르면 모방 속에는 관찰과 학습의 요소가 필수
적으로 포함되는데, 둘 다 있어야 참된 모방이다. 이때 '참된 모
방'이란 "새롭거나 있을 법하지 않은 행위나 발언, 그리고 본능
적 성향이 없는 행위들을 복제하는 행위"를 뜻한다(Thorpe, 1963;
Heyes, 1996). 그렇다면 참된 모방과 유사 모방 행동은 어떻게 구
분되는가?

　　영국의 심리학자 수전 블랙모어Susan Blackmore(1951~)는 참된 모
방을 단순한 전염contagion, 개인적 학습, 그리고 비모방적 사회적

학습과 구분한다. 가령, 하품을 하는 사람을 보면 나도 덩달아 하품을 하게 될 때가 있다. 옆 사람들이 웃으면 나도 덩달아 웃게 되는 경우도 마찬가지다. 흔히 하품이나 웃음이 전염된다고들 하는데, 전염도 남을 따라 하는 것이긴 하다. 하지만 하품과 웃음을 모방했다고 할 수 있는가? 위의 정의에 따르면 모방에는 학습이 포함되어야 한다. 즉, 하품과 웃음 그리고 기침 등의 행동은 타인을 통해 꼭 배우지 않더라도 수행할 수 있는 선천적 행동이기에 모방이라고 할 수 없다.

또한 개인적 학습도 모방이라고 할 수는 없다. 그것은 개체가 환경과의 상호작용을 통해서 특정 반응이나 행동을 하도록 만드는 것인데, 크게 고전적 조건화와 조작적 조건화를 통해 가능하다. 하지만 이 두 조건 형성 과정에는 타 개체를 관찰하는 과정이 전혀 포함되어 있지 않기 때문에 개인적 학습이 모방은 아니다.

반면 사회적 학습은 타 개체를 보는 과정이 포함된 학습이다. 따라서 관찰과 학습이 포함된 모방도 일종의 사회적 학습이다. 그렇다면 모방과 사회적 학습은 어떻게 구별되는가? 물론 모방을 제외한 사회적 학습도 있는데, 자극 강화stimulus enhancement, 장소 강화local enhancement, 목표 따라 하기goal emulation 등이 그것이다. 가령, 고구마를 씻어서 먹을 수 있게 된 일본 원숭이Japanese macaque의 사례를 들어보자. 1950년대에 일본 고시마 섬에는 일본 원숭이들이 서식하고 있었다. 그들에게 사육사들은 밭에서

캔 고구마를 해변가 모래밭에 던져주었고, 흙과 모래가 묻어 있는 고구마를 일본 원숭이들이 그냥 먹고 있었다. 1953년 어느 날 '이모mo'라 불리는 젊은 암컷 한 마리가 그런 고구마를 물가로 가져가서 씻어먹기 시작했다. 흥미로운 것은 이런 새로운 행동을 이모의 친척들이 따라 하기 시작하더니 두 세대 만에 그 집단의 거의 모든 원숭이들이 고구마 씻는 행동을 할 수 있게 되었다는 점이다. 사회적 학습 과정이 있었던 것은 분명해 보인다 (Kawai, 1965; Galef, 1992).

그렇다면 이 원숭이들은 참된 모방을 한 것일까? 그렇지 않다. 이 행동은 사회적 학습 과정 중에서 '자극 강화'에 가깝다. 원숭이들은 고구마를 물에 씻어 먹는 이모의 행위를 관찰하고 자신에게도 고구마가 주어졌을 때 물가에 가서 씻어 먹었다. 흙과 모래가 묻지 않은 고구마는 그들에게 보상이 되었을 것이고, 이후 고구마가 주어질 때마다 원숭이들은 물에 씻어 먹게 된 것이다. 타 개체의 행위를 본 것은 사실이지만, 그렇다고 새로운 행동 자체를 배운 것이라고 보긴 힘들다. 오히려 '고구마'(자극)를 '물에 씻어 먹으면'(반응), '깨끗한 고구마'(강화)를 먹을 수 있었기 때문에 오히려 그것을 개인적 학습에 의해 강화된 행동으로 이해하는 것이 더 자연스럽다. 그리고 원숭이는 고구마를 짚거나 물을 이용하는 행동을 원래부터 할 줄 알았기 때문에 새로운 행동을 배운 것도 아니다.[2]

요컨대, 타 개체의 행동을 관찰함으로써 새로운 행위를 배우

흙과 모래가 묻은 고구마를 씻어 먹기 시작한 18개월 된 짧은꼬리원숭이 '이모'는 원숭이계의 스티브 잡스 같은 존재다. 고구마를 물에 씻어먹는 행동을 이모의 친척들이 따라 하기 시작하더니 두 세대 만에 그 집단의 거의 모든 원숭이들이 이 행동을 할 수 있게 되었다.

는 과정이 참된 모방이라고 할 수 있다. 하지만 개인적 학습은 이 관찰 과정이 포함되지 않기에 그런 모방이 될 수 없으며, 전염성 행동은 원래 할 수 있었던 선천적인 것이기에 모방이 아니다. 또한 자극 강화와 같은 사회적 학습은 보고 학습하는 것은 맞지만 새로운 행동 자체를 배우는 것이 아니라 환경에 대한 학습일 뿐이기에 참된 모방이랄 수 없다.

동물의 모방적 행동

그렇다면 인간이 아닌 다른 동물들은 참된 모방을 정말로 할 수 없을까? 아직까지는 통제된 실험의 상황이 아닌 경우에 참된 모방을 지속적으로 그리고 넓은 범위 안에서 보여주는 동물 종은 발견되지 않았다. 하지만 자극 강화와 같은 사회적 학습을 '모방적 행동'이라고 부를 수 있다면 그와 비슷한 행동들은 쉽게 발견된다. 또한 실험을 위해서 고도로 훈련된 동물들의 경우 참된 모방을 보여주는 사례도 존재한다. 그렇다면 인간이 아닌 다른 동물들에게 널리 퍼져 있는 모방적 행동은 인간의 모방과 정확히 무엇이 다를까?

사실 이런 물음은 개념적인 것이라기보다는 경험적인 것이다. 실제로 동물이 달성할 수 있는 모방의 수준이 어디까지인가를 경험적으로 묻는 물음이기 때문이다. 그동안 많은 동물 연구자들이 동물의 모방 능력을 연구하기 위해서 여러 가지 실험적 패러다임을 제시해왔다. 모방적 행동은 각 개체가 달성할 수 있는 정도가 있다. 모방자가 관찰한 행동과 이후에 그가 행한 행동이 얼마나 일치하는지를 통해서 모방의 정도가 측정될 수 있다. 하지만 그것만으로는 동물이 과연 어디까지 모방할 수 있는지가 불분명하다. 왜냐하면 객관적 측정이 가능하려면 모방자는 따라 해야 하는 상황을 분명히 이해하고 있어야 하기 때문이다. 이것이 전제되지 않는다면 동물이 모방 능력에 의해서 모방적 행동을 하는 것인지 아니면 우연히 관찰 행동과 실행한 행동이 일치하게 된 것인지를 구분할 수 없게 된다(Huber et al., 2009). '나처럼 해봐Do as I do' 패러다임은 이런 문제의식에서 출발한 실험 패러다임이다.

'나처럼 해봐' 패러다임은 동물들에게 몇 가지 몸짓을 보여주고 '이것을 해라!Do this!'라는 명령을 해 그 행동을 하도록 학습시키는 방법이다. 그동안 비인간 영장류, 개, 앵무새, 돌고래를 대상으로 실험이 이루어졌는데 이때 시범자는 다 인간이었다. 가령, 침팬지의 경우에는 시범을 보인 행동의 30% 정도를 학습했다. 간혹 인간 시범자의 행동을 정확하게 복제해내는 침팬지도 있었지만 그 경우에도 다른 손이나 손가락을 사용하는 등의 결점을 보였다. 어쩌면 이것은 시범자가 보이는 행동을 가능한 정확하게 따라 해야 한다는 것을 침팬지가 이해하지 못했기 때문일 수도 있을 것이다(Myowa-Yamakoshi et al., 1999).

여기서 중요한 것은 통계적 성공률만이 아니다. 시범자의 행동 유형에 따라 침팬지의 모방 성공률이 달라질 수 있기 때문이다. 실제로 침팬지는 물체와 물체가 연관된 행동은 잘 따라 했다(object-to-object 조건). 가령, 공을 그릇에 가져다 놓는 것과 같이 한 물체를 다른 물체 쪽으로 가져가서 무엇인가를 하는 행동은 비교적 잘했다. 하지만 그릇의 바닥을 치는 행위와 같이 한 물체에 어떤 행동을 가하는 것이나(one object 조건), 그릇을 머리에 쓰는 행위와 같이 물체를 자신의 신체와 결합하는 행위(object-to-self 조건)는 전혀 따라 하지 못했다. 한편 오랑우탄이나 개를 대상으로 한 실험에서도 모방의 수준과 정도에 있어서 침팬지와 같이 물체와 물체가 연관된 행동만을 따라 할 수 있었고 정교함도 떨어졌다.

'조이 실험'은 '조이Joy'라는 개의 모방 능력에 대한 실험으로서 기본적으로 '나처럼 해봐' 패러다임에 속해 있다(Huber et al., 2009). 하지만 이 실험은 행동의 유형을 다소 달리했다. 예컨대 물체 지향적 행동object-oriented actions과 신체 지향적 행동body-oriented actions, 기능적 행동과 비기능적 행동, 그리고 친숙한 행동과 새로운 행동을 구분하여 모방능력을 측정했다.

여기서 물체 지향적 행동은 물체에 특정한 운동을 수행하는 행동인 반면 신체 지향적 행동은 물체가 없이 신체의 움직임으로만 이루어진 행동이다. 기능적 행동은 행동의 결과가 개체에 필요한 행동인 반면, 비기능적 행동은 행동의 결과가 아무런 역할을 하지 못하는 행동이다. 친숙한 행동과 새로운 행동을 구분하는 기준은 개체의 운동 목록에 그 행동이 학습되어 있는지의 여부이다.[3]

조이 실험의 결과는 '나처럼 해봐' 패러다임 하에서 개를 대상으로 했던 실험 결과와 마찬가지였다. 즉, 조이는 움직임을 높은 충실도로 따라 하지는 못했다. 하지만 새로운 발견도 있었다. 가령, 새롭지만 친숙한 행동들로 이루어진 어떤 행동을 보았을 때, 조이는 그 행동이 물체 지향적이든 아니면 신체 지향적이든 간에 상관없이 잘 따라 했다.

잘못 따라 한 경우도 모방 능력의 한계라기보다는 기억능력의 한계로 인한 불일치일 가능성이 있다. 가령, 특정 행동의 앞과 뒤에 어떤 행동이 놓여 있는지에 대해 잘못된 추론을 하게 되면 제대로 모방하기가 힘들어진다.

이 주장을 뒷받침하기 위하여 연구자들은 훈련의 경험이 없는 행동을 모방하게 하는 실험을 했다. 그런데 이 새로운 행동이 조이의 운동 목록에 존재하는 행동이나 움직임들과 비슷하게 구성된 것이었을 때 조이는 어떠한 행동을 보였을까? 이 경우 조이는 관찰한 것을 대강 맞추기 위해서 자신의 운동 목록에 있는 비슷한 행동을 선택하여 바로 행하였다. 그리고 조이는 운동 목록에도 없는 아주 기괴한 행동을 따라 하라는 명령을 받은 경우에도 순간적으로 어떤 행동이든 행동의 나열을 만들어내는 모습을 보였다(Whiten et al., 2004). 이 실험 결과들에 따르면 동물에서의 모방적 행동은 대체로 본능적인 것으로 보인다.

그렇다면 만일 시범자가 물체 지향적인 행동을 선보이다가 대상이 되는 물체를 없애고 무언극 형식의 행동을 하면 어떤 일이 벌어질까? 흥미롭게도 조이는 그 행동의 대상이 되는 물체를 주변에서 찾은 뒤 행하였다. 가령, 시범자가 허공에서 무언가를 뛰어넘는 행위를 보이면 조이는 그 행위를 하기 위해 주변에서 뛰어넘을 만한 실제 대상을 찾은 후 그것을 뛰어넘었다(Range et al., 2007).

조이의 모방적 행동은 기능적인 역할을 충실히 한다. 동물의 어떤 행동은 행동 자체가 아니라 행동의 결과 또는 행동과 환경의 상호작용으로부터 의미가 발생한다.

조이 실험에서는 관찰 시에 물체가 관여되었는가에 따라 물체 지향적 행동과 신체 지향적 행동을 구분한다. 그리고 독립적인 기준으로서 그 행동이 기능적인가를 살핀다. 반면 앞의 '나처럼 해봐' 패러다임에서는 기능적인 것을 빼고 물체와 개체의 관계로만 행동을 구분했다.

'조이 실험'을 포함한 '나처럼 해봐' 패러다임은 실험 설계상에 있어 문제점을 안고 있다. 동물에게 어떤 행동을 따라 하게 명령한 뒤 그 행동을 따라 했는지를 관찰하는 것이 이 패러다임의 기본적인 구조이다. 하지만 따라 한 그 행동이 특정한 물체나 장소에 연관되어 있다면 그 물체나 장소에 대한 강화된 주의가 모방적 행동을 만들어낼 수 있을 것이다. 따라서 '나처럼 해봐' 패러다임 하에서는 동물이 따라 한 행동이 모방에 의한 것이었는지 아니면 자극 강화에 의한 행동이었는지를 판별해내기 힘들다.

이러한 약점을 보완하기 위해 실험 심리학자들은 새로운 실험 패러다임을 제안했다. 바로 '두 가지 행동 실험Two-action test'이라는 이름의 패러다임이다. 어떤 행동이 특정한 물체 및 장소와 연관되어 있고 특정한 결과를 산출한다고 하자. (아래, 필름 뚜껑을 여는 두 가지 방법이 그 사례이다.) 그중에서 어떤 두 행동을 뽑아서 두 실험 동물 집단에 각각 보여준 뒤 각 집단에서 모방의 정도를 측정한다.[4] 동일한 환경에서 어떤 행동을 보여주었는지가 그 동물의 모방적 행동에 영향을 줄 수 있는지는 두 집단의 비교를 통해서 알 수 있다. 많은 실험 사례들에서 동물들은 어떤 집단에 속해 있든 간에 시범자가 보여준 행위를 따라 했고, 따라서 그 행동에 대한 복제가 일어났음을 확인할 수 있었다.

'두 가지 행동 실험' 패러다임 하에서는 신체 부위 수준body

part level, 행위 수준action level, 움직임 수준movement level으로 모방의
세 단계를 실험할 수 있다. 신체 부위 수준의 모방은 단지 관찰
한 신체 부위를 사용하는 것이고, 행위 수준은 신체 부위를 넘
어서 어떠한 특정한 행위를 따라 하는 것이며, 마지막으로 움직
임 수준의 모방은 시범자의 행위의 궤적을 정확하게 따라 하는
것이다.

　두 가지 행동 실험 패러다임에서 진행된 연구들 중 마모셋 원
숭이marmosets에 대한 실험이 있다. 시범을 보인 행위는 필름 통
뚜껑을 여는 것인데, 한 집단에는 손을, 다른 한 집단에는 입을
사용하여 뚜껑을 여는 모습을 보여주었다. 대조군으로는 아무
것도 관찰하지 않은 집단을 두었다. 손을 사용하는 것은 마모셋
원숭이에게 있어서 평범한 수행인가 하면 입을 사용하는 것은
평소에 거의 관찰되지 않는 행동이었다. 실험 결과, 손을 사용한
시범을 본 집단에서는 모두 손을 사용해 뚜껑을 제거했고, 입을
사용한 시범을 본 집단에서는 손을 사용하여 뚜껑을 연 개체들
과 입을 써서 뚜껑을 연 개체들로 나뉘었다. 이 실험의 결과가
평소에는 거의 관찰되지 않는 행위, 즉, 입을 써서 뚜껑을 여는
행위가 모방되었다고 말할 수 있는 충분한 근거가 될 수 있을
까? 마모셋 원숭이가 모방을 한 것이 아니라 원래 좋아하는 행
위가 뚜껑을 여는 행위에 영향을 미친 것이라고 보아도 되지 않
을까?

　이 반론에 대응하기 위해 두 번째 실험에서는 상황을 살짝 바

꾸어, 손으로는 열지 못하고 입으로만 열 수 있게 필름 통 뚜껑을 더 강하게 닫아놓았다. 그 결과, 입을 사용한 시범을 본 집단에서는 대다수의 관찰자들이 입을 이용하여 뚜껑을 여는 데 성공했지만 손을 사용한 시범을 본 집단은 아무도 뚜껑을 열지 못했다. 뚜껑을 세게 닫아 놓았기 때문에 뚜껑을 열기 위해서는 입으로 여는 행위가 꼭 필요하다. 하지만 그것을 관찰하지 못하고 손으로 여는 모습만을 관찰한 원숭이들은 생소한 행동인 입을 사용하는 것에 대한 힌트를 얻을 수 없었던 것이다. 일단 이것은 사용하는 신체 수준에서 모방이 일어난다는 것을 입증하는 결과다. 그러나 마모셋 원숭이가 여는 과정에 관여하는 행위나 움직임을 모방하는지에 대해서는 또 다른 분석이 필요하다.

행위 수준과 움직임 수준에서의 모방이 일어나는지를 실험을 통해 입증하기 위해선 통계적 기법이 필요하다. 모방을 통한 학습은 새로운 행동이 전에 비해 빈도가 증가하는 과정이다. 바로 여기서 통계적인 유의성을 검증하는 절차가 필요하다.

행위 수준이나 움직임 수준은 연구자들이 정한 매개변수를 이용해 수학적으로 검증할 수 있도록 만들어진다. 예를 들어 마모셋 원숭이가 필름 통 뚜껑을 열기 위해 사용하는 얼굴의 각 부위를 지정해서 그 지정한 점들의 무게중심이 시공간을 움직인 궤적을 시범자의 것과 비교하는 방법으로 움직임이 얼마나 정확하게 일치하는지 측정한다. 마모셋 원숭이는 행위 수준은 물론 움직임 수준에 있어서도 관찰하지 않은 집단에 비해서

통계적으로 유의하게 시범자의 행동과 유사한 행동을 보였다
(Bugnyar et al., 1997; Volelkl et al., 2007).

복제 충실도의 정도와 수준

앞에서 소개했듯이, 연구자들은 인간이 아닌 다른 동물들이 얼마나 정확하게 모방적 행동을 할 수 있는지를 검증하기 위해서 '나처럼 해봐' 실험과 '두 가지 행동' 실험을 수행해왔다. 후자는 전자의 보완용이다. '나처럼 해봐' 패러다임에서는 동물들이 어떤 유의 행동은 잘 따라 했지만 그 개체가 정말로 관찰을 통해서 그 행동에 대한 사회적 학습을 했는지 아니면 개인적 학습 과정을 통하여 그 행동을 배웠는지에 대해서는 정확하게 입증할 수 없는 한계를 지녔다.

하지만 그 패러다임에서 밝혀진 일련의 사실들은 우리가 앞으로 모방적 행동의 여러 수준을 이야기할 때 반드시 고려해야 할 한 가지 구분을 제시해줬다. 그것은 물체 지향적 행동과 신체 지향적 행동의 구분이다. 인간이 아닌 다른 동물들은 신체 지향적 행동을 따라하는 데에 매우 큰 어려움을 겪는다. 신체 지향적 행동 중에서도 기능적 역할을 하는 행위는 잘 따라 할 수 있지만 물체가 있어야 할 자리에서 물체를 뺀 경우나 기능적이지 않은 순수한 신체 지향적 행위의 경우는 거의 따라 하지

못했다. 침팬지와 조이 등은 물체가 없는 상황에 놓였을 때 상당히 당혹스러워했고 일부러 대체 물체를 찾아서 행위를 완성시키려는 모습을 보였다.

반면 '두 가지 행동 실험'은 시범자의 행동과의 매칭 정도를 측정하기 위한 파라미터를 설정하고 대조군을 두어 실험함으로써 동물의 모방 능력을 입증하려 했다. 그리고 세 가지 수준, 즉 신체, 행위, 그리고 움직임 수준으로 나누어 실험을 하였다. 이 중 신체 수준의 모방은 새로운 행동에 대한 학습이라고 보기는 힘들기 때문에 실질적으로 의미가 있는 수준은 행위 및 움직임의 수준이다. 마모셋 원숭이의 경우에는 행위 수준뿐만 아니라 움직임 수준에서도 모방적 행동을 잘했는데, 움직임의 수준에서까지 모방적 행동을 보이는 동물은 그리 많지 않다.

일반적으로, 모방적 행동을 하는 동물들은 대개 행위 수준까지의 모방적 행동을 보이며 그보다 낮은 결과 수준의 모방적 행동은 더 쉽게 하는 경향이 있다. 따라서 움직임의 모방은 참된 모방에 부합하는 모방의 수준이라 할 수 있다. 한편 행위 수준의 모방은 행동의 방식을 배우는 것인지 아니면 행동을 통해 환경을 배우는 것인지가 불확실하기 때문에 참된 모방으로 바로 편입되기 힘들다. 물론 결과 수준의 모방은 사회적 학습 중 결과 따라 하기에 속하므로 참된 모방이 될 수는 없다. 위와 같이 우리는 '두 가지 행동 실험' 패러다임을 통해 모방적 행동을 세 수준으로 나눠서 평가함으로써 인간과 동물의 모방 능력에 대해 더 깊이 이해하게 되었다.

휴버Huber와 그의 동료들은 위의 '두 가지 행동 실험' 패러다임에서 나온 모방적 행동의 수준을 나누는 기준들을 결합했다. 모방적 행동은 물체 지향적 행동에서의 세 가지 수준의 매칭과 신체 지향적 행동에서 두 가지 수준의 매칭으로 나눌 수 있다(신체 지향적 행동은 결과 자체가 행위와 같기 때문에 행위 수준부터 시작한다). 이와 같은 이론 틀로 우리는 특정 동물의 복제 충실도를 다섯 가지 경우에 대해 경험적으로 연구할 수 있다. 연구 결과들은 대체로 인간이 아닌 다른 유인원과 개의 경우에는 물체 지향적 행동을 모방하는 데에는 어려움이 없지만 신체 지향적 행동의 복제에서는 그 복제 충실도가 현격히 떨어진다(Huber et al., 2009). 물론 유인원은 개에 비해 좀 더 정밀한 모방을 할 수 있는데, 이는 진화 경로와 신체 구조의 차이 때문으로 이해할 수 있다.

모방의 수준을 이야기할 때, 인간이 아닌 다른 동물과 인간이 가지는 큰 차이점은 인간은 방식을 정확하게 따라 하려고 하는 본능과 따라 할 수 있는 능력을 함께 가졌다는 점이다. 이에 대해 혹자는 인간에게는 소통 수단인 언어가 있기 때문에 상대방으로 하여금 정교하게 따라 하게 하는 것이 가능해진 것이라고 반박할 수도 있다. 그렇다면 구체적인 언어 지시가 없는 경우에도 인간은 정교하게 몸의 움직임을 따라 할 수 있을까? 어린 침팬지와 아이들을 대상으로 한 다음의 실험을 살펴보자(Horner et al., 2005).

모방적 행동의 유형과 수준

실험에는 플라스틱으로 만든 두 가지 종류의 먹이 상자를 이용했다(다음 쪽의 그림 참조). 하나는 투명한 소재로 되어 있어 상자 안의 내부구조가 다 보이게 되어 있고, 다른 하나는 검은 소재로 되어 있어서 상자 안의 내부구조를 볼 수 없게 되어 있다. 그렇지만 내부를 볼 수 있느냐 없느냐의 차이 말고는 구조가 동일하다. 상자는 윗부분과 아랫부분으로 나뉘어 있다. 칸막이가 그 둘을 분리시켜주는 역할을 한다. 그중 아랫부분에만 먹이(사탕)와 먹이를 빼낼 수 있는 문이 있고, 윗부분에는 원통형의 구조물과 그 구조물 아래에는 윗부분의 내부로 통하는 구멍이 있다. 먹이를 얻기 위해서는 사실 윗부분은 불필요한 부분이고, 아랫부분만이 필요한 부분이라고 할 수 있다.

침팬지와 아이들은 윗부분의 원통형 구조물을 막대로 툭툭 치고 원통형 구조물을 막대를 이용해 빼낸 뒤, 윗부분에 난 구멍을 통하여 막대를 한 번 집어넣는 행위를 관찰한다. 이어서 아랫부분의 문을 열고 막대기를 이용해 먹이를 빼내는 행위를 관찰한다. 그리고는 직접 상자를 앞에 두고 시범자의 행위를 바탕으로 먹이를 얻으려고 시도하게 된다. 침팬지와 인간의 아이들은 상자의 종류에 따라서 각각 어떠한 모방 행위를 보였을까?

침팬지는 불투명한 상자를 가지고 실험했을 때는 대략 시범자의 행위를 잘 따라 했다. 하지만 투명한 상자로 실험을 했을 때는 시범자의 행위를 똑같이 따라 하지 않았다. 상자가 분리되어 있다는 것을 알고, 상자 윗부분에 행해진 행위가 먹이를 얻는 데 어떠한 인과적 힘도 없음을 아는 것 같았다. 침팬지들은 불필요한 행위들을 알아서 제거한 뒤 먹이를 얻는 데 필요한 행위만을 따라 했다.

하지만 인간은 상자가 투명하든 투명하지 않든 시범자가 보여준 행위들을 그대로 따라 하려는 노력을 보였다. 실험의 중립성을 위해서 실험자는 아이들에게 어떠한 언어적 지침도 주지 않거나 제한된 지침만을 주었고, 시범을 보인 뒤 방에서 나가는 조건도 실험하였다. 윗부분이 보상을 얻는 것과는 전혀 관계가 없음을 알고 있음에도 아이들이 무작정 시범자를 따라 한다는 것은 놀라운 사실이다. 왜냐하면 이러한 행동은 보상을 얻는 결과에 도달하는 효율적인 방법이 아니기 때문이다. 이 실험 결과는 침팬지가 오히려 인간보다도 효율성 면에서 더 영리한 모방을 하고 있음을 나타낸다.

침팬지와 인간의 행동에는 왜 이런 차이가 있을까? 어쩌면 인간의 독특한 생애사life history의 진화에 그 비밀이 있을지 모른다. 인간은 다른 영장류에 비해서도 유아기가 매우 긴 종이다.

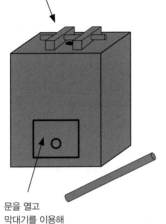

시범자는 막대로 윗부분의 원통형 구조물을
툭툭 쳐서 빼낸 후 구멍으로 막대를 집어넣는다.

사탕

문을 열고
막대기를 이용해
사탕을 빼낸다.

불투명해서 속이 보이지 않는 상자　　　　**투명해서 속이 보이는 상자**

먹이 상자 실험에 사용된 상자들

즉, 미숙한 상태로 태어나 상대적으로 오랫동안 돌봄을 받아야
만 하는 종인 것이다. 이런 상황에서 유리한 모방 전략은 '무작
정 따라 하기'일 것이다. 인간이 다른 동물들이 가지지 못한 신
체 지향적 행동을 모방하는 능력을 가지고 있는 것은 바로 이런
이유 때문일 것이다(Huber et al., 2009).

모방력 진화의 인류사적 의의

위 실험에서 먹이를 꺼내 먹는 것이 이 번거로운 행위들의 최종 목표였다면 침팬지는 승리자다. 그들은 융통성을 보여주었다. 하지만 만일 목표가 아닌 절차가 문제였다면 어떤가? 절차를 무조건 따라 한 인간 아이들이 승리자다. 심지어 그 절차들이 무슨 의미를 지니는가를 알든 모르든 그것도 문제되지 않는다. 절차가 관건이라면 무조건 따라 해야 승리자가 될 수 있다. 침팬지는 목표에 민감하다. 그것이 생존과 번식에 관련되어 있을 때는 더더욱 그렇다. 하지만 인간과 달리 그들은 절차를 챙기지 않는다. 바로 이 차이가 침팬지와 인간의 진화 경로를 바꿔 놓았다.

호모 사피엔스가 이룩한 문명을 보라. 그것은 단지 개인적 학습의 결과일 수는 없다. 문명은 수많은 개인들이 얻은 지식과 기술이 모방에 의해 전수되고 축적된 집단적 작업의 총체라고 해야 한다. 만일 우리 선조들이 침팬지처럼 목표에만 관심을 기울이고 절차들은 슬쩍 건너뛰었다면, 인류 문명은 어딘가에서 멈출 수밖에 없었을 것이다.

사회적 전수가 일어나지 않아 문명이 붕괴할 뻔한 실제 사례도 존재한다. 1820년대 그린랜드 북서쪽의 이누이트 마을에 전염병이 돌아 노인들이 갑자기 죽어나간 사건이 있었다. 그런데 그것이 재앙의 끝이 아니었다. 그 당시에는 사람이 죽으면 그가 만든 물건들까지 같이 무덤에 넣는 풍습이 있었는데, 그 때문에 많은 기술과 지식을 가지고 있는 노인들과 그들이 만든 물건들까지 갑자기 사라지게 된 것이다. 기술자와 물건이 한꺼번에 증발했기 때문에 그들은 카누, 카약, 작살, 화살 등을 만들 수 없게 되었다. 이것은 생존에 크나큰 위협이었고 하마터면 멸절할 수도 있는 상황이었다. 그 후로 40년이 지나서야 다른 섬으로부터 이누이트족이 들어오면서 옛 기술들이 복원될 수 있었다.

우리가 쌓은 지식은 '저절로' 확산되지 않는다. 어느 순간 지식을 잊어버리고 중요한 고리들이 끊어지게 되면 우리는 다시 예전으로 돌아갈 수도 있다. 전수가 일어나지 않는다면 문명은 붕괴할 수도 있다. 따라서 우리는 사회적 학습을 계속해야 한다. 호모 사피엔스가 침팬지와는 다른 길을 갈 수 있었던 것은 바로 남으로부터 지식과 지혜를 끊임없이 전수받았기 때문이다. 남으로부터 배우기를 포기한 순간 우리는 인간이기를 포기한 것과 마찬가지이다.

인간의 독특성은
어디에 새겨져 있는가?

모방력의 신경학

누군가의 어떤 행위를 따라 할 때 우리의 뇌에서는 어떤 일이 일어날까? 더 근본적으로, 타인의 행동을 이해할 때 작동하는 신경 메커니즘은 무엇인가? 거울 뉴런계mirror neurons system에 대한 뇌 연구는 모방의 신경 메커니즘에 대한 새로운 사실들을 알려준다. 그렇다면 모방의 신경 메커니즘과 밈의 존재는 어떤 관련이 있을까? 밈의 전수에 관해 연구하는 밈학은 문화 진화를 설명하는 하나의 유력한 입장인데, 밈과 거울 뉴런계의 관계에 대한 몇몇 연구는 밈의 존재와 기능에 대한 회의적 시각을 누그러뜨리게 한다. 거울 뉴런계의 존재와 기능, 그리고 모방력과 밈은 인간에게만 존재하는 문명의 폭발과 문화의 진화를 이해하는 데 핵심적 단서가 될 수 있다.

"거울 뉴런은 문명의 신경세포다."

빌라야누르 라마찬드란, 〈문명을 만든 뉴런들〉(Ted 강연)

2장에서 살펴보았듯이 여러 동물 종의 모방적 행동에는 여러 가지 수준이 존재한다. 그렇다면 이러한 모방적 행동에 관여하는 신경 메커니즘은 무엇일까? 각각의 수준에서 작동하는 독립적인 메커니즘을 예상해 볼 수도 있을 것이다. 하지만 모방 능력이 포유류, 영장류, 그리고 인간으로 이어지면서 점점 고도화된다는 사실을 알고 있기에, 모방적 행동을 담당하는 단일 메커니즘이 존재할 개연성이 더욱 높아졌다. 1992년에 처음으로 발견된 거울 뉴런mirror neuron은 모방적 행동을 이해하는 데 없어서는 안 될 필수적인 요소가 되었다. 거울 뉴런은 무엇이고 어떤 기능을 하며 모방적 행동과는 어떤 관련이 있을까?

거울 뉴런은 다른 행위자가 행한 행동을 관찰하기만 해도 자신이 그 행위를 직접 할 때와 똑같은 활성을 내는 신경세포다.

우리는 거울 뉴런계를 통해 타인의 행동을 관찰하는 것만으로도 그의 행동을 온몸으로 이해할 수 있으며, 그 행위를 나의 운동계획과 비교해 실행으로 바꾸는 과정을 용이하게 함으로써 타인의 행동을 모방할 수 있다. 전자는 공감에 관한 것이며 후자는 모방 능력에 관한 내용이다. 공감은 도덕성의 기초이고 모방은 문화의 동력이다.

거울 뉴런은 원래 원숭이의 뇌에서 처음 발견되었다. 이탈리아 파르마 대학의 신경과학 연구팀이 원숭이의 특정 행동과 특정 뉴런의 활성화 관계를 연구하고 있었다. 그러던 어느 날, 원숭이가 뭔가를 쥘 때 활성화되는 복측 전운동피질Ventral Premotor Cortex(이른바 'F5영역')이 갑자기 활성화되는 일이 발생했다. 그런데 그 원숭이는 그때 실제로 뭔가를 쥐었던 것이 아니라, 그저 인간 실험자의 쥐는 행동을 보았을 뿐이었다. 연구자들은 이미 F5영역이 운동과 연관된 영역임은 알고 있었지만 원숭이가 직접 할 때뿐만 아니라 볼 때도 그 영역이 활성화된다는 사실은 그때 처음으로 알게 되었다. 이는 지각과 운동이 연동되어 있음을 뜻하는 놀라운 발견이었다. 즉, 원숭이가 어떤 운동을 수행할 때 활성화되는 F5영역의 뉴런들은 다른 개체(원숭이 또는 인간)가 똑같은 운동을 수행하는 것을 관찰하는 경우에도 동일하게 활성화된다(Rizzolatti et al., 2010a; de Pellegrino et al., 1992).

타 개체의 행동을 관찰하는 원숭이의 뇌에서 활성화되는 영역에 F5영역만 있는 것은 아니다. 상측두구Superior Temporal Sulcus

의 피질 영역도 활성화된다. 특히 상측두구 피질의 일부는 목적 지향적인 손 운동을 관찰하는 동안 활성화된다(Perrett et al., 1990). 상측두구 영역은 F5영역보다 많은 수의 운동들을 부호화하고, F5영역뿐만 아니라 복측 전운동피질 전체에도 간접적인 신호를 보낸다. 그런데 상측두구 영역은 거울 반응에 필수적으로 관여하지만 운동 특징을 결여하고 있어서 엄격히 말하면 거울 뉴런계에 포함될 수 없다(Rizzolatti et al., 2004).

　F5영역과 상측두구 영역 사이에 거울 뉴런계를 형성하는 또한 부분의 피질 영역이 존재한다. 바로 문측 하두정엽rostral Inferior Parietal Lobule인데, 이 부분은 상측두구로부터 전달 받은 입력 정보를 F5영역을 포함한 복측 전운동피질로 내보내는 역할을 한다. 문측 하두정엽의 뉴런들은 대부분 감각 자극에 대해 반응하지만, 그중 반은 원숭이가 특정한 운동을 수행할 때 발화하는 운동 특징을 지닌다. 감각 자극에 반응하는 PF영역(다음 쪽의 그림 참조)의 뉴런들은 체감각 뉴런(33%), 시각 뉴런(11%) 그리고 이 두 가지 기능을 동시에 수행하는 뉴런(56%)으로 이루어져 있다. 시각에 반응하는 뉴런들의 40%는 행위 관찰에 구체적으로 반응하고, 또 그것들 중 약 3분의 2가 거울 반응 특징을 지닌다(Rizzolatti et al., 2004).

　F5영역의 뉴런들이 시각 입력에만 반응하는 것은 아니다. 가령, 특정 행동이 실행될 때 나는 소리를 듣는 경우에도 그 행동을 그대로 하는 것과 같은 활성화가 일어나는데, 행동을 할

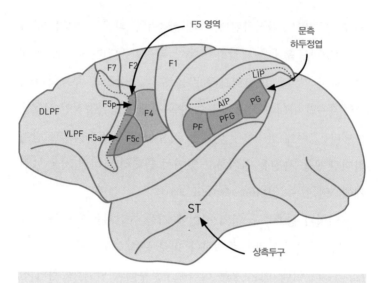

F5 영역

문측
하두정엽

F7 F2 F1

LIP

DLPF

F5p

AIP PG

F4

PFG

VLPF F5a F5c

PF

ST

상측두구

원숭이 뇌의 측면도

때와 그것을 관찰할 때 그리고 그 행동이 수행될 때 나는 소
리를 듣는 상황 모두에서 발화하는 뉴런을 '시청각 거울 뉴런
audiovisual mirror neuron'이라 부른다(Kohler et al., 2002).

인간의 뇌에도 거울 뉴런회로가 존재한다. 이 사실은
경두개자기자극법Transcranial Magnetic Stimulation, TMS, 뇌파
ElectroEncephaloGram, EEG, 뇌자도MagnetoEncephaloGraphy, MEG 연구
등을 통해 밝혀졌다. 경두개자기자극법은 전자기 유도를 통해
뇌 안의 뉴런들을 탈분극시키거나 과분극시키는 비침습적인 방
법이다. 이 기법을 통해 연구자들은 물체를 잡는 사람을 보거나
무의미한 팔 운동을 하는 사람을 보는 관찰자들의 손과 팔의 근
육에서 운동유발전위를 측정하였다. 실험 결과, 두 조건 모두에

서 관찰자의 운동유발전위가 뚜렷하게 높게 나왔다. 그런데 그 관찰자들이 동일한 행동들을 직접 실행할 때에도 이 근육들의 운동유발전위는 높게 나온다(Fadiga et al., 1995).

한편 뇌파 연구도 인간 거울 뉴런의 존재를 입증한다. 뇌파 중 '뮤(μ) 파'는 피험자가 운동을 실행하고 있을 때 비동기화 desynchronization되는 특성을 가지고 있다. 흥미롭게도 이 뮤 파가 다른 이에 의해 수행된 행동을 관찰하는 동안에도 비동기화된다. 운동하는 것을 보기만 해도 몸은 마치 운동을 하고 있는 것과 같은 효과를 나타내는 것이다(Rizzolatti et al., 2010a).

인간 거울 뉴런계의 기본 회로는 원숭이에서 발견된 회로와 유사하다(원숭이는 하두정엽과 복측 전운동피질, 인간은 하두정엽과 하전두회/복측 전운동피질 복합체). 후부posterior 상측두구는 관찰된 타 개체 행동의 시각 정보를 상위 영역으로 보낸다. 이 정보들은 거울 뉴런계를 이루고 있는 나머지 두 신경계인 문측 하두정엽과 후부 하전두회Inferior Frontal Gyrus/복측 전운동피질 복합체로 보내어진다. 이 부분은 두정엽-전두엽 거울 뉴런계(P-F 거울 뉴런계)라 불리는데 이는 운동 관찰, 운동 실행, 모방을 하는 동안에 발화된다(Iacoboni, 2009a). 후부 상측두구와 P-F 거울 뉴런계 외에도 거울 뉴런계의 작용을 통제하고 상위 수준으로 조직하는 데 필요한 전두엽 부분이 함께 활성화되어 복잡한 거울 뉴런 반응이 일어난다(Rizzolatti et al., 2010a).

그렇다면 이런 인간과 원숭이의 거울 뉴런계는 어떤 기능을 하는 것일까?

거울 뉴런과 타 개체의 행동 '이해'

거울 뉴런에는 두 종류가 있다는 사실이 밝혀져 있다. 행위와
관찰이 세부적인 부분까지 일치할 때에만 발화하는 '엄격하게
일치하는 거울 뉴런'과, 같은 목표를 가진 행위(예를 들어, 손으로
땅콩을 까는 행위와 입으로 땅콩을 까는 행위처럼 방식은 다르지만 행위의
목적이 같은 경우)에 대해서 같은 활성화를 보이는 '폭넓게 일치하
는 거울 뉴런'이 그것이다. 엄격하게 일치하는 거울 뉴런과 폭
넓게 일치하는 거울 뉴런의 비율을 살펴보면 후자가 거울 뉴런
의 대다수이다. 즉, 세부적인 운동 방식의 부호화보다는 목표의
부호화가 우선시 된다고 할 수 있다(Thioux et al., 2008).

　그렇다면 거울 뉴런이 부호화하는 것은 무엇인가? 원숭이에
대한 흥미로운 실험으로는 다음과 같은 것이 있다. 원숭이가 손
을 움켜쥐어야 물체를 잡을 수 있는 집게와 움켜쥐었던 손을 풀
어야 물체를 잡을 수 있게끔 되어 있는 집게가 있다. 원숭이에
게 이 두 집게로 물체를 집게 할 때, 그 모습을 보는 다른 원숭
이들의 거울 뉴런은 어떻게 활성화될 것인가? 과연 거울 뉴런은
이 둘을 구분할까?

　두 조건에서 원숭이의 손 모양은 반대였지만 F5영역의 뉴런

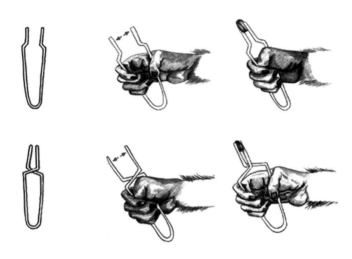

손의 모양이 정반대인 두 동작은 물체를 집는다는 같은 목표를 가지고 있기 때문에 동일한 양상으로 거울 뉴런이 활성화되었다(Umilta et al., 2007).

들이 활성화된 양상은 두 조건에서 거의 동일했다(Umilta et al., 2007). 즉, 목표만을 부호화한 것이다. 원숭이의 거울 뉴런계는 단지 목표와 연관된 행동만을 부호화할 수 있을 뿐, 목표를 알기 어려운 신체의 움직임을 부호화하지는 못한다(Rizzolatti et al., 2010b). 실제로 두정엽과 전운동피질 그리고 일차운동피질에 있는 뉴런들은 신체 부위의 움직임을 부호화하기보다는 운동의 목적을 부호화한다(Kakei et al., 2001).[1]

그렇다면 행위의 목표를 넘어서 의도까지도 부호화할 수는 없는가? 원숭이의 거울 뉴런이 의도를 구분하는지에 관한 실험이 있다(Rizzolatti et al., 2010b). 가령, 원숭이는 두 가지 과제를 수행

79

하거나 관찰하는데, 하나는 먹이를 입에 가져가 먹는 것이고 다른 하나는 먹지 않고 먹이를 (머리 옆에 매달려 있는) 통에 담는 것이다. 실험 조건상, 먹는 행위와 담는 행위에 요구되는 팔과 손의 동작은 거의 비슷하도록 설계되었다. 먼저 직접 과제를 수행하게 한 조건에서 거울 뉴런의 4분의 1에서 3분의 1은 두 가지 의도에 똑같이 발화하였고, 나머지 뉴런들 중 75%는 먹기를 위한 행위에서, 25%는 담기를 위한 행위에서 발화하였다. 한편 관찰만 하게 한 실험에서도 이와 비슷한 결과가 나왔다. 이런 결과는 원숭이의 거울 뉴런이 의도를 포함한 행위를 일정 정도 구분할 수 있음을 시사한다. 특히 의도 중에서도 먹기와 같이 생존에 필수적인 행동에 대해서는 강한 반응을 보임을 알 수 있다.

인간 거울 뉴런계의 경우는 어떨까? 원숭이의 것과는 달리 우리의 거울 뉴런계는 운동이 실행되는 방식, 운동의 목표, 운동을 실행하는 자의 의도 모두를 정교하게 부호화할 수 있다. 운동이 실행되는 방식을 '어떻게', 운동의 목표를 '무엇을', 그리고 운동을 실행하는 의도를 '왜'라고 놓는다면, 행위를 관찰할 때 표면적으로 알 수 있는 것은 '어떻게'이고 그 다음 수준이 '무엇을'이며 가장 높은 수준이 '왜'일 것이다(Thioux et al., 2008). 앞서 살펴보았듯이 원숭이의 경우에도 상대방의 '무엇을'에 대해서는 정교한 부호화가 일어난다. 하지만 '무엇을'에 대한 관찰이 어려운 상황, 가령, 무언극이 행해지는 상황에서는 원숭이의 거울 뉴런은 활성화되지 않는다. 즉, 원숭이의 거울 뉴런은 타 개

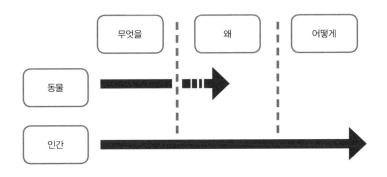

체의 행위가 '어떻게' 실행되는지에 대해서는 추적하지 않는다는 것이다(Gallese et al., 1996). 그리고 원숭이의 거울 뉴런은 '왜'에 대해서는 생존에 필수적인 행위 정도에만 관심을 보인다. 반면 인간은 이 세 가지 수준을 넘나들면서 타인의 행위를 이해할 수 있는 능력이 있다(Thioux et al., 2008; de Lange et al., 2008).

인간 거울 뉴런계의 이런 특성은 인간의 사회 인지social cognition에 대한 기존 연구들에 새로운 해석을 제공하기도 한다. 인간은 누구나 타인의 마음을 읽는 능력을 가지고 있는데 연구자들은 우리가 '마음 이론theory of mind'을 장착하고 있기에 가능하다고 말한다. 마음 이론은 어떤 인지적 메커니즘을 통해 습득한 시각 정보를 정교화하는 '추론적 과정'을 통해 작동한다(Frith et al., 1999). 하지만 거울 뉴런의 발견과 후속 연구들은 타 개체의 마음을 읽는 과정이 그러한 복잡한 추론 과정이 아닐 수도 있음을 시사한다. 왜냐하면 거울 뉴런계는 시각 정보를 곧바로 운동 신호 형식으로 변환시켜주는 메커니즘을 이용하여 타 개체의 행동을 이해하기 때문이다. 즉 단지 '미러링mirroring'을 통해 타 개체의 마음을 읽을 수 있다는 뜻이다(Rizzolatti et al., 2010a).[2]

그렇다면 거울 뉴런계에 문제가 생기면 어떤 일이 일어날까? 물론 인간의 거울 뉴런계 중 한 군데라도 문제가 생기면 타인의 행동을 이해하는 데 문제가 생긴다. 예컨대 자폐증을 앓고 있는 사람은 사회적 상호작용에 실패하고 언어적·비언어적 의사소통에 장애를 가지고 있으며 특정 행동을 반복하는 상동증을 보이기도 한다. 자폐증은 3세 이전의 발달 과정에서 이상이 생겨 나타난다고 알려져 있지만 그 원인에 대해서는 아직 여러 가설들만이 존재할 뿐이다. 흥미롭게도 몇몇 연구자들은 자폐증의 증상이 거울 뉴런의 기능과 연관이 있으며, 따라서 자폐증의 원인이 거울 뉴런계의 손상 때문이라고 주장한다(Rizzolatti et al., 2010a; Altschuler et al., 2000; Williams et al., 2001). 이런 주장은 이른바 '깨진 거울broken mirror 가설'이라고 불리는데, 몇몇 학자들은 이것이 뇌파, 경두개자기자극법, 기능적 자기공명영상Functional Magnetic Resonance Imaging, fMRI 등의 기법을 통해 입증되고 있다고 주장한다. 예컨대 감정적 표현을 관찰하고 모방하는 과제에서 자폐증을 앓고 있는 아이의 경우 하두정엽에서 일어나는 활성이 정상적인 발달 과정을 거친 아이들에 비해 약하다는 사실이 fMRI 기법을 통해 확인되었다. 또한 증상이 심각할수록 활성화 정도가 낮았다(Dapretto et al., 2006).

거울 뉴런계와 핵심 모방회로

이제 거울 뉴런과 모방과의 관계에 대해 이야기해보자. 거울 뉴런은 구체적으로 어떤 역할을 하기에 모방에 관여한다고 할 수 있을까? 모방은 어떤 행위의 관찰을 그 행위의 실행으로 변환시키는 과정이다. 거울 뉴런계는 어떤 행위를 관찰할 경우에도 활성화되지만 그 행동을 모방할 때도 활성화된다. 하지만 거울 뉴런계가 모방 행위에 인과적으로 관여하고 있다는 주장에 반론을 펴는 학자들도 있다. 논리는 이렇다. 모방 이전에 행위에 대한 관찰이 선행되는데, 관찰 시에 활성화된 거울 뉴런이 그 직후에 일어나는 모방 행위에서도 겹쳐져서 활성화되기 때문에 엄격한 의미에서 거울 뉴런에 의해서 모방이 일어난다고 확신할 수 없다는 것이다(Gallese et al., 2011).

하지만 세 가지 다른 조건(행위에 대한 관찰, 관찰을 포함하지 않는 행동의 실행, 그리고 모방)에서 거울 뉴런의 발화가 중첩되는 것을 보여주는 많은 뇌 영상 자료가 존재한다. 더욱 흥미로운 사실은 이 세 가지 조건에서 활성화의 정도가 서로 다르다는 점이다. 가령, 행위 실행 조건에서는 행위를 관찰하는 조건보다 더 많은 활성이 일어났고, 행위를 모방할 때는 가장 높은 활성을 보였다(Gallese et al., 2011). 따라서 우리는 거울 뉴런이 행위 관찰, 행위 실행, 그리고 모방의 조건들 모두에 반응하는 세포임을 알 수 있을 뿐만 아니라, 왜 모방 조건에서 가장 높은 활성을 보였는지도 이해할 수 있다. 왜냐하면 모방은 행위 관찰과 실행을 모두 포함하는 과정이기 때문이다.

거울 뉴런계가 모방 과정에서 모종의 인과적 역할을 한다는 주장은 여러 실험들을 통해 입증되었다. 예컨대 점 자극을 보고 버튼을 누르는 과제에서 경두개자기자극을 통해 후부 하두정엽을 자극받은 피험자들은 자극만 보고 버튼을 누를 때는 문제가 없었지만 버튼 누르는 손가락을 보고 따라하는 경우에는 과제 수행 정확도가 떨어졌다(Heiser et al., 2003).

'기타 코드 따라 하기' 실험은 또 다른 입증 사례이다(Rizzolatti et al., 2010a). 이 실험은 모방을 하는 조건과 모방을 하지 않는 조건에서 수행되었다. 모방을 하는 조건에서는 기타 코드를 잡는 손동작을 관찰하고 연습한 뒤에 그것을 따라 하게 했다. 반면 모방을 하지 않는 조건에서는 기타 코드를 잡는 손동작을 관찰만 하게 한 후 따라 하지는 못하게 했다. 그러자 관찰 시기에는 두 조건에서 거울 뉴런계가 모두 활성화된 반면, 모방 시기에는 모방을 한 조건에서만 활성화되었다.

거울 뉴런계와 모방의 관계에 대한 이런 결과들을 종합하여 야코보니Marco Iacoboni는 거울 뉴런계 중심의 '핵심 모방회로core imitation circuitry'를 제안했다. 이 회로에는 거울 뉴런계 외에도 그 뉴런계에 시각 정보를 입력해주는 후부 상측두구가 포함되어 있으며, 인간이 아닌 다른 영장류들에서도 이 핵심 모방회로가 발견된다(Iacoboni, 2009b). 그렇다면 앞서 언급한 모방의 수준 차이도 이 회로로 설명할 수 있을까?

이에 대한 대답의 단서는 또 다른 '기타 코드 따라 하기' 실험을 통해 발견할 수 있었다. 그것은 친숙한 행동과 새로운 행동의 모방들 사이에 어떠한 신경 활동의 차이가 존재하는지를 밝히는 실험이었다(Vogt et al., 2007). 실험의 내용은 인간에게 기타 코드를 잡는 손동작을 관찰하게 한 뒤 따라 하게 하여 뇌의 활성 정도를 측정하는 것이었다. 실험 결과, 친숙한 행동(즉, 이미 연습해본 적이 있는 코드 잡기 손동작)을 따라 하는 경우에 거울 뉴런계는 활성화되었다. 물론 이것은 전혀 이상할 것이 없는 결론이다. 하지만 흥미로운 점은 새로운 행동(연습해보지도 않았고 처음 보는 기타 코드 잡기 손동작)을 하는 경우에 친숙한 행동을 하는 경우보다 거울 뉴런계를 비롯한 여러 영역들의 활성화 부위가 더 넓었다는 사실이다. 그렇다면 모방의 수준 차이를 발생시키는 뇌의 부위는 구체적으로 어디일까?

모방 행동이 간단한 과정은 아니기 때문에 핵심 모방회로가 다른 뇌 부위와 함께 작용하여 다양한 모방적 수준을 만들어낼 것이라는 생각은 꽤 그럴 듯하다. 우리는 기존의 운동 목록에 없던 새로운 행동을 따라 할 수 있는데, 그 행동의 하부 단위가 기존의 운동 목록에 존재할 경우에는 그런 모방 학습이 더 쉽게 일어난다. 그런데 이런 모방 학습은 핵심 모방회로만으로는 일어나지 않으며 모방 행동을 조절하는 또 다른 메커니즘을 필요로 한다. 배외측 전전두피질Dorsolateral Prefrontal Cortex은 여러 개의 친숙한 행동들을 조합하고 연결시키는 역할을 하는 부위로서 모방 학습을 가능하게 한다(Iacoboni, 2009b).

전두엽은 인간과 인간이 아닌 다른 동물들이 가장 많은 차이를 보이는 뇌 영역이라고 할 수 있다. 인간과 가장 가깝다는 침팬지의 경우에도 전두엽의 크기에 있어서는 큰 차이를 보인다. 크기의 차이는 당연히 기능의 차이로 이어진다. 인간만의 특성이라고 여겨지는 이성적 행동들의 중추가 바로 이곳이라고 생각하면 마치 전두엽 크기의 차이가 인간과 침팬지 간의 건널 수 없는 강을 만들었다고도 볼 수 있다. 모방에 있어서도 배외측 전전두피질의 역할은 중요하다. 새로운 행동이 기존에 알고 있는 행동들로 구성되어야 한다는 가정이 있기는 하지만 배외측 전전두피질의 존재는 인간과 다른 동물들 간에 존재하는 모방 능력의 수준 차이를 잘 설명해준다.

배외측 전전두피질에 의한 모방 학습은 단지 행위 수준에서의 모방이 아니다. 그것은 움직임 수준에서 새로운 행동을 기존의 행동들로 잘게 분리하고 재조합한 후 모방하는 것을 뜻한다. 이 분리와 재조합을 담당하는 부위가 바로 배외측 전전두피질인 것이다. 인간이 아닌 다른 동물들이 타 개체의 움직임에 대해 인간만큼 정확한 모방을 하지 못하는 이유는 바로 그들의 배외측 전전두피질이 상대적으로 덜 발달되어 있기 때문일 것이다(Huber et al., 2009). 앞의 조이 실험에서 조이가 친숙한 행동은 잘 모방했지만 새로운 행동을 잘 따라 하지 못했다는 것을 다시 한번 떠올려보자. 조이가 새로운 행동을 모방하지 못했던 이유는 시각 입력을 운동 신호로 곧바로 변환시켜주는 핵심 모방회로의 문제 때문이 아니다. 새로운 행동을 기존에 알던 행동들로 인식하고 그것들을 이어주는 데 필요한 처리과정에서 기억과 연산 등의 인지과정이 발달되어 있지 않았기 때문이다. 배외측 전전두피질은 그런 처리과정을 담당하고 있다.

거울 뉴런과 연합 계열 학습

그렇다면 모방에 중요한 인과적 역할을 담당하는 거울 뉴런계는 어떻게 발달하는가? 거울 뉴런계는 모방 기능 때문에 진화했을까? 실험심리학자 헤이즈Cecilia Heyes(1960~)는 모방 능력의 진화와 발생에 관하여 매우 흥미로운 가설을 제시했다. 그녀는 모방을 '위한' 적응 메커니즘은 존재하지 않으며 모방도 개인적 학습의 일종이라고 주장한다(Heyes, 2010; 2012). 그녀는 '연합 계열 학습associative sequence learning 모형'이란 가설을 제기했는데, '연합 학습'이란 자극과 자극, 또는 자극과 그에 대한 특정한 반응이 반복적으로 발생함으로써 그것들의 연합을 인식해가는 과정을 말한다. 개인적 학습에서 조건화 과정과 사회적 학습에서의 강화 현상 등이 모두 연합 학습에 포함될 수 있다. 그녀는 모방도 이러한 연합 학습이 순차적으로 이어지는 것일 뿐 새로운 종류의 학습은 아니라고 주장한다.

연합 계열 학습 모형으로 모방을 설명할 때 연합이 나타나는 양상은 수평적 축과 수직적 축으로 나눌 수 있다. 타인의 운동 행위에서 나온 감각 자료를 나의 운동과 일치시키는 작업은 수직적 축이고, 그러한 운동의 일련의 나열은 수평적 축으로 나타내어진다. 즉 어떤 새로운 행동을 모방하게 될 때 목표 대상의 연속적인 행위를 잘게 쪼갠 뒤, 각각의 쪼개진 감각 자료들과 나의 운동을 결합하는 수직적 연합 학습이 일어나고, 그것들 간의 수평적 연합 학습을 통해 모방 학습이 이루어진다.

그렇다면 연합 계열 학습의 관점에서 거울 뉴런은 어떻게 이해될 수 있을까? 이 관점에 따르면, 모방을 가능하게 하는 거울 뉴런은 연합 학습을 통해 만들어진다. 즉, 기존의 운동 특질을 가지고 있는 운동 뉴런이 경험에 의해서 감각 자극과 신경적 연관을 맺어 거울 뉴런으로 발달하게 된다. 가령, 우리가 주먹을 쥐게 되면 그에 해당하는 운동 뉴런이 활성화되는데, 그때마다 우리는 대개 주먹을 쥔 모습을 보게 된다. 이때 연합 학습이 일어나서 나중에는 보는 것만으로도 운동 뉴런이 활성화된다는 것이다. 즉, 보는 것과 하는 것의 짝결속을 통한 연합 학습이 거울 뉴런계를 만들어냈다는 주장이다. 연합 학습은 같은 행동뿐만 아니라 다른 행동들에 대해서도 거울 반응을 일으킬 수 있다. 가령, 내가 물체를 놓으면 상대가 물체를 잡는 것과 같은 일상적인 상황에서 우리가 알고 있는 거울 반응과 반대의 거울 반

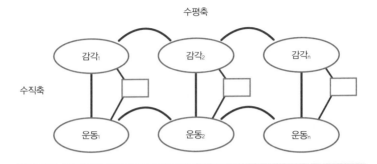

감각₁   감각₂   감각ₙ

수직축

운동₁   운동₂   운동ₙ

모방의 연합 계열 학습 모형(Heyes, 2012).

응이 일어날 수 있다(Heyes, 2010; Newman-Norlund et al., 2007). 헤이즈는 이러한 거울 뉴런을 '반거울 뉴런counter-mirror neurons'이라고 부른다.

헤이즈는 연합 학습이라는 일반적 학습 메커니즘만을 상정하는 것이 많은 복잡한 현상에 대한 단순하고 유연한 설명을 제공해줄 것이라고 주장하고 있다. 모방 학습이라는 문화적 학습은 특별한 적응적 메커니즘을 가지는 것이 아니라, 학습이라는 일반 메커니즘이 문화적인 맥락 속에서 빚어진 결과라는 것이다. 문화적으로 전달되는 것은 내용뿐만이 아니라 그 내용을 산출하는 것을 가능하게 하는 특정 회로까지 포함한다.

그렇다면 거울 뉴런은 모방을 위한 적응인가, 아니면 일반 학습 메커니즘의 결과인가? 거울 뉴런계를 발견하고 연구팀을 이끌어온 주요 연구자들은 대체로 전자의 입장이다. 즉, 거울 뉴런은 그 자체로 감각뉴런과 운동뉴런의 특징을 동시에 가짐으로써 관찰된 행동을 자신의 운동으로 변환시키는 특정 세포 다발이다. 이 다발은 다른 학습 메커니즘과는 구별되는 '모방'을 가능하게 했다. 그리고 전두엽의 몇몇 부분이 이 거울 뉴런계와 함께 작용하여 모방의 수준을 높이게 되었다. 반면, 연합 계열 학습 모형을 제시한 헤이즈는 모방도 연합 학습의 일종일 뿐이며 모방만을 담당하는 특정한 신경 메커니즘을 상정할 필요가 없다고 반박하고 있다.

따라서 이 두 진영은 문화를 바라보는 시각에서도 차이점을 드러낼 수밖에 없다. 거울 뉴런을 모방을 위한 적응이라고 보는 입장에서는 모방능력을 생물학적(유전적) 요인으로 귀속시키려 하고, 모방을 통해 전달되는 내용에 대해서만 문화라는 이름을 붙일 것이다.

하지만 모방을 연합 계열 학습의 일종으로 보는 이들은 전달되는 내용뿐 아니라 모방능력 그 자체도 연합 학습에 의해 문화적으로 전달된 '그 무엇'으로 이해하려 할 것이다. 그러나 양 진영은 모두 계통적 진화와 개체적 발생을 거쳐 형성된 거울 뉴런계의 모방 능력 자체에 대해서는 이견이 없다.[3]

모방, 거울 뉴런, 그리고 밈

앞에서 살펴본 모방의 정의, 유형, 기능, 그리고 신경 메커니즘에 대한 최신 연구들은 인간의 모방 능력이 얼마나 중요한 것인가에 대해서도 많은 것을 시사한다. 우리는 참된 모방을 할 수 있게 됨으로써 다른 동물들과는 완전히 다른 진화적 경로를 걷게 되었다. 참된 모방이 새로운 종류의 복제자를 탄생시켰기 때문이다. 이 복제자는 유전자와는 독립적으로 우리 인간을 이끄는 힘을 갖는다. 이 복제자는 바로 '밈'이다. 1장에서도 설명했다시피 밈은 다윈 진화의 필수 요소인 변이, 선택, 대물림의 조건을 만족시키는 복제자로서 유전자와는 독립적으로 진화할 수 있다. 밈학은 밈의 관점에서 인간의 문화 전달과 진화를 설명하려는 자연주의적 시도다. 밈학의 대표 논자인 블랙모어는 우리가 큰 뇌를 가지게 되고 동물과 확연히 차이가 나는 모방능력을 가지게 된 것은 바로 밈 선택의 결과라고 말한다. 그녀는 인간과 동물의 차이는 모방의 정확도 차이라기보다는 참된 모방을 할 수 있느냐 없느냐의 차이라고 말한다(Blackmore, 2007).

동물의 물체 지향적 행동은 사실 신체 지향적 행동보다 목표 지향적이고 효율적이다. 가까운 시간의 범위 안에서 신체 지향적 행동은 거기에 드는 비용에 비해 얻는 편익이 적다. 때론 편익이 아예 없기도 하다. 그렇다면 겉으로 보기에 이렇게 비효율적인 능력이 어떻게 인간에게서 진화하게 되었을까? 그에 대한 해답은 커다란 뇌 자체가 아니라 커다란 뇌가 만들어지게 된 과정에 있다.

인간의 뇌가 크다는 것을 거꾸로 생각해보면, 인간은 이렇게 전두엽의 크기 증가가 절실한 환경에서 서식했으며, 뇌를 가지고 살아갈 때 생기는 비용을 감수하더라도 큰 뇌로 인해 생기는 적응적 이득이 그만큼 컸다는 이야기이다. 블랙모어는 이 커다란 뇌가 모방 능력에 대한 적응이라고 본다. 여기서 말하는 모방 능력은 기계적 관점에서 잘 따라 하는가도 있지만 어떤 내용을 따라 할지에 대한 것도 함께 의미한다. 앞서 논의했듯이, 있는 그대로의 움직임까지도 모방하는 신경 메커니즘이 아직 완전히 밝혀진 것은 아니지만, 블랙모어의 이런 설명은 진화적 관점에서 동물과 인간에서 나타나는 모방의 차이점에 대한 궁극적 설명으로서 설득력을 지닌다고 할 수 있다.

밈은 모방을 통해서 사람들의 뇌로 퍼져나가며 나름의 진화의 과정을 겪는다. 밈에 대해서 적합도나 변이가 존재한다는 것은 많은 학자들이 인정하지만 복제에 대해서는 반대를 한다. 왜냐하면 복제하는 실체를 찾는 것이 어렵다고 생각하기 때문이다. 밈학을 통해서 인간의 모방 능력과 문화를 설명하는 것은 '그저 그럴듯한' 이야기일 뿐이라는 것이다. 하지만 정말 그럴까?

앞서 언급된 모방의 신경 메커니즘에 대한 최신 연구들은 밈의 실체에 대해서도 새로운 함의를 준다. 신경과학적 관점에서 밈을 정의하고 측정하려는 맥나마라Adam McNamara의 시도는 이런 의미에서 상당히 흥미롭다(McNamara, 2011). 그는 밈이 전달되는 과정을 다음의 네 가지 과정으로 나눈다. 첫째, 동화assimilation

과정은 한 개인으로부터 나온 다양한 감각을 인식하는 것이다. 둘째, 보존retention 과정은 정보의 기억과 같은 과정이다. 셋째, 표현expression 과정은 타인이 인식할 수 있는 형태의 말이나 몸짓 그리고 운동 행위를 하는 것이다. 마지막으로 전달transmission 과정은 그것이 다른 사람에게로 이동하는 과정이다.

이 네 가지 중에서 어느 하나도 빠져서는 안 되지만 그중에서도 표현과 전달 과정은 특히 중요한데 왜냐하면 이 두 과정에는 운동이 필수적으로 개입되기 때문이다. 또한 동화와 보존만으로는 단순한 자극 이상이 될 수 없다. 맥나마라는 표현과 전달, 그리고 동화와 보존의 연속을 통해 밈이 전달된다고 주장한다. 이런 맥락에서 모방을 자극들의 학습에 의한 연합으로 본 헤이즈의 주장은, 이러한 연속적인 흐름에 대한 고려 없이 모방을 그저 개인 안에서 구성되는 신경 구조로 본다는 점에서, 맥나마라의 접근과 대비된다고 할 수 있다.

맥나마라는 한 발 더 나아가 밈을 내적 표상으로서의 밈internal representation of a meme(이하 '내표밈')과 외부 표상으로서의 밈external representation of a meme(이하 '외표밈')으로 구분한다. 유전자와 같이 밈은 복제되는 성격을 지닌 동시에 어떤 정보를 지니고 있다. 밈의 경우에 그러한 정보가 전달되고 저장되는 방식에는 두 가지가 있는데, 하나는 인간의 중추신경계에 존재하는 방식('내표밈')이고, 다른 하나는 외부 세계에 존재하는 방식('외표밈')이다. 외표밈은 외부에 존재하기 때문에 쉽게 관찰될 뿐만 아니라 과학기술(제조기술 및 정보통신기술 등)의 발달로 인해 계속적으로 그 복제 충실도가 높아지고 있다. 반면 내표밈은 외표밈을 인식하고 (운동 행위를 통해) 전달할 수 있게 해주는 밈 특수적인meme-specific 신경 연결들로 구성된다. 맥나마라에 따르면 밈 특수적 신경 연결들은 다양한 감각 신경들과 내적 상태를 관장하는 변연계limbic system, 그리고 소통적 운동 산출communicative motor output을 담당하는 신경 영역 등으로 이루어져 있다.

맥나마라는 소통적 운동 산출은 다른 감각들이나 내적 상태를 나타내는 신경들과는 달리 밈을 구성하는 데 있어서 필수불가결한 요소라고 말한다. 이것은 밈의 전파에서 표현과 전달 과정이 반드시 필요하다는 것을 생각하면 충분히 이해가능한 주장이다. 이런 의미에서 소통적 운동 산출의 역할을 담당하는 신경 다발은 거울 뉴런계와 유사하다고 할 수 있다. 이것은 거울 뉴런계와 다른 뇌 영역들의 연결들을 통해 밈의 실체를 설명할 수 있음을 시사한다. 이런 맥락에서 모방을 통해서 전달되는 복제자인 밈의 실체와 작동에 대해 회의주의에 빠질 필요가 없다. 오히려 여기서 논의된 모방의 인지신경학적 연구들은 인지 및 문화 진화를 설명하기 위해 새로운 복제자인 밈을 상정하는 입장을 옹호하는 데에 사용될 수 있을 것이다.

우리는 모방하는 동물이다. 우리는 타 개체의 기술과 지식을 모방함으로써 다른 동물의 세계에서 찾아보기 힘든 문화와 문명을 이룩할 수 있었다. 이런 의미에서 모방 능력이 어떻게 진

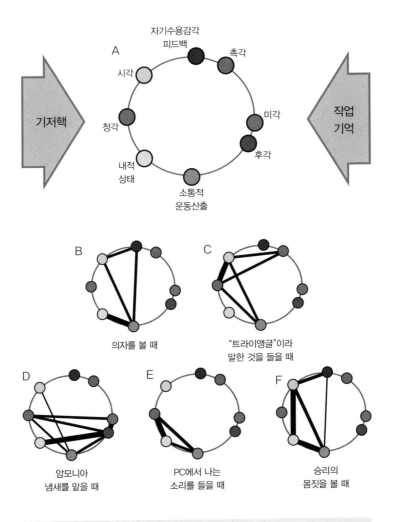

A

자기수용감각
피드백

촉각

시각

미각

청각

후각

내적
상태

소통적
운동산출

기저핵

작업
기억

B

의자를 볼 때

C

"트라이앵글"이라
말한 것을 들을 때

D

암모니아
냄새를 맡을 때

E

PC에서 나는
소리를 들을 때

F

승리의
몸짓을 볼 때

(A) 내표밈의 신경적 구성요소의 도식적 표현. 시각, 청각, 촉각, 후각, 미각 등의 감각 자극과 내적
상태는 밈의 필수 구성요소는 아니다. 운동 균형을 담당하는 기저핵과 작업 기억도 필수 구성요소는
아니지만 내표밈에 영향을 주는 요소이다. 하지만 소통적 운동 산출은 내표밈의 필수 구성요소다.
(B~F) 다양한 내표밈들을 구성하는 신경적 구성의 형태들(발음된 단어, 암모니아 냄새, PC에서
나는 소리, 승리의 몸짓, 의자). 소통적 운동 산출은 모든 예에 포함되어 있지만, 감각 자극은 각기
다른 구성으로 포함되어 있다(McNamara, 2011).

3장 • 인간의 독특성은 어디에 새겨져 있는가?

화하고 발달했는지를 묻는 것은 중요하다. 이 장에서는 모방 능력이 어디에 어떤 방식으로 새겨져 있는지, 즉 모방의 신경학적 기초에 관해 다뤘다. 인간의 모방력이 다른 영장류들의 그것과 신경학적으로 어떻게 다른지, 그리고 밈의 존재와 기능을 신경학적으로 어떻게 설명할 수 있는지는 여전히 흥미로운 미완의 과제라고 할 수 있다.

자연계를 지배하는
공통의 진화 원리는
무엇인가?

밈과 일반 복제자 이론

만일 진화론이 인간을 포함한 모든 생명체에 공통적으로 적용되는 이론이라면, 그것은 유전적 적합도뿐만 아니라 밈적 적합도까지 고려해야 하지 않을까? 인지철학자 대니얼 데닛Daniel Dennett(1942~)은 밈 이론을 자신의 철학적 프로젝트에 널리 적용해왔다. 인간의 의식, 지능, 지향성, 문화 현상에 대한 그의 설명은 밈 이론과 밀접한 관련이 있다. 가령 그는 인간의 문화를 유전자(들)와 밈(들) 간의 이해 충돌의 결과물로 해석한다. 다시 말해 문화는 두 부류의 복제자들 간의 경쟁과 협동의 산물이라는 것이다. 그렇다면 동물, 인간, 인공물의 진화 모두를 설명할 수 있는 더 포괄적이고 명시적인 이론은 없을까? 여기서 나는 그런 이론을 모색해보려 한다.

"모든 세포의 꿈은 두 개의 세포가 되는 것이다."

자크 모노, 《우연과 필연》

진화생물학자 에른스트 마이어Ernst Mayr(1904~2005)에 따르면 다윈의 진화론 패러다임은 다섯 개의 핵심 주장으로 이뤄져 있다. 그것을 요약해보면 다음과 같다.

(D1) 진화 그 자체evolution as such: 세계는 항구적이지도 최근에 창조되지도 영구적으로 순환하지도 않으며, 오히려 꾸준히 변하고 유기체도 시간이 지나면서 변화한다는 이론이다.

(D2) 공통 계통common descent: 모든 유기체 집단이 하나의 공통 조상으로부터 유래했다는 이론이다. 동물, 식물, 그리고 미생물까지도 궁극적으로는 생명의 단일한 기원으로 되돌아간다고 주장한다.

(D3) 종의 분화multiplication of species: 이 이론은 유기체의 엄청

난 다양성의 기원을 설명한다. 어떤 종이 다른 종들로 갈라지거나 지리적인 격리가 일어나 새로운 종으로 가지를 침으로써 종이 분화된다고 주장한다.

(D4) 점진론gradualism: 진화는 새로운 유형의 개체들의 갑작스러운(도약적인) 변화가 아니라 집단의 점진적인 변화를 통해서 일어난다는 이론이다.

(D5) 자연선택natural selection: 유전적 변이들이 존재하고, 그중 어떤 것이 다른 것들에 비해 생존과 번식에 유리하며, 그 변이 중 일부가 다음 세대에 대물림되는 경우라면 자연선택이 일어난다는 이론이다.

이 중에서 다윈의 가장 독창적인 아이디어는 자연선택과 생명의 나무tree of life 개념이라고 할 수 있다. 이는 (D2), (D3), (D5)에 해당하는 것으로서, 다윈의 진화론을 자연선택 이론으로 부르는 것도 바로 이런 이유 때문이다. 다윈 이래로 많은 진화생물학자들이 자연선택에 의한 진화가 어떤 조건에서 일어나는지를 탐구해왔다. 그들은 대체로 세 가지 서로 다른 조건들이 만족될 때 자연선택 메커니즘이 작동한다고 논증했다(Lewontin, 1970). 이를 요약하면 다음과 같다.

(UD1) 변이 조건: 상이한 요소들이 계속해서 풍부하게 존재한다.

(UD2) 복제 또는 대물림 조건: 그 요소들은 복사본을 만들 수 있는 능력이 있거나, 그 자신의 복사본이다.

(UD3) 적합도 조건: 어떤 요소의 복사본 수는 그 요소의 특성과 외부 환경의 특성 간의 상호작용에 의해 결정된다.

여기서 중요한 것은 진화의 '대상'에 대한 세부 사항이 없다는 점이다. 다시 말해 '자연선택 원리'란 어떤 대상이든 위의 세 조건만 만족시킨다면 진화가 일어날 수밖에 없다는 논리다. 자연선택론이 갖는 이런 일반성과 추상성 때문에 도킨스는 '보편 다원주의Universal Darwinism'라는 용어를 만들고, 그것을 "복제하는 존재자의 차별적 생존differential survival에 의해 모든 생명체가 진화한다"라고 정의하기도 했다(Dawkins, 1976, p.192).

위 조건들 중에 복제자 이론의 맥락에서 가장 중요한 조건은 (UD2)이다. 그것은, 어떤 대상이든 자연선택에 의해 진화하기 위해서는 복제자 혹은 대물림 메커니즘을 가진 대상이어야 한다는 조건이다. 그렇다면 복제자란 정확히 무엇인가? 도킨스는 복제자가 "자기 자신을 복제하는 어떤 것" 혹은, "외부 세계(다른 복제자들까지 포함)와의 상호작용을 통해 자기 자신의 복사본을 만드는 그런 존재자"라고 규정한다(Dawkins, 1976).

한편 생물철학자 데이비드 헐David Hull(1935~2010)은 선택의 단위unit of selection 문제를 다루면서 자연선택에 개입하는 두 가지 중요한 절차 및 존재자를 구분한다. 그중 하나는 복제 및 복제자이고, 다른 하나는 상호작용 및 상호작용자interactor이다. 그에 따르면 복제자는 "자신의 구조structure를 다음 세대에 대체로 그대로largely intact 전달하는 어떤 존재자"이고, 상호작용자는 "응집적 전체cohesive whole로서 외부 환경과 상호작용하여 복제자들의 복제를 서로 다르게 만드는cause 그런 존재자"이다(Hull, 1980; 1988).[1] 이 구분에 따르면 유전자는 전형적인 복제자로서 계통lineage을 형성한다. 하지만 유전자는 좀 더 포괄적인 존재자와 함께 환경과 상호작용함으로써 차별적인 복제를 이뤄낸다. 이런 과정도 선택 과정의 중요한 부분이다. 이렇게 환경과 맞닥뜨리는 일차적 존재자는 유기체다. 유기체는 응집적 전체로서 환경과 상호작용하며 유기체의 계통을 형성한다. 유기체의 그런 상호작용으로 인해 그 속의 복제자들이 다른 경쟁 복제자들보다 더 많은 복사본을 남기게 된다. 헐은 바로 이것이 두 단계의 선택 과정이라고 했다.

헐과는 달리 도킨스는 복제자와 운반자vehicle를 구분한다. 언뜻 보면 상호작용자와 운반자는 비슷한 뜻을 가진 듯이 보이지만, 실상은 전혀 그렇지 않다. 도킨스는 자연선택에서 환경과의 상호작용이 중요하다는 점은 인정하지만 그것을 '운반자 선택vehicular selection'으로 개념화함으로써 상호작용이 복제자에 의해 통제됨을 강조했다. 그에 따르면 비록 선택이 운반자에 직접적으로 작용하지만 그 선택의 결과는 유전자의 빈도에 영향을 미치므로 표현형은 결과적으로 단지 간접적으로만 영향을 받는

다윈의 정원

셈이다(Dawkins, 1994).[2] 이 대목은 도킨스가 얼마나 철저히 수혜자beneficiary 중심의 사고를 하고 있는가를 알 수 있는 부분이다.

하지만 이런 복제자 개념들에 대해 문제를 제기하는 이들도 있다. 예컨대 갓프리 스미스Peter Godfrey-Smith(1965~)는 헐의 "구조를 전달한다passing on the structure"라는 규정이나 도킨스의 "복사한다copying"라는 규정 자체가 매우 애매하다고 비판하면서, 유사성과 인과적 연결성의 맥락에서 복제replication를 다음과 같이 재정의한다(Godfrey-Smith, 2000, p.414).

Y는 X의 복제이다, 즉

(i) X와 Y가 유사하다 (어떤 유관한 측면에서),

(ii) 그런 유사함이 생기도록 X가 Y의 생산에 인과적으로 개입되어 있다.

하지만 그는 이런 정의가 직관적이긴 하나 매우 느슨한 규정이기에 복제자를 양산하는 결과를 낳는다고 말한다.[3] 가령 이 기준에 따르면 유전자뿐만 아니라 복사된 용지나 수도꼭지에서 똑똑 떨어지는 물방울도 복제자가 될 수 있다. 또한 여기서 복제자가 위와 같은 복제를 일으키는 어떤 원인인지, 아니면 위의 과정을 통해 복제된 어떤 결과인지도 애매하다. 맥락에 따라 둘 다의 의미로 사용되는 듯하다. 게다가 X와 Y가 얼마나 유사해야 복제가 일어났다고 할 수 있는지도 문젯거리다. 이에 대해서는

4장 • 자연계를 지배하는 공통의 진화 원리는 무엇인가?

대개 헐의 규정—"대체로 그대로" 복제되어야 한다—에 동의하는 것 같다. 즉, 대체로 '높은 충실도'를 가진 복제를 요구한다.

최근 몇 년 사이에 활발히 논의되고 있는 발생계 이론 developmental systems theory도 도킨스류의 복제자 개념에 매우 비판적이다. 발생계 이론가들은 오늘날에도 통용되고 있는 '천성 nature/양육nurture', '유전자/환경' 등과 같은 이분법이 틀렸을 뿐만 아니라, 그런 이분법에 대한 대안적 설명으로 제시된 환경과 유전자 간의 상호작용론마저도 받아들이기 힘들다고 주장한다. 왜냐하면, 그들에 따르면, 모든 형질은 많은 발생 자원들 간의 상호작용으로 인해 산출되며 유전자와 환경의 이분법은 이런 상호작용자들을 나누는 한 가지 방식일 뿐이기 때문이다(Oyama et al., 2003).

발생계 이론에 따르면, '발생계'는 특정한 진화 계통의 생활사를 산출하도록 상호작용하는 물리적 자원들의 체계로 지칭되며, '계통'은 유사한 개별 생활사가 인과적으로 연결된 서열로, '대물림'은 발생 자원이 후속 계통들로 충실하게 재생산되는 것으로, '자연선택'은 발생계의 대물림가능한 변이들의 차별적 재생산으로, 그리고 '진화'는 발생계들의 개체군 구성물이 시간에 따라 변화하는 것으로 다시 정의된다(Griffiths et al., 2003). 발생계 이론은 그간의 주류 진화생물학의 유전자 자리에 '발생계'를 대입하고 있다.

복제자 개념에 대해서는 어떤가? 그들은 복제자 개념 자체가

다윈의 정원

이미 유전자 중심적 사고, 더 넓게는 생물계에서 지배적인 인과력을 가진 존재자가 따로 있다는 견해를 깔고 있다고 대답할 것이다. 실제로 그들은 기존의 복제자 기준들을 만족시킬 수 있는 존재자는 하나도 없다고 단언한다(Oyama et al., 2003). 만일 세대를 거치면서 복제되는 것을 굳이 골라보라고 한다면 그들은 틀림없이 유전자도, 유전자를 포함한 복제자도 아닌, 발생계 자체를 선택할 것이다. 발생계 입장에서는 수많은 발생 자원에 의존적인 유전자도 온전한 복제자일 수 없다.

여기서 흥미로운 점은, 논의 맥락은 좀 다르지만 갓프리 스미스와 발생계 이론가들이 모두 복제자에 대한 정의 내리기 작업에 집착하고 있다는 사실이다. 갓프리 스미스는 '이렇게 정의하면 이런 사례들이 빠지거나 들어온다'는 식의 반론이고, 발생계 이론가들은 '기존의 정의로는 엄격히 말해 어떤 것도 복제자가 될 수 없다'는 식이기 때문이다. 하지만 통시적 관점으로 복제자의 진화에 대해 생각하게 되면 복제자를 정의하려는 노력이 과연 성공할 수 있는 프로젝트인지 의심스러워진다. 당장, 지구상에 최초로 등장한 복제자의 경우를 떠올려보자. 그것은 지금의 RNA나 DNA와 비교가 안 될 정도로 간단한 구조를 갖고 있었을 것이며, 복제자 계통 간의 유사성과 인과성을 강조하는 갓프리 스미스의 기준을 엄격한 의미에서 만족시키지 못했을 것이다. 왜냐하면 최초의 복제자가 처음부터 높은 정도의 충실성을 가지지는 못했을 것이기 때문이다.

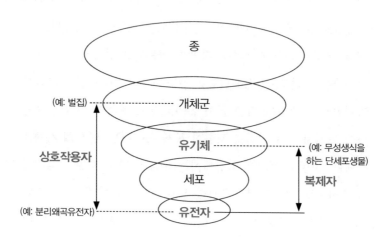

다윈이 철학에 던진 가장 큰 공헌 중 하나는 본질주의에 대한 도전이다. 마이어는 '개체군 사고population thinking'(자연계의 존재자들에게는 본질적 속성이 존재하지 않는다는 생각)라는 용어로 다윈의 반본질주의 철학을 표현했다(Mayr, 1982a). 개체군 사고를 통해서 우리는 유전자나 복제자처럼 진화하는 대상에 대해 정의를 내리는 작업(필요충분조건을 따지는 작업)이 기본적으로 '불가능한 작전mission impossible'임을 깨닫는다. 하지만 아직도 갓프리 스미스를 포함한 많은 생물철학자들은 이 점을 충분히 깨닫지 못하고 있는 것 같다.

반면 도킨스는 개체군 사고에 충실하다. 그는 실제로 유전자를 매우 반본질주의적 방식으로 규정했다. "유전자는 흑백 논리로 정의되지 않았다. 오히려 그것은 편리함의 단위로서 자연선택의 단위로 기능할 수 있을 정도로 충분한 복제 충실도를 가진 어떤 길이의 염색체다"라고 규정한다(Dawkins, 1976, p.195). 헐 또한 복제자의 외연이 애매할 수 있음을 인정한다. 예컨대 단세포 유기체의 분열fission은 어쩌면 복제로 간주될 수 있을 것이며, 벌집beehive과 같은 친족 집단은 응집적 전체로서 상호작용자의 역할을 수행할 수 있을 것이다(Hull, 1980; 1988). 경계의 이런 애매함은 통시적 진화의 귀결이다. 진짜 복제자, 진짜 상호복제자, 진짜 생명, 진짜 마음이 부demi-반semi-의사pseudo-원proto-준quasi 복제자, 상호복제자, 생명, 마음으로부터 진화해왔다는 것이 다윈주의적 사고이기 때문이다(Dennett, 1995).

그렇다면 복제자에 대한 정의를 좀 더 다듬어 경계를 깔끔하게 긋는 방식이 아닌 다른 방식으로 복제자 이론을 발전시킬 수는 없을까? 그리고 유전적 진화뿐만 아니라 문화 진화도 설명하는 좀 더 포괄적인 복제자 진화론을 생각해 볼 수는 없을까? 나는 도킨스의 밈 개념과 데닛의 지향계intentional system 이론이 복제자 진화론을 그렇게 격상시킬 수 있는 지적 자원이 될 수 있다고 생각한다.

일반 복제자 이론: 복제자와 지향계의 만남

유전적 진화와 문화 진화를 포괄적으로 이해하려는 그간의 시도들은 대체로 밈과 유전자를 '유비'하는 방식으로 진행되었다. 그러나 그런 유비는 대체로 만족스럽지 않게 끝나버렸다(Mesoudi et al., 2006). 이런 맥락에서 밈과 유전자가 문자 그대로 '동일한 방식'으로 행동한다는 도킨스의 생각은 새롭고 일면 도발적이다. 그런데 우리는 이 '동일한 방식'을 도킨스와는 조금 다른 각도에서 더 깊이 이해할 필요가 있다. 예컨대 도킨스는 유전자도 밈도 복제자이고 복제자의 행동 양식에 맞게 그 둘이 '동일한 방식'으로 행동한다고 보는 데 그쳤다면, 우리는 도대체 복제자의 행동 양식이 정확히 무엇인지를 물을 수 있을 것이다.

　나는 데닛의 '지향계 이론'이 이 물음에 대한 좋은 대답을 제공한다고 생각한다. 지향계 이론이란 "우리가 다른 인간, 동물, 인공물(컴퓨터나 로봇 등), 심지어 우리 자신의 행동을 해석하고, 예측하고, 설명하기 위해 사용하는 정신적 용어들―'믿는다', '욕구한다', '기대한다', '결정한다', '지향한다'와 같은 통속 심리학folk psychology적 용어들―의 의미 분석"이다(Dennett, 1971). 우리는 대개 우리가 해석하려는 어떤 대상들에 마음을 부여하곤 한다. 그렇다면 그 대상이 어떤 조건에 있어야 마음(믿음과 욕구를 포함한 정신 상태들)을 갖는다고 말할 수 있을까? 데닛에 따르면 우리가 그 대상에 이른바 '지향적 태도intentional stance'를 가져

보면 된다. 만일 이 태도로 그 대상의 행동이 널리 예측이 되면 그 대상은 지향계다. 여기서 지향적 태도란, 어떤 존재자—동물, 인간, 인공물 등 무엇이든—에 대해 그것이 마치 믿음과 욕구를 고려하여 행동하는 '합리적 행위자rational agent'인양 취급하여 그것의 행동을 해석하는 전략을 뜻한다(Dennett, 1971). 다시 말해, 지향적 태도는 어떤 존재자의 행동이나 움직임을 예측하기 위해 그것을 행위자로 간주하는 것이다.

이런 지향적 태도는 두 가지 서로 다른 종류의 예측 전략들, 즉, 물리적 태도physical stance 및 설계적 태도design stance와 구분된다. 여기서 물리적 태도는 우리가 알고 있는 모든 물리 법칙과 원리들을 총동원하여 문제가 되는 존재자의 행동을 해석하는 전략이다. 물리학의 통상적 연구 방법이라 할 수 있다. 무생물이나 인공물의 경우에는 이 태도가 우리가 취할 수 있는 유일한 전략이다. 반면 설계적 태도는 어떤 대상이 특정한 구조로 설계되어 있으며 그 설계대로 작동할 것이라고 예측하는 전략이다. 보통은 잘 설계된 인공물의 움직임을 예측하기 위해 사용되는 전략이지만 때로는 자연물에도 적용된다. 예측이 틀릴 위험성 측면에서 비교하자면 설계적 태도는 물리적 태도에 비해 덜 안전하다. 그러나 예측을 위한 계산 측면에서는 설계적 태도가 상대적으로 더 효율적이다.

반면, 지향적 태도는 계산을 가장 간단하게 하는 방식이지만 그만큼 틀릴 위험성이 높은 예측 전략이다. 이 태도는 설계된 존재자가 마치 합리적 행위자처럼 행동한다고 예측하는 전략이다. 가령 바둑 컴퓨터의 다음 수는 설계적 태도보다는 지향적 태도에 의해 더 효율적으로 예측된다. 즉, 바둑 프로그램이 실제로 어떻게 '설계되었는지'를 계산하는 것보다는 최적으로 설계되었다고 믿고 지향적 태도를 취하는 것이 바둑 컴퓨터를 이기기 위한 가장 좋은 전략이 된다.[4]

좀 더 친근한 사례들로 세 태도의 차이를 정리해보자. 투수가 공을 던진다고 해보자. 그가 던진 공의 움직임을 이해하기 위해 그 공이 마치 믿음과 욕구를 가진 양 생각할 이유는 전혀 없다. 물리법칙만 잘 알고 있으면 된다('물리적 태도'). 또한, 매일 아침에 울려대는 알람시계의 작동을 이해하기 위해 시계의 마음을 읽으려 할 필요가 없다. 어떻게 설계되었는지를 알면 그만이다('설계적 태도'). 하지만 우리 집 강아지가 갑자기 껑충껑충 뛰는 행동, 옆집 아기가 자지러지게 우는 행동을 이해하기 위해서는 다른 태도가 필요해 보인다. 물리법칙 혹은 설계원리만을 들이댄다고 해서 이해되는 행동이 아니기 때문이다. 데닛은 바로 이 대목에서 '지향적 태도'가 필요하다고 주장한다(Dennett, 1987; 1995; 1998).

그렇다면 지향적 태도를 통해 잘 예측되고 해석되는 대상, 즉 지향계는 구체적으로 어떤 목록을 갖고 있는가? 동물과 인간이 지향계인 것은 분명하다. 그렇다면 식물은 어떤가? 컴퓨터나 로봇은 어떤가? 아니 단순한 온도조절 장치는 어떤가? 식물이나

식물의 굴광성(phototropism)은 지향적 태도로 설명할 수 있는 대표적인 사례다.

온도조절 장치는 일견 설계 시스템으로만 보일 수도 있지만 이 사례도 지향적 태도로 잘 예측되는 경우다. 물론 지향계의 외연이 애매할 수 있다는 사실은 개체군 사고로 무장한 다윈 이후의 철학자들에게는 더 이상 불편한 진실이 아니다. 진화의 도상 어딘가에 말하자면 0.0001%의 지향계 같은 것이 존재했을 테니까 말이다. 그렇다면 본 주제와 관련하여 우리에게 더 중요한 질문을 던져보자. 유전자는 지향계인가? 밈은?

유전자와 밈의 행동은 물리적 태도나 설계적 태도를 넘어서 지향적 태도를 통해 가장 효과적으로 예측되기 때문에 지향계라 할 수 있다. 유전자와 밈 외에도 복제자의 사례는 더 많다. 적어도 자연계에서는 40억 년이라는 세월 동안 수많은 종류의 복제자들이 생멸했을 것이기 때문이다. 그런 복제자들은 모두 지향계였다. 그렇다면 인공물의 경우는 어떤가? 모든 인공물이 밈은 아닐 것이다. 즉, 인공물 중에 복제자가 아닌 것들도 있을 것이다. 가령, 두 살배기 아이가 제멋대로 '그린' 그림에 대해 생각해보자. 명백한 인공물이긴 하지만, 그 누구도 그것을 모방하려 들지는 않을 것이다. 즉, 그 그림이 복제자처럼 행동하지는 않을 것이다. 이처럼 물리적 태도나 설계적 태도 이상을 요청하지 못하는 인공물의 경우에는 복제자가 아니며 지향계도 아니다. 이런 논의들을 종합하면, 우리는 자연선택에 의해 진화할 수 있는 모든 존재자를 지향계적 특성을 갖는 복제자라고 할 수 있을 것이다. 나는 복제자의 이런 특성을 강조하기 위해 '지향 복제자 intentional replicator'라는 용어를 제안하고자 한다.

지향 복제자 개념은 기존의 복제자 개념들을 좀 더 깊이 이해하게 만든다. 예컨대 전자에는 후자에는 결여된 '행위자', '수혜자' 개념이 요구된다. 즉, 복제자들이 무엇을 위해 어떻게 행동하는지에 대한 시선이 있다. 그리고 그것은 '결국 어떤 행위자가 이득을 얻는가'라는 질문으로 요약된다. 이 질문에 대한 복제자 이론의 대답은 두 가지다. 하나는 이타적 행동을 비롯한 인간의 많은 행동이 유전자들의 이해관계의 결과라는 생각이다. 다른 하나는 생명체의 산물(특히, 인공물)들이 그 창조자를 위해 봉사하지 않고 자기 자신의 이득을 위해 행동할 수 있다는 생각이다. 각각 유전자와 밈이 수혜자이며 주체라는 발상들이다. '주체와 통제자로서의 인간(또는 유기체)' 개념이 설 자리는 어디에도 없다. 예전에 유행했던 말대로 하자면, 복제자 이론은 인간을 '두 번 죽이는' 이론이다. 한번은 유전자로, 다른 한번은 밈으로. 유전자는 자신의 유전적 적합도를 높이기 위해, 밈은 자신의 밈적 적합도를 높이는 방식으로 행위하는 지향 복제자일 뿐, 유기체나 인간을 위해 행동하지 않기 때문이다. 이것은 이 세계(자연계와 인공계를 모두 포함)가 복제자들의 전쟁터임을 시사한다. 나는 이 점이야말로 복제자 이론이 우리에게 이야기하는 '불편한 진실'이라고 생각한다.

사실 이런 발상은 20세기 과학철학계 안에서도 아주 생경한 것은 아니다. 잘 알려져 있듯이 과학철학자 카를 포퍼Karl Popper(1902~1994)는 세계를 셋으로 구분했다. 그에 따르면, "세계 1은 물리세계 혹은 물리적 상태의 세계, 세계 2는 정신의 세계 혹은 정신적 상태의 세계, 그리고 세계 3은 이해 가능한 세계, 객관적 의미에 있어서 관념들의 세계"이다(Popper, 1972, p.154). 그리고 그는 세계 3의 특징에 대해, "일단 생겨난 후에는 마음으로부터 독립하여 객관적 구조를 가진다"라고 말했다. 그에 따르면 새 둥지, 거미 집, 흰개미 무더기와 같은 동물의 '건축물'들은 세계 3의 원초적 사례들이며, 인류가 만들어낸 언어, 이념, 예술, 과학 등은 전형적인 세계 3의 존재자들이다. 포퍼는 이것들이 인간 마음의 산물이면서 동시에 그것으로부터 자율적으로 존재할 수 있는 대상들이라고 했다(Popper, 1972).

라카토슈Lakatos Imre(1922~1974)는 포퍼의 이런 세계 이론을 이용하여 과학철학을 '세계 3적으로' 구성하고자 했다. 그런데 여기서 그는 '세계 3'의 의미를 "지식이 개인의 주관적인 정신 상태와 독립하여 존재한다"는 뜻으로 사용하고 있다(Lakatos, 1978). 물론 포퍼도 세계 3 개념을 통해 인간 정신이 만든 세계의 '객관성'을 강조하고자 했을 것이다.

그러나 나는 여기서 이 세계 3 개념을 그들과는 매우 다른 방향으로 끌고 가고자 한다. 나는 세계 3의 가장 중요한 특성은 정신물들의 '객관성'이 아니라 '자율성'이라 생각한다. 과학은 차치하더라도 세계 3의 존재자들인 이념, 종교, 예술, 언어 등이 어떻게 객관적이랄 수 있겠는가? 민주주의나 공산주의 같은 이념들은 인간이 만들어낸 세계 3의 존재자들이지만 그야말로 인간을 '지배'하는 밈들이기도 하다. 근본주의 종교들은 어떤가? 이런 존재들에 대해 '객관적'이라고 꼬리표를 달아주는 것은 적절하지 않다. 오히려 우리는 우리가 만들어낸 정신물들의 자율성을 간과해서는 안 된다. 우리의 창조물이라고 당연히 우리의 통제하에 있을 것이라고 생각할 수는 없다. 이렇게 지향 복제자 관점은 포퍼의 세계 이론을 새롭게 해석한다.[5]

정리해보자. 나는 유전자와 밈이 단지 은유적으로 연결되어 있다는 견해에 반대하고, 그들이 복제자의 기본 특성들을 대체로 만족시키는 복제자의 사례들임을 강조했다. 하지만 이 복제자의 행동을 제대로 이해하기 위해서는 복제자를 지향계로 간

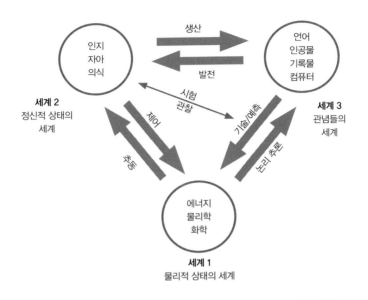

생산

발전

인지
자아
의식

언어
인공물
기록물
컴퓨터

시험
관찰

제어

기술/예측

추동

논리 추론

세계 2
정신적 상태의
세계

세계 3
관념들의
세계

에너지
물리학
화학

세계 1
물리적 상태의 세계

포퍼의 세 가지 지식 세계

주하는 관점이 필요하다고 판단했고, 나는 이를 '지향 복제자' 개념이라 불렀다. 지향 복제자 개념은 유전자와 밈에 정신적 용어들을 붙이는 일(가령, 유전자는 더 많은 복사본을 '원한다'는 식)이 잘못된 것이 아니라고 말한다. 한발 더 나아가, 그런 관행들이 비유적 해석 차원을 넘어서 예측적·발견적 기능까지 갖고 있음을 주장한다. 나는 지향 복제자 개념에 근거한 복제자 진화론을 '일반 복제자 이론generalized replicator theory'이라고 부르고자 한다. '일반'이라는 수식어를 붙인 이유는 이 이론이 유전자에서 출발한 유비 이론이 아님을 강조하고, 지향 복제자가 다종다기할 수 있음을 표현하기 위해서다. 그러나 가장 큰 이유는 이 이론이 자연물과 인공물의 진화 모두를 지향 복제자의 선택 메커니즘 으로 설명한다는 의미를 담기 위해서다.[6]

과학에 대한 일반 복제자 이론?

그렇다면 일반 복제자 이론의 관점에서 과학을 보면 어떤 모습이 그려질까? 잘 알려져 있듯이 그동안 진화인식론evolutionary epistemology처럼 생명 진화와 과학 변동을 연결시켜보려는 비슷한 정신의 시도들이 있었다 하지만 기존의 진화인식론은 과학 변동에 대한 생물학적 은유에 머물러 있는데다 과학적 실천에서 비인간 행위자들nonhuman agents이 차지하는 중요한 역할들을 간과했다.

   은유적 이해가 아니라 지향적 태도로 복제자의 진화를 이해하려는 일반 복제자 이론은 과학의 변동론에 대해 뜻밖의 친구를 만나게 된다. 그것은 비인간 행위자와 인간 행위자와의 연결망으로 과학의 본성을 설명하려는 브뤼노 라투르Bruno Latour(1947~)다. 그의 '행위자 연결망 이론actor network theory'은 이론과 인간 중심의 진화인식론의 한계를 극복한다는 측면에서는 의미가 크다(Latour, 1994). 하지만, 이른바 '수혜자 질문'—즉, '그 과정에서 무엇이 이득을 얻는가'라는 물음—에 둔감하다는 측면에서 여전히 한계가 있다.

일반 복제자 이론에 따르면, 과학에서 비인간 행위자(밈)들은 인간 행위자와 동맹을 맺는 동등한 주체일 뿐만 아니라 자신의 밈적 적합도를 높이는 방식으로 행동하는 행위자다. 일단, 이런 입장은 기구와 장치의 자율성을 강조하는 라투르와 이언 해킹Ian Hacking(1936~)과 같은 과학기술학자들의 주장과 공감대를 형성한다(Hacking, 1983). 하지만 일반 복제자 이론은 그들의 주장에 비해 더 급진적인 견해라 할 수 있는데, 왜냐하면 그것은 그런 자율성이 도대체 '왜' 생기는가에 대해서도 답을 하기 때문이다. 포괄 적합도 이론이나 이기적 유전자 이론이 자연세계를 보는 기존 관점을 혁명적으로 바꿔 놓았던 방식과 유사하게, 일반 복제자 이론은 인공물을 지향계로 봄으로써 과학기술에 대한 새로운 급진적 이해를 제공할 수도 있을 것이다.

이렇게 일반 복제자 이론이 과학기술학 분야의 중요한 주제에도 적용가능하다는 점은 그 이론의 전망이 밝다는 것을 의미한다. 또한 이 이론은 인공물 일반에 대한 과학 혹은 철학으로 발전할 가능성도 있다. 하지만 아직은 밈학의 과학적 지위가 유전학에 비해 현저히 낮다는 사실을 기억할 필요가 있다. 다음 장에서는 일반 복제자 이론의 관점에서 라투르의 행위자 연결망 이론을 본격적으로 재해석해보고자 한다.

인간과 비인간의 경계는 존재하는가?

행위자 네트워크와 지향계

인간/비인간의 구분은 의심의 여지가 없이 받아들여진 가장 기본적 형이상학이다. 하지만 프랑스 사회학자 라투르는 자신의 '행위자 연결망 이론'을 제시하는 과정에서 이 구분에 문제를 제기해왔다. 이 이론에 따르면, 과학은 인간, 비인간 생물, 그리고 인공물들로 구성된 이질적 행위자들의 복합 네트워크다. 여기서 비인간 행위자는 인간 행위자와 동등한 자격으로 과학을 구성한다. 가령, 생명공학자, 백신, 페트리 접시 등은 모두 동등한 행위자이다. 과학에 대한 가장 급진적 사회학 이론 중 하나인 이 이론은, 놀랍게도 밈 이론을 뒷받침해주고 있는 데닛의 지향계 이론과 일맥상통한다. 밈 이론은 자연과 인공의 세계가 진화 앞에서 평등하다고 주장해왔기 때문이다. 이 글에서는 기이한 조합처럼 느껴지는 두 이론이 어떻게 행복한 결합이 될 수 있는지를 탐색하고 있다.

"학자는 도서관이 더 많은 도서관을 만들기 위한 하나의 방식이다."

대니얼 데닛, 《다윈의 위험한 생각》

행위자 연결망 이론(이하 ANT)에서는 근대를 지탱해온 가장 핵심적인 구분 중 하나인 인간/비인간의 이분법이 사라진다. 거기서 자연과 사회는 인간 행위자들과 비인간 행위자들의 집합적 행위들의 결과일 뿐이며, 권력과 위계는 지식 형성의 원인이 아니라 동등한 지위의 모든 행위자들이 네트워크를 이루는 과정 속에서 생겨난 결과물이다. 이 관점에 따르면 과학은 행위자들—인간, 비인간 생물, 그리고 인공물—의 복잡한 네트워크다. 이처럼 ANT는 마음이나 의식이 없는 인공물이나 생명체에게도 행위능력을 부여하는데, 이 때문에 ANT는 과학기술사회학계에서 종종 '확장된 대칭성' 또는 '일반적 대칭성'을 주장하는 급진 이론으로 간주된다.

그런데 역설적이게도 ANT는 과학적 환원주의자라 불릴 만한 도킨스와 데닛 등이 제시하고 발전시킨 밈 이론과 근본적으로 유사하다. 도킨스의 밈 이론에 따르면 인공물들도 자연 속에서 유전자가 복제와 진화의 단위로서 기능하는 것과 동일한 방식으로 문화 속에서 '행위자'로서 기능한다. 또한 데닛은 밈 이론을 자신의 지향계 이론과 결합하여 의식, 인공지능, 종교 등에 대한 흥미로운 철학적 이론들을 발전시켰다. 데닛의 세계에서 인공물은 능동적 행위자로서 유전자와 마찬가지로 자신의 복사본을 더 많이 퍼뜨리는 방식으로 행동하는 복제자이고, 이 모든 세계는 복제자들의 전쟁터다. 여기서 자연과 인공물의 구분은 사라진다. 모두 자신의 적합도를 '위해' 행동하는 행위자일 뿐이다. 이기적 유전자 이론과 밈 이론을 통합한 복제자 이론에 따르면, 자연뿐만 아니라 인간의 행동, 사회, 문화, 그리고 과학도 이 모든 행위자들의 이합집산이 빚어낸 산물이다. ANT와 지향계 이론, 이 얼마나 기묘한 만남이고 일치인가? 이 두 이론의 만남이 단지 우연의 일치일 뿐일까?

라투르의 '비인간 행위자'와 ANT

먼저 라투르의 핵심 개념부터 살펴보자. 비인간 행위자는 ANT에서 어떤 역할을 하는가? ANT는 기계, 동물, 텍스트, 하이브리드 등과 같은 비인간 존재들에 행위능력을 부여함으로써 텍스트적이고 개념적이며 사회적이고 기술적인 행위자들 간의 이종결합 네트워크를 상정한다. 그렇다면 여기서 행위자란 무엇인가?

ANT에서의 행위자는 기호학적 정의로, 행동하거나 타존재로부터 행위능력을 인정받는 존재(행위소$_{actant}$)를 의미한다. 이는 개별적인 인간 행위자를 지칭하는 것이 아니며, 일반적으로 인간이 지닌 특별한 동기를 가정하지 않는다. 행위소는 문자 그대로 행동의 원천으로 인정받는 것이면 무엇이든 될 수 있다(Latour, 1997, p.107)

또한, "행위자란 자신 주위로 공간을 구부리고, 자신에게 다른 요소들이 기대게 만들며, 이 다른 요소들의 의지를 자신의 언어로 번역하는 어떤 요소"라고 규정되기도 한다(Callon et al., 1981, p.286). 즉, 라투르는 ANT에서 행위자를 개별 인간 행위자에 제한하지 않고 비인간, 비개인적 존재들로까지 확장한다. 이렇게 확장된 행위자의 목록에는 바이러스, 박테리아, 가리비, 영장류 등과 같은 생물체도 포함되며 총, 열쇠, 자동문, 지하철, 과속방지턱 등과 같은 인공물도 들어간다. ANT의 의제에 들어 있는 것은 인간적인, 인간과 다른, 인간이 아닌, 덜 인간적인 것들의 속성과 특징들, 그리고 이러한 존재들 사이에 존재하는 속성의 분배가 있고, 그들 사이에 만들어진 연결이 있으며, 이러한 특성, 분배, 연결, 그리고 네트워크를 순환하는 요소들과 그 요소들이 이동하는 몇 가지 방법들이 있다(Latour, 1997).

그렇다면 비인간 행위자들은 실제로 어떻게 행동하는가? ANT 관점에서 재조명된 파스퇴르의 백신 연구나 과속 방지턱, 자동문 등에 대한 ANT적 설명은 각각 생명체와 인공물의 행위 능력을 드러내주는 흥미로운 사례들이다. 가령, 행위자로서 미생물의 출현에 대해 라투르는 다음과 같이 언급한다.

> 의미 없는 소음으로 채워진 미생물의 역사도 있다. 인간 행위자들의 역사뿐만 아니라 비인간 행위자들의 역사도 존재한다. 한때 독기가 나오고 전염되고 급격히 번지는 병리적 질병들이 일련의 새로운 테스트들을 통해 가시적이고 취약한 미생물이 되었다. 왜냐하면 세계의 역사 속에서 처음으로 연구자들이 여전히 잘 정의되지 않은 이 행위자들에게 자신들의 바람에 부합하는 환경을 제공했기 때문이다. 즉, 처음으로 이 행위자들은 경쟁자, 적, 기생자들의 혼재로부터 분리되었다(Latour, 1988, p.82).

이렇게 분리된 미생물을 파스퇴르 같은 과학자는 페트리 접시 속에서 통제함으로써 백신이라는 형태로 자신의 네트워크를 만든다. 즉, 이 인공물은 실험실에서 과학자와 비인간 행위자들이 벌인 힘겨루기의 결과물인 것이다. 이런 맥락에서 실험실은 과학자들이 비인간 행위자들을 동맹으로 만드는 장소이며, 과학자는 이렇게 바뀐 비인간 행위자들을 세상에 내놓음으로써 자신의 네트워크를 확장·강화하고 실험실을 세상 속으로 확장해 가는 것이다(Latour, 1988).

라투르가 즐겨 언급하는 과속방지턱의 경우도 비인간 존재가 어떻게 행위자가 될 수 있는지를 보여주는 사례이다. 학교나 아파트 주변 도로에 적혀 있는 과속방지 문구와 그런 문구 대신에 만들어진 과속방지턱에 대해 생각해보자. 이 둘이 모두 없는 경우에는 운전자들의 과속으로 종종 사고가 일어난다. 그래서 처음에는 "과속하지 맙시다"라는 문구를 적어놨다. 하지만 교통경찰이 지켜보고 있지 않은 이상 사고율은 크게 줄지 않았다. 그래서 새로운 방법, 과속방지턱이 고안되었다. 이 인공물이 만들어지자 운전자는 자기 차의 서스펜션이 망가지는 것을 피하기 위해 속도를 줄일 수밖에 없었다. 이렇게 과속방지턱은 경고 문구를 넘어 교통경찰의 일까지 대신하게 된 것이다(Latour, 1999a, p.189). "행위자는 어떤 시행에서 다른 존재자를 변화시키는 존재자이고, 행위자의 능력은 그것의 수행으로부터 연역되며, 행위는 시행 과정에서 항상 기록된다"(Latour, 1999a, p.303)라고 했을 때, 과속방지턱이라는 인공물은 행위자의 조건을 잘 만족시킨다고 할 수 있다.

그렇다면 행위자들이 관계를 형성하는 네트워크란 무엇인가? 네트워크란 "그 성격이 아직 결정되지 않은 존재자들 사이의 비구체화된 관계들의 집합"(Callon, 1983, p.263)이다. 여기서 행

운전자는 과속방지턱에 의해 자기 차의 서스펜션이 망가지는 것을 피하기 위해 속도를 줄일 수밖에 없었다. 이렇게 과속방지턱은 경고 문구를 넘어 교통경찰의 일을 대신하는 행위자다.

위자와 네트워크는 서로가 서로를 구성하는 관계에 있다. 즉, 행위자는 네트워크 없이 행위할 수 없고, 네트워크는 행위자들로 구성된다. 행위자들이 네트워크를 형성하는 과정을 ANT 이론가들은 '번역translation'이라 부른다. 조금 더 구체적으로 설명하자면, 번역은 어떤 행위자가 다른 행위자를 대신해서 말하거나 행동할 수 있는 권위를 갖게 만드는 모든 형태의 협상, 음모, 계산, 설득, 폭력적 행동을 지칭한다고 할 수 있다. 이 번역 과정은 크게 네 가지 세부 과정들로 구성되는데, 한 행위자가 다른 행위자들의 문제를 떠맡고 기존 네트워크를 교란하는 '문제제기problematization' 과정, 다른 행위자의 관심을 끌고 새로운 협상을 진행하는 '관심끌기interessement' 과정, 다른 행위자들에게 새로운 역할을 주는 '등록하기enrollment' 과정, 그리고 다른 행위자들을 자신의 네트워크로 포함시켜 새로운 '잡종hybrid'을 탄생케 하는 '동원하기mobilization' 과정이 그것이다(Callon, 1986).

이런 관점에서 보면 기술과학의 세계, 나아가 사회 자체는 수많은 네트워크들의 이합집산의 결과다. 라투르에 따르면, 어떤 행위자가 기존의 네트워크를 교란하고 다른 행위자들을 자신의 네트워크로 포섭하는 과정에서 '의무 통과점obligatory passage point'을 만드는 일이 번역 과정의 핵심이다. 이때 행위자들이 이동한 기록들이 바뀌는 '치환displacement'도 일어나며, 네트워크가 충분히 안정되어 마치 하나의 개별자('블랙박스')처럼 인식되는 '블랙박스화black-boxing' 과정도 발생한다. 라투르가 분석했듯이, 가령 파스퇴르가 실험실에서 특정한 조건 하에 세균을 제압한 후('치환') 안정화시켜, 그것을 백신이라는 형태('블랙박스')로 만들어 사회 속에 내놓았던 사례는 라투르 식의 네트워크 동학을 잘 보여준다(Latour, 1988). 그에게 과학자란 네트워크의 충돌을 통해 비인간 행위자들의 동맹을 점점 더 확장·강화해 나가는 인간 행위자다.

이처럼 비인간 행위자에 관한 ANT의 논의는 도발적이긴 하지만 충분히 그럴듯한 이야기라고 할 수 있다. 하지만 질문은 남아 있다. 라투르는 비인간 존재가 '어떻게' 행위자 역할을 하는가에 대해서는 설명하고 있지만, 그 존재들이 '왜' 그런 행위자가 되었는지에 대해서는 해명하고 있지 않기 때문이다. 가령,

왜 과속방지턱 같은 비인간 존재들이 행위자의 지위를 얻게 되는 것일까? 나는, 많은 사람들이 ANT의 흥미로운 관점은 인정하면서도 비인간 행위자 개념이 은유를 넘어설 수는 없다고 줄기차게 비판하는 것도, ANT 학자들이 바로 그 '왜'라는 질문에 답을 주고 있지 않기 때문이라고 생각한다. 이런 의미에서 도킨스의 복제자 이론과 데닛의 지향계 이론은 ANT의 든든한 조력자가 될 수 있다.

지향계 이론과 ANT

복제자로서의 인공물을 이야기하는 데닛의 지향계 이론은 행위자로서의 인공물을 이야기하는 ANT에 어떤 함의를 가지는가? 복제자의 관점은 몇 가지 중요한 측면에서 라투르의 ANT와 흥미로운 교차점을 갖는다.

첫째, 지향계 이론은 비인간 행위자의 행위능력의 원천에 대한 설명을 제공한다. ANT에서는 인간을 제외한 자연물이나 인공물들이 '왜' 인간 행위자와 동일한 방식으로 행위능력을 갖는지에 대한 설명이 전혀 없다. 복제자 이론의 관점에서 ANT는 인공물과 인간 집합체의 동학을 그저 묘사하거나 심지어는 그런 동학이 마치 실재하는 양 설득력 있는 이야기narrative를 만든 것처럼 보일 수 있다. 만일 후자라면 행위자와 네트워크의 실재를 주장하기는 힘들어질 것이며, 전자라고 해도 질문은 여전히 남는다. 자세한 묘사에만 머무르면, 행위자와 네트워크에 대한 이야기는 특수성에 매몰되기 때문이다. 과학기술에 대한 이론을 넘어 사회 이론으로 제시된 ANT가 한갓 예외적 사례들의 집합이라고 한다면, 라투르는 결코 만족하지 않을 것 같다. 그리고 실제로 그는 '번역'과 같은 과정에 대해서, 그것이 마치 행위자들이 네트워크를 형성하면서 겪는 매우 일반적인 과정인양 이야기하고 있지 않은가? 지향계 이론은 밈의 행동 이유와 방식에 대한 진화론적 설명을 제공함으로써 비인간 행위자의 행위능력을 이해할 수 있도록 만든다.

둘째, 지향계 이론은 ANT에 대한 전통적 비판을 반박할 수 있는 새로운 근거들을 제공한다. 그동안 몇몇 학자들은 라투르의 ANT는 단지 우스꽝스러운 은유에 불과하고, 기술과학에 대한 정확한 서술이라기보다는 기껏해야 자기 투영적 스토리일 뿐이라고 비판했다(Collins et al., 1992). 즉, 비인간 존재들에게 행위능력을 부여한 것은 반직관적이어서 오히려 흥미롭고 시선을 끌지만 엄격한 방법론이 결여된 스토리나 레토릭rhetoric일 뿐이라는 지적이다. 게다가 인공물에 인간의 목소리를 부여해줌으로써 인공물에 대한 인간의 우월성을 오히려 더 강화한다는 비판도 있다(Khong, 2003). 이런 비판들에 대해 라투르는 인공물에 목소리를 입힌 것은 자신이 아니라 인공물과 특성을 교환한 인간 행위자라고 반박하지만(Callon et al., 1992), 이 대답은 오히려 인공물을 인간 행위자의 수단처럼 대하는 태도로서 행위자의 서열을 파괴하고자 하는 그의 취지와도 부합하지 않는다.

나는 현재의 ANT에 대한 이런 비판들, 즉, 그것이 우스꽝스러운 은유 정도이며 여전히 인간 중심적이라는 비판에는 대체로 동의한다. 데닛의 지향계 이론의 도움이 없다면, 칼롱Michel Callon(1945~)이 분석한 사례에서 "가리비는 잡히기를 원한다"라는 표현은 단지 비유일 뿐이다(Callon, 1986). 복제자와 지향계에 대한 고려가 없다면, 백신과 같은 '의무 통과점'은 여전히 우리의 존재론을 '파스퇴르/주변 인공물들'로 구분짓게 만들어 인간 중심주의를 벗어나지 못하게 한다. 지금의 ANT에서 인간은 여전히 궁극적 행위자로 취급되고 있다. 앞에서 살펴보았듯이 인공물을 자연물과 똑같은 방식으로 행동하는 복제자로 이해하는 지향계 이론은 은유도 인간 중심주의도 아니다.

라투르의 ANT에 대한 단골 비판 중 또 다른 하나는 ANT가 존재론일 뿐이라는 지적이다. 과학기술사회학자 데이비드 블루어David Bloor(1942~)에 따르면 라투르는 자연 자체와 자연에 대한 인식론을 혼동함으로써 과학지식의 형성에 대한 인식론적 접근에 실패했다(Bloor, 1999). 이런 비판에 대해 라투르는 자신의 형이상학이 오히려 주체/객체, 실재/인식과 같은 근대적 구분들을 거부함으로써 실제 과학자의 행동을 더 정확히 서술한다고 반박한다(Latour, 1999b).

지향계 이론은 블루어의 이런 문제제기에 대해서도 ANT를 도울 수 있다. 블루어가 과학기술사회학의 인식론적 측면을 강조한 것은 기껏해야 '해석적 유연성(과학이 실제와는 달리 여러 경로로 발전할 수 있었다는 인식론적 논제)'의 발견에 대한 것일 텐데, 이 해석적 유연성은 자연물과 인공물의 진화에 대한 일반 이론으로 제시된 지향계 이론으로도 얼마든지 설명할 수 있다. 지향계 이론은 유전자와 밈들에 대한 존재론이면서 동시에 그 행위자들의 행동에 대한 인식론이기도 하다. 복제자 이론과 결합된 지향계 이론은, 왜 이 유전자가 아니고 저 유전자가 더 널리 퍼지게 되었는지, 왜 이 인공물이 아니고 저 인공물이 더 빨리 복제되고 있는지에 대한 진화론적 설명을 제공한다.

타르드의 모방 이론과 모나드론

앞에서 나는 어색한 관계처럼 보이는 ANT와 지향계 이론이 실제로는 개념적으로 얼마나 친밀한지를 보여줬다. 그런데 흥미롭게도 지성사의 관점에서 보면 이 둘의 만남은 어색하지도 기이하기도 않다. 그저 자연스러울 뿐이다. 왜냐하면 ANT는 가브리엘 타르드Gabriel Tarde(1843~1904)의 사회학에 뿌리를 두고 있는데(Latour, 2002), 타르드의 모방 이론과 모나드론monadology은 데닛의 지향성 이론의 전조라 할 만큼 개념적으로 상당히 유사하기 때문이다.

타르드는 19세기 프랑스 최고의 사회학자 중 한 사람으로서 그 당시의 뒤르켐Emile Durkheim(1858~1917)과는 정반대의 사상을 펼쳤으나 후대에는 주류에 밀려 한동안 잊혔던 사상가다. 그는 개인이나 집단의 관점이 아니라, 그런 주체들(개인이나 집단)을 분류하는 데 사용되는 산물, 행위, 아이디어의 관점에서 사회를 이해하려고 했다(Tarde, 1890/1962; 1895/1999). 그의 화두는 그런 것들이 어떻게 차별적으로 재생산되는가였는데, 이는 사회적인 것에 대한 초월적 지위를 부여하는 뒤르켐의 구조주의와는 완전히 다른 것이었다. 이런 맥락에서 타르드는 사회학에서 '사회'라는 단어를 폐기하고 대신에 '연합association'이라는 용어를 사용할 것을 제안했다(Latour, 2002).[1]

타르드는 그의 주저《모방의 법칙Les lois de l'imitation》에서 사회적 변화는 초월적 성격의 일반 법칙에 의해서가 아니라 개인의 혁신과 모방의 원리를 통해서 결정된다고 주장했다. 그에게 있어서 사회 변화의 기본 원리는 혁신과 모방이다. 가령, 그가 말한 '생성적 모방generative imitation'은 기존 모방들의 조합으로 간주되는 혁신 과정이고, '모방적 모방imitative imitation'은 혁신의 전파를 지칭한다. 즉, 타르드에게 사회는 그 자체로 모방이며 역사는 그 모방의 궤적이다(Tarde, 1890/1962, p.74).[2] 그렇기 때문에 그는 사회학의 과제가 수많은 모방들 중에서 특정 모방이 선택되는 이유를 찾는 것이라고 했다.[3]

모방의 차별적 재생산이 어떻게 일어나는지에 대해 타르드는

다윈의 정원

두 가지 법칙을 제안했다(Tarde, 1890/1962, pp.140~188). 하나는 모방의 논리 법칙이라는 것인데, 그것은 다음과 같다. 첫째, 혁신은 기존 모방들의 재조합을 통해 일어나는데 그것은 재조합에 관여한 모방들의 사회적 맥락과 능력에 영향을 받는다. 둘째, 어떤 모방이 기하급수적으로 확산될지 안될지는 그것이 기존 모방들의 환경에 얼마나 적합한가에 달려 있다. 셋째, 선택은 논리적 잉여들의 대체와 두 대안들 간의 투쟁을 통해 일어나거나, 모방들의 논리적 연합을 이끌어내는 축적 과정을 통해서 발생한다.

또 다른 법칙은 논리 외적 영향에 관한 것이다(Tarde, 1890/1962, pp.189~365). 첫째, 어떤 목표가 그 목표의 수단보다 더 먼저 모방되는 경향이 있다. 가령, 부자가 되려는 목표는 그것의 수단들, 즉 로또 구입이나 창업 등보다 먼저 모방된다고 할 수 있다. 둘째, 모방은 계층적으로 일어나는데, 가령 유명인사나 특권층과 연관된 형질들이 더 쉽게 모방된다.

이 두 법칙은 사회에 대한 새로운 규정으로 나아간다. 그는 사회를 서로에게 봉사하는 개인의 집단으로 규정하려는 것에 반대한다. 그는 봉사나 효용의 교환, 그리고 노동 분업에 기초한 규정 대신에, 오히려 유사성과 모방의 원리에 입각한 규정을 제시한다. 그것은 사회가 서로 닮은 개체들로 구성되어 있다는 것이다. 왜냐하면 그들은 서로를 모방하거나 반대 행위를 모방하기 때문이다. 사회적 존재는 이런 특성 덕분에 모방자imitator일 수밖에 없다. 사회는 한 개인이 다른 개인을 모방할 때 탄생한다(Tarde, 1890/1962, p.12).

　모방의 차별적 재생산에 관한 타르드의 이런 사회 이론은 밈의 차별적 재생산에 관한 밈학자들의 아이디어와 놀랍도록 유사하다. 왜냐하면 밈학자들은 인간의 모방 능력의 진화와 작동으로 밈의 출현과 확산을 설명하고 있기 때문이다. 이런 의미에서 타르드는 밈학자들의 사상적 선배라고 할 수 있을 것이다(Marsden, 2000).[4]

　흥미롭게도 라투르도 ANT와 타르드 사상의 유사성을 깊이 있게 분석했다(Latour, 2002; 2012). 특히 그는 주로 타르드의《모나드론과 사회학Monadologie et Sociologie》을 분석했다. 그에 따르면 타르드는 사회학계에 다음과 같은 두 가지 논증을 설득력 있게 제시했고, 그것들은 ANT의 목표와도 정확히 일치한다. 첫째, '자연과 사회'의 이분법은 인간 상호작용의 세계를 이해하는 데 무관하다. 둘째, '마이크로Micro와 매크로Macro'의 이분법은 사회가 어떻게 생성되는가를 이해하려는 모든 노력들을 질식시켜버린다(Latour, 2002).

　라투르는 타르드 식의 모나드론을 통해 이런 주장이 무슨 의미를 지니는지 설명하고 있다. 타르드에게 '모나드Monad'란 세계를 구성하고 있는 것들이지만 믿음과 욕구를 부여받은 것들이기에 물질적 존재자가 아니다. 이에 대해 라투르는 "타르드의 모나드는 도킨스의 유전자나 블랙모어의 밈처럼 자기 자신의 목표를 위해 싸운다"(Latour, 2002, p.3)라고 덧붙인다.[5] 즉, 지금 라투르는 명확하게 타르드의 모나드론이 복제자 이론, 또는 내가 이번 장에서 소개하고 있는 지향계 이론과 일맥상통한다고 자인하고 있는 셈이다. 이 점은 라투르가 "가장 작은 존재자가 차이와 복잡성 면에서 그 연합체the aggregates보다 언제나 더 풍부하다"라는 타르드의 '기이한 환원주의'를 해명하고 옹호하는 맥락에서 더욱 두드러진다. 그에 따르면 타르드의 이러한 '역 환원주의reverse reductionism'는 사회와 인간의 사이에서만 작동하는 것이 아니다.[6]

> 타르드는 사회를 개인의 모나드들보다 상위에 있는 더 복잡한 복합체로 간주하는 것을 거부한다. 같은 이유에서 그는 인간 개인 행위자가 사회를 구성하는 진짜 존재자라고 말하지 않는다. 뇌, 정신, 영혼, 몸은 그것 자체가 수많은 작은 인격little person 또는 대행자agency들로 구성되어 있고, 그 각각은 믿음과 욕구를 부여받았으며, 자신의 세계를 적극적으로 촉진시킨다. 대행자에 영향과 모방을 합하면, 행위자 네트워크라 불리는 것과 정확히 일치한다.(Latour, 2002, p.120)

좀 더 정확히 말해 타르드에게 사회란 우리가 흔히 지칭하는 인간에 대비되는 사회, 자연과 대비되는 사회가 아니다. 타르드의 주장은 모든 것이 사회이며 그 사회는 상호작용하는 수많은 모나드들의 불안정한 연합일 뿐이라는 것이다. 이는 모든 사회적

사실social facts을 '하나의 무언가a thing'로 간주하는 뒤르켐의 생각
과는 전혀 다르다(Latour, 2002).

타르드의 모나드론에 대한 이런 해석은 밈에게 지향성을 부
여하고 이 세계의 작동을 '밈들 간의 충돌과 연합'으로 이해하
려는 데닛의 지향계 이론과 매우 유사하다. 이러한 일치는 타르
드가 본질론적인 '동일성identity 철학'을 거부하고 왜 반본질론적
인 '소유possession 철학'으로 나아갔는지를 라투르가 설명하는 맥
락에서 더욱 분명해진다(Latour, 2002, p.121). 라투르에 따르면 ANT
에 대한 지속적 비판은 사람들이 본질론적 동일성 철학에 입각
해 '비인간 행위자는 무엇인가'만을 계속 물었기 때문에 생겨난
것이다. 하지만 ANT의 효시격인 타르드는 이미 한 세기 전에
"자신의 존재에 대한 물음에서 출발하는 모든 철학은 다른 존재
들을 연역할 수 없기 때문에 결국 좌초될 수밖에 없다"고 결론
내렸다(Latour, 2002, p.131). 이에 대해 타르드는 존재 대신 소유로
나아갈 것을 제안했는데, 이런 전환만이 이 세계에 존재하는 복
잡성의 패턴을 제대로 포착해낼 수 있다고 주장했다.

이런 이유에서 라투르는 타르드의 도발적 제안—즉, 열망, 소
유, 속성의 관점에서 비인간 행위자가 '무엇을 원하는지'를 말
하라—을 받아들이라고 주문한다. 그리고 이런 생각이 급진적
이긴 하지만 건강한 것이라고 말한다.

비판자들은 어떻게 우리가 가리비, 미생물, 문닫힘 장치, 암

석, 자동차, 그리고 악기에 의지와 믿음을 부여할 수 있느냐며 어이없어 한다. 말을 하는 것은 늘 우리 인간뿐이라는 것이다. 하지만 만일 열망과 믿음을 우리가 가진 것들과 함께 공유하길 원하지 않는다면, 그것들이 무엇인지에 대해서 말하는 것도 멈추어야 한다.(Latour, 2002, p.132).

이미 백 년 전에 타르드는 현재의 ANT 학자들이 곤경에 처한 그 자리에 서서 새로운 소유 철학을 제시했던 셈이다. 한편 데닛은 자신의 독특한 지향성 철학을 통해 타르드와 ANT 학자들과는 상관없이 비인간 행위자들에 대한 급진적 이론을 깊이 있게 발전시켰다. 위와 같은 의미에서 데닛의 지향계 이론은 타르드의 모방 이론과 모나드론의 현대 분석철학적 발전 및 보완이라고도 할 수 있다.

ANT를 데닛화하기: 더 급진적인 대칭성을 위해

만남은 대개 쌍방적이다. 지금까지 우리가 지향계 이론이 ANT의 발전에 기여할 수 있는 바에 대해 논의했다면, 그 반대 방향에 대해서도 생각해보아야 한다. 우선은 ANT의 자세한 서술과 전형적 사례들이 지향계 이론의 경험적 자료로서 긍정적으로 활용될 수 있다는 점을 언급할 수 있다. 예컨대, 네트워크의 번역, 치환, 블랙박스화 과정 등에 대한 상세한 규정과 묘사는, 지향계 이론에서 이야기하는 밈집합체memeplex의 실체와 동학에 대한 매우 훌륭한 경험적 자료다. 여기서 밈집합체는 네트워크에 해당되는 것으로서, 과학의 경우에는 이론, 기기, 텍스트, 실험대상, 그래프, 실험자 등의 집합체이고, 종교의 경우에는 경전, 의례, 성직자, 성물 등의 집합체가 될 것이다(Blackmore, 1999). 이 네트워크가 상당히 안정이 되면 진화론이나 기독교처럼 블랙박스화되어 마치 하나의 복제자인 양 행동하고 해석된다.

이처럼 ANT와 지향계 이론은 기본적으로 상호보완이나 상생의 관계를 갖는다. 하지만 엄밀히 말하면 ANT는 지향계 이론에 의해 더 급진적으로 진화될 필요가 있다. 잘 알려져 있듯이, 과학지식사회학의 스트롱 프로그램strong program은 인과성, 공평성, 대칭성, 성찰성이라는 네 가지 연구 원칙을 제시했다. 이 중 대칭성 원칙은 이론의 성공 이유와 실패 이유를 다른 종류의 것에서 찾아서는 안 된다는 원칙이다. 즉, 이론의 성공 이유를 인식적 요소들(과학 집단의 이해관계)에서 찾는 이중 전략은 틀렸다는 것이다. 그리고 이런 원칙은 기존의 과학기술사회학적 관점들에 공통적으로 녹아 있다.

하지만 ANT는 행위능력 측면에서 인간과 비인간 사이의 장벽을 허묾으로써 이 대칭성을 한 단계 더 확장했다. 그리고 이런 대칭성의 확장은 틀림없이 ANT를 급진적이고도 흥미롭게 만드는 데 일조했다. 하지만 '수혜자 질문'을 하지 않는 지금의

ANT는 결국 행위자 중에서 인간을 맨 꼭대기에 앉힐 수밖에 없으며, 왜 진정으로 인공물이 행위자가 될 수 있는지에 대해 답하지 못한다. 이런 상황은 대칭성을 통해 급진적 사회 이론을 전개하려는 ANT의 취지에도 맞지 않는다. ANT의 효시이며 모나드론을 펼친 타르드를 재발굴해야 하는 것도 바로 그런 이유 때문이다. ANT가 진정으로 급진적이 되려면, 생명체와 인공물을 행위능력 및 복제자 차원에서 동등한 것으로 간주하는 지향계 이론의 도움이 절실하다.

한편 지향계 이론은 기술 결정론에 대해서 ANT와는 조금 다른 견해를 포함한다. ANT 이론가들은 기술이 사회적 네트워크의 구성물이면서 결과물이기 때문에 사회를 향한 기술의 일방향적 영향을 받아들이지 않는다. 하지만 자신의 밈적 적합도를 높이는 게 목표인 양 작동하는 밈들에 대한 논의에서 알 수 있듯이, 지향계 이론은 기술 또는 인공물의 '자율성'에 대해서 매우 설득력 있는 설명을 제공한다. 생명체에서 무법자 유전자 outlaw genes 처럼 주변에 대한 '고려' 없이 자신의 복제만을 위해 행동하는 행위자가 존재하듯이 밈의 세계에서도 이런 방식으로 자율성을 획득한 경우가 있을 수 있다. 따라서, ANT를 데닛화한다면('Dennettizing ANT') 우리는 설명력이 더 크고, 더 흥미로운 그러면서도 급진적이면서 의미가 통하는 강력한 이론 네트워크를 얻게 될 것이다. 이 네트워크는 언뜻 보아서는 어색한 이종 결합처럼 보이지만, 자세히 보면 환상적 조합이다.

제2부

인문학의
새로운 진화

사회학에서 종교학,
도덕 심리학, 혁신론까지

다윈의 《종의 기원》이 출간된 지 150년이 넘는 동안, 그의 자연선택 이론은 안팎의 거센 비판에도 불구하고 현대 생물학의 가장 중요한 이론적 토대로 자리를 잡았다. "진화의 빛에 비추지 않고는 생물학은 무의미하다."라는, 유전학자 도브잔스키 Theodosius Dobzhansky(1900~1975)의 말을 이젠 굳이 인용할 필요도 없을 정도가 되었다. 전통적으로 진화생물학과 큰 관련을 맺어온 유전학, 동물행동학, 생태학, 분류학은 말할 것도 없고, 진화론과 별 상관이 없을 것 같은 분자생물학, 발생생물학, 신경생물학, 생리학, 그리고 최근에 큰 관심을 끌고 있는 시스템 생물학, 합성 생물학에 이르기까지 진화론적 관점을 도입하지 않고는 이제 큰 그림을 이해할 수 없고 새로운 발견도 계속해나갈 수 없는 지경에 이르렀다. "정상과학 시기에는 패러다임이 명료화와 확장의 길을 걷는다"라는 과학철학자 토머스 쿤 Thomas Kuhn(1922~1996)의 패러다임론을 받아들인다면, 진화론은 현대 생물학의 패러다임으로서 그 소임을 다하고 있다고 해야 할 것이다. 이런 맥락에서 현대 생물학에서 진화론이 차지하는 역할을 검토해보는 일도 틀림없이 흥미로울 것이다.

  그런데 더욱 흥미로운 것은 이런 진화론의 영향력이 전통적인 생물학의 영역 내에만 국한되어 있지 않다는 사실이다. 이른바 '이타성의 진화'라는 난제를 푸는 과정에서 제시된 포괄적합도 이론은 이미 1970년대부터 철학의 고유 문제라고 여겨졌던 주제들을 자연화naturalize하여 설명하기 시작했다. 또한 1990년대에는 이 이론을 인간의 마음과 행동에 적용해 인지 메커니즘의 진화를 탐구하기 시작한 진화심리학이 등장하여 심리학의 한 분과로 자리를 확고히 잡아가고 있다. 이른바 '다윈주의 패러다임Darwinian paradigm'의 이와 같은 흐름은 최근 학계의 두드러진 현상 중 하나다.

이 다윈화Darwinizing의 물결은 철학과 심리학에만 국한되지 않는다. 인간의 독특한 사회성에 대한 영장류학, 사회심리학, 뇌과학 등의 연구는 우리가 어떤 의미에서 사회적 동물로 진화했는지를 드러내준다. 다윈주의적 관점은 우리의 성적 행동sexual behavior의 특징, 초월적 믿음과 종교 의례의 기원과 전파, 그리고 이야기의 기원과 패턴을 이해하기 위해서도 필요하다. 또한 도덕성의 근원과 심리, 몸과 마음의 관계를 탐구하는 데에도 없어서는 안 될 지적 도구이다. 심지어 진화론은 경영의 화두인 '혁신의 원리'를 찾는 데에도 매우 유용하다. 2부에서는 진화론적 관점에서 사회학, 성학sexology, 종교학, 도덕 심리학, 심신 이론, 그리고 혁신론을 이야기해보려 한다.

인간은 어떤 의미에서
사회적 동물인가?

사회성의 자연화를 위하여

침팬지와 인간은 600만 년 전쯤에 같은 조상에서 갈라져나온 사촌지간이다. 그런데 이 둘의 운명은 너무나 달랐다. 한 종은 아프리카를 벗어나지 못한 채 여전히 숲에 살고 있지만, 다른 종은 나무에서 내려와 초원을 달려 전 세계로 뻗어나가 지구의 지배자가 되었다. 게다가 지난 20만 년의 지구 생태계의 역사만 놓고 본다면 가장 빛나는 종은 단연코 호모 사피엔스라고 할 수 있다. 그런데 왜 침팬지나 고릴라가 아니라 우리일까? "우리가 더 똑똑했기 때문"이라는 대답만으로는 충분치 않다. 호모 사피엔스가 다른 종들에 비해 어떤 측면에서 비교 우위를 점해 지구의 정복자로 등극했는지를 밝혀야 한다. 여기서는 인간의 독특한 사회성에 관해 논의하고자 한다.

"인간은 본성상 사회적 동물이다."

아리스토텔레스, 《정치학》

최근에는 인간 지배력의 진화를 환경 통제력이나 물리적 직관 능력에서 찾기보다는 우리의 사회성에서 찾으려는 시도들이 늘고 있다. 문명의 집단적 측면을 생각해보면 이런 시도들은 오히려 자연스럽게 느껴진다. 문명은 기본적으로 수많은 집단들이 공동의 작업을 통해 만들고 전수해준 지식과 기술의 총체이기 때문이다. 2장에서 다뤘던 인간의 뛰어난 사회적 학습 능력은 문명이라는 마차의 한쪽 바퀴일 뿐이다. 다른 쪽 바퀴는 '사회적 지능social intelligence'이라고 할 수 있다. 이것은 다른 사람의 의도와 바람을 잘 읽어내고, 정서적으로 공감하며, 공동의 목표를 위해 배려하고, 협력할 수 있는 능력을 뜻한다. 사회적 지능이 없는 사회적 학습은 새로운 기술과 지식의 '획득'은 가능하게 할 수 있지만(산업 스파이를 떠올려보라), 자발적 '전수'를 통한 문명의 확산을 이끌어내긴 힘들다. 따라서 사회적 지능은 사회적 학습 능력과 더불어 인류 문명을 진화시킨 두 원동력이라 할 수 있다.

그런데 지구의 생명체 중에서 오직 인간만이 문명을 진화시킨 종이라고 확신할 수 있는가? 적어도 영장류 종들 중에서는 인간만이 문명을 만들었다고 말할 수 있을 것이다. 그렇다면 개미의 세계에는 문명 비슷한 특성이 없다고 할 수 있을까? 개미도 공동으로 집을 짓고 음식을 비축하며 분업을 한다. 심지어 세균을 이용하여 '농사'도 짓는다. 만일 이런 총체적 활동에 '문명'이라는 꼬리표를 달아줄 수 있다면, 그것은 우리의 것과는 무엇이 다른가?

이 질문에 대한 답도 사회적 학습과 지능의 측면에서 논의될 수 있다. 개미는 우리처럼 사회적 학습을 하진 않는다. 그저 본능대로 반응할 뿐이다. 게다가 개미는 우리처럼 타 개체의 마음을 읽고 공감하지는 못한다. 그저 페로몬의 영향으로 반응하고 그런 반응들의 합이 놀라운 결과를 만들 뿐이다. 개미의 문명은 '본능'의 작품인 반면, 인간의 문명은 학습과 인지의 복잡한 의사결정의 산물이다(따라서 개미의 문명은 '문명'이라고 표기되어야 한다).

하지만 이런 깊은 수준의 메커니즘 차이에도 불구하고 두 문명 모두가 모종의 강력한 사회성에 기초해 있다는 측면에서는 매우 유사하다. 개미에게 사회적 학습 능력이 있다고 말하기는 곤란하지만, 사회성이 있다고 말하는 데에는 전혀 문제가 없다.

개미도 공동으로 집을 짓고 음식을 비축하며 분업을 한다. 심지어 세균을 이용하여 '농사'도 짓는다. 그렇다면 지구의 생명체 중에서 오직 인간만이 문명을 진화시킨 종이라고 확신할 수 있는가?

물론 개미의 사회성은 자극에 대한 반응으로 이해될 수 있지만, 인간의 그것은 복잡한 인지적 의사결정과 정서적 반응이 빚어낸 특성이다. 사회생물학자 윌슨의 주장대로 개미와 인간은 각각 다른 진화 경로를 밟았음에도 불구하고 둘 모두가 가히 지구의 정복자로 진화할 수 있었던 것은 사회성이라는 강력한 무기를 갖고 있었기 때문인지도 모른다(Wilson, 2013).

그렇다면 개미의 사회성과 인간의 그것은 어떻게 다른가? 사실, 이 질문에 앞서 우리가 대답해야 할 더 시급한 질문이 있다. 그것은 인간의 사회성이 다른 영장류의 그것과 어떻게 다른가이다. 이 장에서는 호모 사피엔스의 독특한 사회성이 어떻게 진화해왔는지를 다뤄보겠다.

인간의 뇌는 왜 커졌는가?

사회성의 진화를 연구해온 여러 학자들은 인류 진화의 독특성을 뇌 크기에서 찾는다(Dunbar & Shultz, 2007). 침팬지의 뇌 용량은 400cc 정도인데 비해 인간의 것은 1,300~1,500cc 정도로 3.5배나 된다. 대체 지난 600만 년 동안 어떤 일이 일어났기에 이러한 차이가 발생했을까? 이른바 '사회적 뇌social brain' 이론을 주장하는 이들은 뇌용량의 이런 폭발적 증가가 생태적 문제보다는 사회적 문제를 해결하는 과정에서 일어났다고 주장한다.

사회적 뇌 이론의 선봉장인 로빈 던바Robin Dunbar(1947~)는 영장류 연구로부터 두 가지 사실을 받아들인다. 하나는 사회 집단의 크기가 영장류 두뇌의 신피질비neocortex ratio(뇌 전체 무게에서 신피질 무게를 뺀 값을 신피질 무게로 나눈 값)의 크기와 비례관계를 보인다는 점이다. 그리고 다른 하나는 원숭이(정확히는 구대륙 원숭이)와 유인원이 자기 집단의 결속을 다지는 주요 기제로서 사회적 털고르기social grooming(결속을 위해 상대방의 털에 붙은 피부 노폐물이나 먼지를 골라주는 행동)를 사용하고 있다는 사실이다. 던바는 인간의 신피질비 크기에 기초해서 인간의 사회 집단 크기가 150명 정도라고 예측했는데, 이 예측치는 수렵채집과 전통적인 원예 사회의 집단 크기와 유사하다. 한편 그는 인간을 제외한 영장류 사회에서 한 개체의 털고르기 시간이 그가 속해 있는 집단의 크기에 선형적으로 비례한다는 사실을 알아냈다. 그래서 이를 외

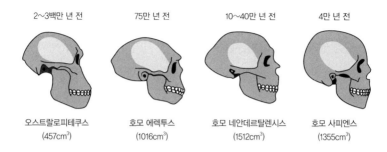

2∼3백만 년 전	75만 년 전	10∼40만 년 전	4만 년 전
오스트랄로피테쿠스 (457cm³)	호모 에렉투스 (1016cm³)	호모 네안데르탈렌시스 (1512cm³)	호모 사피엔스 (1355cm³)

호모 사피엔스와 그 사촌 종의 뇌 용량 차이

삽해보면 150명이 하나의 사회 집단을 형성하는 인간의 경우에는 사회적 털고르기를 하루에 8시간 정도(깨어 있는 시간의 45% 정도) 해야 한다는 결론이 나온다(Dunbar, 1993; 1996).

이런 상황에서 우리의 조상들이 겪었어야 할 적응 문제가 무엇이었을까를 생각해보자. 무슨 연유였는지 인류의 사회 집단의 크기는 다른 영장류 사회에 비해 커졌다. 집단생활에서는 혼자 모든 일을 할 필요가 없다는 이점이 있다. 가령, 포식자를 경계하고 자식도 키우면서 먹이를 얻는 일 등을 홀로 짊어져야 한다면 그것은 매우 버거운 삶일 것이다. 집단생활은 노동 분업을 통해 이 버거운 삶을 가볍게 해준다. 하지만 집단을 유지하고 분업을 촉진시키기 위해서는 비용이 들며 집단이 클수록 비용은 더 커진다. 인류는 자신이 속한 사회 집단의 결속과 유대를 위해 다른 영장류보다는 훨씬 더 많은 시간을 사회적 상호작용에 썼어야 했다. 하지만, 사회적 상호작용을 위해 무한정 시간을 쓸 수는 없다. 왜냐하면 사냥이나 가족 돌보기 등과 같이 다른 중요한 일도 해야 하기 때문이다. 이런 맥락에서 자신이 챙겨야 할 사회 집단이 커진 것은 진화의 역사에서 개인들에게 또 하나의 적응 문제를 안겨준 셈이다. 인류가 직면했던 이런 심각한 문제는 결국 어떻게 되었을까? 인류가 이 문제를 극복했을까?

매우 흥미롭게도 실제로 조사를 해보면 인간은 4시간 정도(깨어 있는 시간의 25% 정도)를 사회적 상호작용(주로 대화)에 사용한다. 이 수치는 인간을 제외한 영장류 사회에서 보이는 사회적 털 고르기 시간의 상한선과 거의 일치한다. 그렇다면 상대적인 신피질비 크기로 예측된 털고르기 시간(8시간)과 실제 사회적 상호작용 시간(4시간)의 차이는 무엇으로 메울 수 있을까? 던바는 인간의 언어 능력이 그 공백을 메우도록 진화했다고 주장한다. 즉, 늘어난 사회 집단 크기를 유지하기 위한 적응 기제로서 언어가 진화했다는 주장이다. 그가 자신의 언어 진화 이론을 '가십 이론gossip theory'이라고 명명한 것은 바로 이런 이유 때문이다.

인류 진화의 역사에서 사회 집단의 크기가 50개체 정도일 때까지는 하루에 4시간 정도를 들여 일대일로 사회적 털고르기를 할 수 있었을 것이다. 하지만 그 크기의 3배인 150개체로 집단이 구성되었을 때, 인류는 도저히 그런 식으로 집단의 결속을 다질 수 없게 되었다. 대신 언어의 진화를 통해 한 번에 여러 명이 모여 사회적으로 유관한 정보들을 공유함으로써 그런 적응 문제를 해결했다는 논리이다. 연구에 의하면, 아무리 많아도 평균

3명 이상이 동시에 의사소통을 하지는 못한다고 조사되었는데, 이 3명은 150에서 50을 나눈 수와도 같다. 이런 이유에서 던바는 사회적 결속을 위해 언어가 진화했고 그 과정에서 뇌용량이 증가했다고 주장한다. 즉, 인간의 큰 뇌는 큰 규모의 집단생활을 영위하기 위한 도구였던 것이다(Dunbar, 1998).

사회적 뇌 이론을 지지해주는 또 다른 증거들도 존재한다. 우선, '시선 따라가기gaze following' 행동을 살펴보자. 엄마가 어린 아이와 눈을 마주치고 있다가 갑자기 시선을 다른 곳으로 돌리면 아이의 반응은 어떨까? 아이는 엄마의 시선을 따라가 같은 곳을 본다. 이 행동은 다른 사람의 의도를 파악하는 데 도움을 주는 사회적 행동이긴 하지만, 우리 인간만이 가지고 있는 고유한 특질은 아니다. 우리가 제일 뛰어나고, 보노보, 침팬지, 원숭이 순으로 잘한다(Kano & Call, 2014).

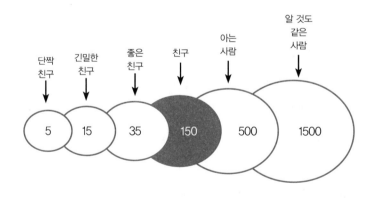

던바의 수

6장 • 인간은 어떤 의미에서 사회적 동물인가?

하지만 '가리키기pointing' 행동의 경우는 조금 다르다. 인간 아이는 사물을 손가락으로 가리키며 "저게 뭐야?"라고 묻곤 한다. 이는 자기의 관심을 다른 사람으로 하여금 같이 갖게끔 만들고 공동의 주의 집중을 유도하는 사회적 기술로서 정상적인 인간이라면 누구나 할 수 있다. 그러나 우리와 가장 가까운 침팬지와 보노보는 이것을 하지 못한다(Tomasello, 2006). 가령, 그들 앞에서 달을 가리키면, 그들은 달을 보지 않고 달을 가리키고 있는 손가락을 본다. 흥미롭게도 최근에는 애완견이 이 가리키기의 의미를 이해한다는 연구들이 나오기 시작했다(Soproni et al., 2002). 개는 우리와는 계통상으로 침팬지보다 훨씬 더 멀지만, 야생 늑대에서부터 시작된 육종 과정에서 인간과 상호작용하는 데 적합한 정서적, 인지적 능력을 진화시켰던 것 같다.

'마음 읽기mind reading'는 인간만이 가진 또 다른 사회적 능력이다. 마음 읽기는 독심술이 아니라 '추론' 능력이다. 우리 인간은 타인의 생각과 의도를 읽는 복잡한 추론 과정을 일상에서 하고 있는데, 이는 사회적 문제를 해결하고 집단생활을 영위하는 데 매우 중요하다. 이 능력이 결여되어 있는 이들을 우리는 사회성이 없다고 하고, 심한 경우는 자폐라 불리기도 한다. 그런데 침팬지는 다른 침팬지가 어떤 생각을 갖고 있는지를 정확하게 추론하지 못한다. 특히 상대방이 잘못된 믿음을 가지고 있다는 사실을 읽어내지 못한다(Call & Tomasello, 2008). 조금 더 자세히 다뤄보자.

마음 읽기 능력과 사회성

인간의 사회 인지를 연구해온 학자들은 다른 개체의 마음을 읽는 능력이 인간 고유의 것임을 주장해왔다. 그들은 인류 진화의 장구한 역사 동안에 계속적으로 펼쳐졌던 복잡한 사회 환경에 대한 일종의 적응 기제로서 이른바 '마음 이론(이하, ToM)'이 인간의 마음속에 장착되었다고 주장한다(Baron-Cohen et al., 2000). 흥미로운 대목은 인간만이 진정한 의미의 ToM을 갖고 있다는 주장이다.

ToM을 갖고 있다는 말은, 간단히 말해, 타인 마음other minds의 내용에 관한 믿음 또는 이론을 갖는다는 뜻이다. 즉, 타인의 정신 상태(욕망, 믿음, 사고)와 그 정신 상태에 의해 야기된 타인의 행동을 이해한다는 의미이다. 인간의 마음속에 ToM이 실제로 어떤 기제에 의해서 작동하는지는 발달심리학자들과 철학자들의 주요 관심사이다. ToM의 작동 방식에 대한 논의에 들어가기 전에 인간 마음에 ToM이란 게 정말로 존재하는지에 대한 이야기부터 해보자.

발달심리학자들에 따르면 비록 ToM이 인간의 발달 과정에서 어떤 시기에 어떤 식으로 형성되는지에 대해서는 논쟁의 여지가 있을지라도, 정상적인 발달 과정을 거친 아이들은 3~5세가 지나면 대개 '거짓믿음 시험false belief test'을 별문제 없이 통과한다. 여기서 거짓믿음 시험이란, 어떤 이가 세계에 관한 자신의

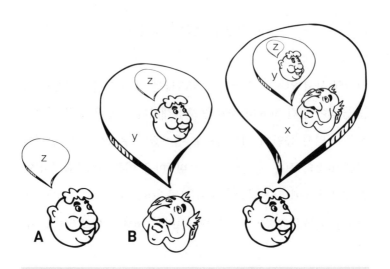

A는 B가 자신이 z라는 생각을 하고 있다는 것을 알고 있다는 것을 알고 있다.

지식으로부터 타인이 갖고 있는 (자신이 보기에 거짓인) 지식을 구분할 수 있는가를 알아보는 시험으로서 ToM의 존재 기준으로 널리 사용된다. '샐리-앤 시험Sally-Ann test'은 고전적인 거짓믿음 시험으로 그 내용은 다음과 같다. 시험자는 샐리와 앤이라는 두 개의 인형으로 다음과 같은 인형극을 보여준다. 샐리는 바구니 안에 공을 넣고 방을 나간다. 샐리가 나가 있는 동안 앤이 그 공을 바구니에서 꺼내서 한 상자 속에 넣는다. 시험자는 인형으로 이런 광경을 연출한 후 피험자에게 "샐리가 방으로 다시 돌아오면 공을 어디에서 찾을까?"라고 묻는다.

피험자가 4살 아래의 어린이인 경우에는 주로 "샐리가 상자에서 공을 찾을 것"이라고 답하는데 이렇게 대답하는 피험자들은 이 시험을 통과하지 못한 경우가 된다. 그들은 샐리의 관점을 취하지 못했으며 샐리의 정신 상태가 자기 자신의 상태와 다를 수 있다는 점을 이해하지 못했다. 반면, 정상적인 발달 과정을 겪은 아이들은 4살이 지나면서부터는 이 시험을 거의 문제없이 통과한다.

하지만 자폐아동들은 4살 이후에도 이 거짓믿음 시험을 잘 통과하지 못한다. 자폐 연구자 베런 코언Simon Baron-Cohen(1958~)의 연구 결과에 의하면, 정상적인 4세 아동의 85%는 이 시험을 통과하지만 자폐아동의 경우에는 20%만이 성공한다. 더욱 놀라운 사실은 이 연구에서 심지어 다운증후군에 걸린 아이들도 샐리-앤 시험을 86%나 통과했다는 점이다. 자폐증은 1만 명의 아동 중 4~5명 정도 발생하는 유전적인 질병으로 알려져 있는데, 자폐아동들에게는 사회성 능력(눈 맞추기와 표정인식), 언어 능력(비유 이해와 대화 능력), 그리고 상상력(역할 놀이)에 있어서 큰 손상이 발견된다. 그리고 이런 유형의 손상들 때문에 ToM 능력도 크게 떨어진다고 여겨진다. 자폐아동들은 이런 사회성 능력의 손상 외에도 강한 집착과 과민 반응, 그리고 변화 대처 능력의 결여와 같은 다른 유형의 문제들도 가지고 있다(Baron-Cohen et al., 2000).

하지만 자폐의 25% 정도는 지능 면에서 정상적 아동과 별반 차이가 없고, 그중에 미술이나 음악적 재능이 정상인에 비해 월등한 경우도 있다. 더스틴 호프만이 자폐 환자 레이먼드 역할을 했던 영화 〈레인맨〉에서처럼, 자폐 환자 중에는 비상한 두뇌를 가진 경우가 간혹 있다. 영화에서 레이먼드는 짧은 시간 안에 글을 읽고 그것을 그대로 기억하는 엄청난 기억력을 가지고 있으며 계산기로 3분 정도가 걸릴 문제를 20초 만에 풀어낸다. 피아노를 잘 치거나 그림을 기가 막히게 잘 그리는 경우도 있다. 그런데 이 소수의 천재들에게도 거짓믿음 시험은 여전히 어렵기 때문에, 정상인보다 훨씬 늦은 나이에 통과하거나, 타인의 마음에 대한 더 깊은 차원의 이해(예컨대, A의 믿음에 대한 B의 믿음을 이해하는 경우)까지는 나아가지 못하는 한계를 보인다. 조현병(정신분열병) 환자 또한 마음 읽기 능력에 문제가 있는 경우가 많다. 때때로 그들은 다른 사람의 마음을 과도하게 읽는 것처럼 보이는데 자세히 보면 그것은 대부분 제대로 읽은 것이 아니라 오해한 것임을 알 수 있다. 실제로 조현병 환자들도 거짓믿음 시험을 잘 통과하지 못한다.

이런 연구들은 자신과 타인의 마음을 제대로 읽는 기제, 즉 ToM이 실제로 존재한다는 점과 그런 기제가 인간의 발달 과정의 특정 시점에서 정교하게 작동하기 시작한다는 사실을 보여주었다는 측면에서 사회 인지의 본성을 밝히는 데 중요한 기여를 했다.

침팬지도 타 개체의 마음을 읽을 수 있을까?

앞서 살펴보았듯이, 정상적 발달 과정을 거친 아이들은 다른 사람의 의도를 이해할 수 있다. 예를 들어 두 손에 책을 잔뜩 들어서 닫혀 있는 책장 문을 못 열고 책으로 문을 두드리고 있는 광경을 아이들이 목격하면, 그들은 그 어른을 위해 책장 문을 열어준다. 침팬지에게도 이런 눈치가 있을까? 처음에는 침팬지가 의도를 파악하지 못할 것이라 생각했다. 그러나 훈련을 받지 않은 침팬지들도 사람의 의도를 파악할 수 있는 것처럼 보인다. 예를 들어 사람이 무언가를 가지고 있다가 떨어뜨린 후 그것을 집기 위해 애쓰는 행동을 하면 침팬지는 그것을 가져다준다.

그렇다면, 침팬지도 다른 개체의 마음을 읽는다고 할 수 있을까? 침팬지가 타 개체의 의도를 어느 정도는 이해한다는 사실만으로는 이 질문에 긍정적인 대답을 할 수 없다. 가령, 침팬지의 마음 이론을 연구해온 포비넬리Elizabeth Povinelli 등의 연구에 따르면, 침팬지에게는 그런 능력이 없다. 그는 침팬지가 먹이를 얻기 위해 (양동이를 쓰거나 가림막으로 막는 등의 방법으로) 시선을 가린 사람과 가리지 않은 사람 중 어느 쪽으로 더 많이 가는지를 확인해보는 실험을 하였다. 만일 침팬지가 사람의 마음을 읽을 수 있다면, 먹이를 얻기 위해서는 시선을 가리지 않아 자신을 볼 수 있는 사람에게로 더 많이 가야 할 것이다. 실험 결과는 무작위 패턴을 보였고, 연구자는 침팬지가 사람의 마음을 읽지 못한다고 결론을 내렸다(Povinelli et al., 1996).

소장파 영장류학자 헤어Brian Hare는 좀 더 정교한 실험을 설계하여 흥미로운 논문을 발표했다. 포비넬리의 실험은 사람이 먹이를 들고 있는 상황이기 때문에 자연적 상황이 아니라 생각한 헤어는 침팬지들끼리 서로 경쟁하는 상황을 만들어보고자 했다. 침팬지 사회에는 우위자와 열위자가 있는데, 가령, 우두머리와 넘버3가 먹이를 두고 경쟁하는 상황이 있을 수 있다. 연구자는 넘버3만 먹이가 어디에 있는지 아는 경우, 우두머리와 넘버3 모두가 어디에 있는지 아는 경우 등 여러 조건을 만들었다. 실험 결과 넘버3는 우두머리 침팬지가 먹이가 어디에 있는지를 모르는 경우에 더 많이 먹이를 찾으러 갔다. 우두머리가 먹이를 찾으러 가는 자신을 보고 있는지의 여부를 아는 것이다.

한편 침팬지는 인간 연구자와 자신의 사이에 있는 창이 투명할 때에 비해 불투명한 것으로 가렸을 때 앞에 놓인 먹이를 더 많이 집어갔다. 이러한 연구 결과들은 포비넬리의 결론을 뒤집는 것이었다. 침팬지는 적어도 다른 개체가 무엇을 '보는지', '안 보는지'를 구분할 수 있고 의도를 파악할 수 있다(Hare et al., 2000). 헤어는 침팬지가 다른 침팬지들이 무엇을 '아는지', '모르는지'를 알 수 있는가를 테스트해보기 위해 후속 연구를 진행했다. 그 실험에서 다른 침팬지가 먹이의 위치를 아는지, 모르는지에 따라 침팬지의 행동이 달라진다는 사실이 밝혀졌다. 즉, 침팬지도 다른 침팬지들의 '지식'을 알고 있다는 뜻이다.

하지만 다른 침팬지가 거짓믿음을 가지고 있는지는 이해하지 못했다. 가령, 다른 침팬지가 못 보는 상황에서 먹이의 위치를 이동했을 때, 그 다른 침팬지가 거짓믿음을 가질 것이라 예측하지 못했다. 말하자면, 침팬지는 거짓믿음 시험을 통과하지 못한다는 것이다. 이런 일련의 실험들로 현재 영장류학자들은 침팬지가 인간과 마찬가지로 다른 개체의 목표, 의도, 지각, 지식을 이해할 수는 있지만, 결정적으로 거짓믿음은 이해하지 못한다고 믿는다(Hare et al., 2001).

시뮬레이션인가, 이론인가?

그렇다면 인간의 ToM은 어떤 방식으로 작동할까? 이에 대해서는 그동안 크게 두 가지 견해가 서로 경쟁해왔다. 그중 하나는 이론-이론theoy-theory이고 다른 하나는 시뮬레이션 이론simulation theory이다.

이론-이론은 대표적으로 고프닉Alison Gopnik(1955~) 같은 심리학자 등이 제안한 이론으로서 어린이의 인지 발달을 과학 이론의 변화에 유비하여 설명하는 보다 일반적인 심리 발달 이론의 한 부분이다. 이 이론에 따르면, 아이들은 자기 자신과 타인의 행동을 설명하기 위해 마음에 관한 이론들을 발달시킨다. 아이들은 마치 과학자가 과학 이론들을 사용하듯이 마음에 관한 직관적인 이론들을 통해 추상적이고 정합적인 정신적 존재자들과 법칙들을 가정한 후 그것들을 적용하여 자신과 타인의 정신 상태들에 관해 예측과 해석, 그리고 설명을 가한다. 그런데 이 이론들은 아이들이 반례에 직면하고 새로운 자료를 모으고 실험을 수행하는 과정에서 변한다. 요약하자면, 이론-이론은 마음에 관한 아이들의 이론 발전이 과학 이론의 발전 양태와 동형적이라는 주장이다(Gopnik, 1993).

반면 심리철학자 골드만Alvin Goldman(1938~) 등에 의해 발전한 시뮬레이션 이론은 심리학적 능력의 기저에 어떤 이론들이 있다는 이론-이론의 주장에 대한 하나의 반론으로서 마음에 관한 어린이의 이해력이 타인의 경험을 상상하거나 시뮬레이션할 수 있는 능력에 달려 있다고 주장한다(Goldman, 1993). 시뮬레이션 이론에 따르면 인간은 자기 자신의 마음을 하나의 모델로 사용하여 가상 상황에서 의사결정을 해봄으로써 타인의 행동의 심리적 연유를 시뮬레이션 할 수 있다. 쉽게 말하면 역지사지易地思之와도 같다. 시뮬레이션 이론의 대표적 옹호자인 골드만은 자기 자신의 정신 상태에 관한 특수한 내성적introspective 접근 때문에 의식적으로 이런 시뮬레이션을 할 수 있다고 주장하지만 다른 옹호자들은 이런 시뮬레이션은 무의식적인 과정이라고 말한다.

시뮬레이션 이론과 이론-이론 중에 어떤 것이 ToM의 작동 기제를 더 정확히 설명하는가는 여전히 열려 있는 문제이다. 현재로서는 두 경쟁 이론이 각각 장단점을 모두 갖고 있다. 예컨대, 세 살 어린이가 타인의 거짓믿음을 이해하지 못할 뿐만 아니라 자기 자신의 마음의 내용도 쉽게 기술할 수 없다는 사실은, 그 연령의 아동에게서 자신의 사고 과정에 대한 특권적 접근이 발견되지 않는다는 측면에서 시뮬레이션 이론가들을 곤혹스럽게 만든다. 반면, 시뮬레이션 이론을 지지하는 것처럼 보이는 증거들도 있다. 예컨대, 시뮬레이션 이론에 따르면 타인의 거짓믿음을 고려해서 타인의 행동을 예측하려면 풍부한 상상력을 동원하여 역지사지를 해봐야 한다. 따라서 나이가 어리면 어릴수록 그런 작업은 어려울 텐데 실제 결과도 마찬가지이다. 또한, 거짓믿음 시험을 통과하지 못한 자폐아동들이 역할 놀이를 잘하지 못한다는 사실도 위와 같은 이유에서 이론-이론보다는 시뮬레이션 이론에 더 잘 부합한다고 보여진다.

사회적 복잡성과 마키아벨리적 지능

그렇다면 왜 ToM과 같은 기제가 인간 마음에 존재할까? 이 물음은 ToM의 작동 기제가 실제로 어떤지와는 다른 문제이지만 ToM이 적응인지 아닌지를 묻는 매우 중요한 질문이다. 사실, 타인의 마음을 읽는다는 것은 한 인간의 생존과 번식에 있어서 매우 근본적인 문제이다. 이런 문제는 600만 년 전 인류의 첫 조상들로부터 현재에 이르기까지 집단을 형성하여 살아온 인간들을 끊임없이 곤혹스럽게 만든 일종의 적응 문제로서, 자연 환경이 부과하는 문제가 아니라 동종 구성원이 부과하는 사회적인 적응 문제이다.

하지만, 이런 식의 적응 문제는 더 큰 틀에서 결코 인류에게만 국한된 문제는 아니다. 왜냐하면 '사회적 복잡성'이라는 적응 문제야말로 영장류의 진화 역사를 관통하는 뚜렷한 하나의 특징이기 때문이다. 이 문제를 해결하기 위해 원숭이와 유인원들은 종종 권모술수 전략을 채택했을 것이다. 이른바 '마키아벨리적 지능 가설Machiavellian Intelligence Hypothesis'에 따르면, 고등한 영장류(인간까지 포함한) 인지의 중요한 요소들은 물리적 문제 해결, 먹이 찾기, 도구 만들기보다는 사회생활의 복잡성으로 더 잘 설명된다(Byrne and Whiten, 1988).

이 가설은 영장류의 고등한 인지 과정이 일차적으로 그들이 처했던 사회생활의 특수한 복잡성에 대한 적응이라고 주장한다. 이런 주장은 먹이 찾기와 같은 비사회적인 환경 문제들 때문에 특수한 지능이 형성되었다고 보는 전통적 관점과 사뭇 다르다. 그렇다면 왜 하필 지능이 '마키아벨리적'이라는 것일까? 영장류 사회는 변화무쌍한 동맹 관계로 유지되고 있기 때문에 다른 개체를 이용하고 기만하는 행위, 또는 보다 큰 이득을 위해 상대방과 손을 잡는 행위 등이 상대적으로 높은 적합도를 가질 수 있기 때문이다. 그리고 이런 권모술수에 능하려면 다른 개체의 마음을 정확히 읽어낼 수 있는 능력이 우선적으로 요구된다.

영장류의 사회 인지를 연구해온 체니Dorothy Cheney와 세파드 Robert Seyfarth에 따르면, 버빗원숭이vervet monkey는 똑같은 일이라도 비사회적인 맥락보다는 사회적인 맥락과 관련된 일을 더 잘 수행한다. 예를 들어, 최근에 구렁이가 어떤 덤불 사이로 들어와 해를 입혔는지에 대해서는 잘 모르지만, 자기 친척에게 해를 입힌 다른 놈의 친척들 중 누구를 공격 대상으로 삼을지에 대해서는 잘 안다(Cheney & Seyfarth, 1990).

이렇게 인간의 사회 인지 능력은 그 뿌리가 영장류에 닿아 있다. 하지만 앞서 보았듯이 최근 연구는 침팬지가 동료의 거짓믿음을 이해하지 못한다고 말한다. 침팬지는 거짓말도 못하며 삼각관계도 이해할 수 없다는 뜻이다(설령, 기만 행동을 할 수 있더라도 그것은 상대의 행동을 읽을 수 있었기 때문일 뿐이다). 인간의 사회 인지 능력은 영장류 종들 중에서 단연 최고라 할 수 있다.

인간 눈의 독특성

인간의 특출한 사회성은 놀랍게도 우리의 눈의 생리적 형태에도 각인되어 있다. 영장류 종들의 눈 주위를 자세히 살펴보자. 종마다 차이가 있을까? 호모 사피엔스와 계통적으로 가장 가까운 침팬지, 보노보, 오랑우탄, 그리고 다양한 원숭이 종들의 눈

6장 • 인간은 어떤 의미에서 사회적 동물인가?

에는 흰 공막이 없어서 눈동자가 어디를 향해 있는지가 잘 드러나지 않는다. 반면 우리의 흰 공막은 얼굴 피부색 및 홍채의 색과 더 큰 대조를 이루고 있어서 눈동자를 더욱 선명하게 만든다. 게다가 우리는 영장류 중에서 신체 크기에 비해 비교적 큰 눈을 가진 종이다. 요컨대 인간은 영장류 중에서 눈의 윤곽과 눈동자의 위치가 가장 명확하게 드러나는 종이다. 그리고 이것은 인간 고유의 특성이다(Kobayashi and Kohshima, 1997).

인간의 흰 공막은 협력과 관련이 깊고 따라서 사회성과도 밀접한 연관이 있다. 우선, 협력의 진화에 대해 간단히 정리해보자. 이에 대한 설명은 크게 두 가지 수준에서 가능하다. 첫 번째 수준은 이른바 '궁극적ultimate 설명'으로 포괄 적합도 이론과 다수준 선택 이론이 제시하고 있는 설명 유형이 여기에 해당된다. 이 두 경쟁 이론은 인간의 협력 행동이 '왜' 진화하게 되었는지를 설명한다. 반면 두 번째 수준은 인간의 협력이 어떠한 심적, 행동적 메커니즘을 통해 진화했는지에 초점을 맞춘다. 이것은 이른바 '근인적proximate 설명'에 해당된다. 근인적 설명 중 하나는 인간이 어떤 대상에 대한 '공동의 주의집중joint attention'을 할 수 있게 됨으로써 협력의 길로 들어서게 되었다는 것이다. 여기서 공동의 주의집중은 어떤 대상이나 과제에 대한 자신의 관심(초점)과 상대방의 그것을 일치시키는 사회적 행위이다. 가령, 친구의 시선이 당신의 바지 지퍼를 향해 있다고 해보자. 당신의 눈동자도 금방 그곳을 향할 것이다. 이것이 사물에 대한 공동의

인간을 제외한 영장류 종들의 공막은 흰색이 아니어서 눈동자가 어디를 향해 있는지가 잘 드러나지 않는다. 위에서부터 원숭이, 오랑우탄, 침팬지, 인간.

주의집중이다. 공동의 목표를 위한 협력이 어떻게든 진화하려면 우선적으로 공동의 주의집중이 가능했어야 한다.

아이의 언어 습득은 공동의 주의집중의 전형적 사례다. 아기가 말을 배우기 전에 그(그녀)는 관심이 있는 사물을 응시한다. 보호자는 그 시선을 따라가 그 사물을 발견한 후 다시 아기를 보고 그 사물에 해당되는 단어나 문장을 말한다. 물론 보호자의 시선을 아기가 따라가는 경우도 발생한다. 이런 식으로 공동의 주의집중이 규칙적으로 반복되는 과정에서 아기는 언어를 습득하게 된다. 양자 간의 상호조율이 없다면 말조차 배울 수가 없다.

그렇다면 (문법이 있는) 언어를 진화시킨 인간과 그렇지 않은 다른 영장류는 공동의 주의집중 능력과 관련하여 어떤 공통점과 차이점이 있을까? 우선, 침팬지를 비롯한 다른 대형 유인원(보노보, 오랑우탄, 고릴라)에게서도 공동의 주의집중 행동은 쉽게 관찰된다. 그들도 서로 '눈을 맞추고eye contact' 상대방의 '시선을 따라가는' 행동은 할 수 있다. 시선 따라가기 행동은 다양한 원숭이 종들에서도 관찰된다. 또한 포유류인 개와 염소, 심지어 조류인 까마귀, 파충류인 거북이의 일부 종도 이 행동을 할 수 있다고 알려져 있다(Call and Kano, 2014). 이처럼 시선 따라가기와 같은 사회적 행위가 다른 종들에서도 진화했다면, 공동의 주의집중 능력 중 일부(시선 따라가기)는 호모 사피엔스만의 고유한 특성이라고 할 수 없을 것이다. 집단생활을 하는 종이 인간만은 아니므로 이 결론이 그리 놀라운 것은 아니다(하지만 거북이도 시선 따라가기를 한다는 것은 꽤 놀랍다).

흰 공막의 사회성

그렇다면 인간에게만 있는 공동의 주의집중 능력은 대체 무엇이란 말인가? 이 대목에서 흰 공막이 다시 등장한다. 인간 눈의 독특성을 연구해온 일본 연구자 고바야시Hiromi Kobayashi 등에 따르면, 영장류 92종 중에서 85종의 공막이 갈색이나 진한 갈색을 띤다. 또한 81종 중에서 80종의 눈 색깔이 얼굴 피부색과 유사하여 눈의 선명도가 떨어진다. 투명한 결막과 흰 공막을 가진 종은 유일하게 인간뿐이다(Kobayashi and Kohshima, 2001). 공막의 상대적 크기(곁에서 보이는 눈 면적 대비 공막의 면적)도 큰 차이가 있다.

가령, 인간의 것은 오랑우탄의 경우보다 무려 세 배 정도 크다. 대체 이 흰 공막의 정체는 무엇일까? 이것의 진화적 기능은 무엇인가? 왜 우리만이 이런 공막을 가지고 있는 것일까?

우선 몇 가지 사실들에 주목해보자. 첫째 흰 공막 때문에 우리는 타인의 시선을 쉽게 읽을 수 있다. 상대방이 무엇을 보고 있는가를 알게 되면 그의 생각과 느낌, 그리고 의도를 이해하는 데 큰 도움이 된다. 선글라스를 끼고 게임을 하겠다는 프로 포커 선수들이 간혹 있는데, 그들은 상대방에게 자신의 시선을 읽히고 싶지 않아서 그러는 것이다. 아기 앞에서 특정 장난감에 눈길을 계속 주면 그 아기는 곧 다른 관심은 포기하고 그것에만 주의를 기울이곤 한다. 상대방 눈동자의 위치를 통해 그의 의도를 쉽게 파악할 수 있다면 그것은 나에게 큰 이득이 된다. 하지만 이것은 동시에 나의 시선도 강탈당할 수 있다는 뜻이기도 하다.

둘째, 인간의 협력은 다른 동물들의 그것에 비해 폭과 깊이 면에서 한 차원 높다. 따라서 흰 공막의 진화와 확산에는 적어도 두 가지 경로가 가능하다고 할 수 있다. 하나는 흰 공막이 출현할 즈음, 혹은 그 이전에 시선 강탈이 일어나지 않을 만한 훈훈한 사회적 환경이 이미 조성되었을 가능성이다. 이 상황에서는 흰 공막이 호모 사피엔스 전체로 확산될 수 있었고, 그들의 협력을 촉진하는 촉매로도 작용했을 것이다. 다른 하나는 협력을 하지 않으면 개체와 집단의 생존 자체가 어려웠을 환경에서 흰 공막이 적응적 형질로 진화했을 가능성이다. 이 상황이

6장 • 인간은 어떤 의미에서 사회적 동물인가?

라면 흰 공막은 협력의 촉매제라기보다는 촉발제였다고 할 수 있다. 하지만 이런 상이한 가능성에도 불구하고 현재 호모 사피엔스의 흰 공막이 상호 협력을 촉진하는 형질이라는 사실에는 변함이 없다. 연구자들은 이것을 '협력적 눈 가설cooperative eye hypothesis'이라 부른다(Tomasello et al., 2007).

독일의 영장류학자 마이클 토마셀로Michael Tomasello(1950~) 등은 흥미로운 실험을 통해 이 가설을 입증하려 했다(Tomasello et al., 2007). 그들은 대형 유인원(침팬지 11개체, 고릴라 4개체, 보노보 4개체)과 인간 아기(40명)가 인간 실험자의 눈동자와 고개head의 움직임에 어떠한 반응을 보이는지를 관찰했다. 피험자의 시선은 고개를 따라갈 것인가, 아니면 눈동자를 따라갈 것인가, 아니면 고개와 눈동자의 방향이 일치할 때에만 따라갈 것인가? 연구자들은 다음과 같이 예측했다. 인간은 눈에 잘 띄는 흰 공막을 갖고 있으므로, 인간 아기의 경우에는 고개보다는 눈동자의 움직임에 민감하게 반응하여 그에 따르는 시선 따라가기 행동을 더 자주 할 것이지만, 다른 유인원들은 그 반대의 반응을 보일 것이다. 그들은 이 예측을 검증하기 위해 네 가지 조건을 설계했다. 첫째, 인간 실험자가 눈은 감은 채 고개만 올려 천장을 보는 조건, 둘째, 고개는 가만히 있으면서 눈동자만 위로 올려 천장을 보는 조건, 셋째, 고개를 들고 눈도 천장을 보는 조건, 마지막으로 고개와 눈동자를 움직이지 않은 채 앞을 응시하는 조건이 그것이다.

결과는 다음과 같았다. 대형 유인원의 시선은 실험자의 고개 방향으로 따라 올라갔는데, 이는 실험자의 눈이 감겨 있는 상황에서도 마찬가지였다. 물론 실험자의 눈이 떠져 있는 경우에는 시선을 따라가는 속도가 더 빨랐다. 이로써 대형 유인원의 시선 따라가기는 고개 방향에 의해 가장 크게 영향을 받는다는 사실을 알 수 있었다.

반면 인간 아기의 경우에는 반대의 결과가 나왔다. 물론 인간 아기도 대형 유인원들과 마찬가지로 실험자의 고개 방향과 눈동자의 위치 모두에 영향을 받았다. 하지만 인간 아기에게 가장 중요한 것은 눈동자의 위치였다. 통계적으로 눈동자의 위치 효과는 고개 방향 효과에 비해 5배 정도 컸다. 즉, 인간 아기는 고개의 움직임보다는 눈동자의 움직임을 보고 시선을 따라간 것이다. 이런 결과는 협력적 눈 가설을 옹호하는 증거들이다.

인간이 눈을 통해서도 의미 있는 협력 시그널을 주고받는다는 가설은 자폐에 대한 기존 연구들에 의해서도 지지받는다. 자폐인은 정상인에 비해 타인의 눈에 덜 집중하고, 타인이 언제 자신과 눈을 맞추고 있는가를 잘 감지하지 못하며(Senju et al., 2003), 눈 주위의 정보로부터 어떻게 의도를 추론해야 할지도 잘 모른다. 즉, 그들은 타인의 눈으로부터 사회적 정보를 읽어내는 데 큰 어려움을 겪고 있다.

눈의 일차적 기능은 지각perception이다. 즉, 눈은 시각적 입력 정보를 뇌에 전달해주는 인지 장치다. 하지만 타 개체의 관심과 의도를 모니터링하는 사회적 장치이기도 하다. 흰 공막은 진화적 독특성을 지니는 인간 고유의 형질로서 생리학으로만 설명되어서는 안 된다. 만일 인류의 진화 과정에서 이러한 '사회적 눈sociable eye'이 진화하지 않았다면 우리 사회는 틀림없이 훨씬 더 냉랭한 공간이었을 것이다. 어쩌면 사회 자체가 생겨나지 않았을지도 모른다.

사회성의 자연화를 위하여

위대한 철학자 아리스토텔레스가 그의 《정치학Politika》에서 "인간은 본성상 사회적 동물이다"라는 명제를 남긴 이후로, 인간의 사회성에 관한 연구는 철학, 사회학, 종교학 등의 주요 연구 주제였다. 하지만 앞서 논의했듯이, 최근에는 인간의 사회성에 관한 과학적 연구 성과들이 봇물처럼 쏟아져 나오고 있다. 진화생물학과 진화심리학을 필두로 영장류학, 인지 및 사회심리학, 그리고 뇌과학 등이 인간 본성의 가장 주요한 특징 중 하나인 사회성에 대해 다양하고 자세한 이야기를 쏟아내고 있다. 이제 인간의 사회성도 과학적 탐구의 영역으로 편입되기 시작했다. 사회성에 대한 '자연화'가 진행되고 있는 셈이다.

나는 인간의 이런 자연화된 사회성을 '초사회성ultra-sociality'라고 부르고자 한다. 우리의 사회성에 '초ultra'라는 접두어를 붙인 이유는, 일차적으로 다른 척추동물들과 비교했을 때 인간의 사회성이 가장 강력하다는 뜻이고, 이차적으로는 무척추동물인 개미 사회가 보여주는 초유기체성superorganism을 뜻하는 진사회성eu-sociality과 대비시키기 위함이다. 개미의 진사회성은 개체들의 본능적 반응들이 모인 단순한 분업인 반면, 우리의 초사회성은 개인의 진화된 심리장치를 매개로 집단적 지향성collective intentionality을 발현하는 훨씬 더 복잡한 의사결정의 산물이다 (Tomasello, 2014).

하지만 여기서 중요한 것은, 초사회적 행동이든 진사회적 행동이든 그 행위의 궁극적 수혜자가 집단은 아니라는 사실이다. 우리는 초사회적 행동을 통해 집단을 이롭게 하기 위해 진화한 존재가 아니다. 우리 각자는 개인의 생존과 번식에 도움이 되기에, 즉, 유전적 적합도를 높이기 때문에 초사회적 행동을 하고 있는 것이다. 따라서 이 글에서 언급된 인간의 사회성에 대한 최근의 심리학적 논의들은 1부에서 전개한 일반 복제자 이론과 정확히 일치한다고 말할 수 있다.

왜 포르노에
빠지는가?

성적 판타지의 진화학

포르노의 소비 행태를 보면 놀랍기 그지없다. 그중에서도 가장 놀라운 사실은 그 엄청난 시장의 소비자가 거의 전부 남성이라는 것이다. 실제로 남성들이 방문하는 웹사이트의 순위를 보면 상위권의 거의 전부가 포르노 사이트인데, 그중 방문자 수가 매월 천6백만 정도나 되는 사이트도 있다. 지금 우리에겐 매우 일상적인 일로 보이지만, 여기서 잠깐만 눈을 홉뜨고 생각해보자. 인류의 절반이 생존에 아무 도움도 되지 않을 것 같은 이미지를 찾는 데 그렇게 많은 시간을 보낸다는 것이 이상하게 느껴지지 않는가? 아마도 인류 문명을 조사하기 위해 지구에 온 외계인이 있다면 포르노에 빠진 인간을 보고 매우 놀랄 것이다. 왜 인간은 포르노를 보는가? 인간의 성적 판타지에 대한 진화론적 이해를 시도해보자.

"포르노나 로맨스 소설은 또 하나의 쾌락 테크놀로지다."

스티븐 핑커, 《마음은 어떻게 작동하는가》

최근 미국 IT 전문 매체 익스트림테크(www.extremetech.com)는 구글Google의 웹사이트 분석 사이트를 통해 전 세계 온라인 포르노 사이트의 규모를 조사한 바 있다. 이에 따르면 전 세계 최대의 온라인 포르노 사이트 xvideo.com의 월별 페이지뷰는 무려 44억 건이나 되는데, 이는 CNN의 3배, 〈뉴욕타임스〉의 10배에 해당된다. 또한 온라인 포르노 사이트의 방문객은 한 사이트에 들어가 평균적으로 15~20분 정도를 머무는데, 이는 다른 사이트를 방문해 기사 정도를 읽는 경우에 비해 훨씬 더 긴 시간이다. 데이터양에 있어서도 포르노 시청은 기사 검색보다 훨씬 더 많은 정보량을 필요로 한다. 실제로 포르노를 5초만 시청해도 한 편의 기사에 포함된 정보량과 비슷해진다. 이런 규모를 감안할 때 대형 포르노 사이트는 구글이나 페이스북Facebook과 같은 초대형 사이트를 제하면 그야말로 최대 규모다.

그런데 만일 외계인이 지구인의 이런 포르노 소비 행태를 관찰한다면 어떻게 될까? 우선 포르노 시장의 엄청난 규모에 놀라고, 이 엄청난 시장의 소비자가 거의 전부 남성이라는 사실에 다시 한번 놀라지 않을까? 어쩌다 포르노 현상을 파고들게 된 그 외계인의 궁금증은 여기서 끝이 날 것 같지 않다. '그렇다면 대체 여성은 그 시간에 무엇을 할까?' 그는 남성이 포르노를 즐기는 만큼 여성은 로맨스 드라마나 소설 등을 소비하는 데 많은 시간을 보낸다는 사실을 곧 알게 되고 또 한번 놀랄 것이다. 대체 남녀의 이러한 차이는 어디서 온 것이란 말인가?

연애 본능의 진화

왜 인간은 포르노를 만들고 소비하게 되었을까? 포르노의 진화와 확산을 이해하기 위해서는 인간의 연애 본능mating instinct이 어떻게 진화해왔는지를 먼저 살펴보아야 한다. 인간의 짝짓기 심리와 행동에 대한 것은 진화심리학 분야에서 지난 20~30년 동안 가장 활발히 논의됐던 주제이다.

진화심리학적 관점에서는 인간의 짝짓기 심리와 행동은 진화 과정에서 '번식의 문제'를 해결하기 위해 특화된 인지 장치들의 산물이라고 이해될 수 있다. 진화심리학의 주요 이론들 중에서 짝짓기 심리 및 행동과 직접적으로 관련된 몇 가지 핵심 이론들을 간략히 검토해보자.

첫 번째는 진화이론학자인 윌리엄 해밀턴에 의해 창시된 포괄 적합도 이론으로, 이미 1장에서 언급한 바 있다. 이 이론은, 어떤 개체의 행동이 자기 자신의 적합도뿐만 아니라 자신의 유전자를 공유하는 다른 개체의 적합도에도 미칠 수 있는 영향을 함께 고려하여 적합도를 포괄적으로 계산해야 한다는 이론으로서 전통적 의미의 적합도를 혈연관계에까지 확장시킨 매우 혁명적인 발상이었다. 진화생물학의 주요 이론들 중에서 가장 기본적인 원리로 자리 잡은 이 이론은 생명체의 모든 행동을 생존과 번식의 측면에서 이해할 수 있게 해준다.

한편 성 선택 이론sexual selection theory은 번식과 관련된 선택압만을 다룬다. 이 이론은 동성 경쟁자와의 경쟁을 통해 얻은 짝짓기 이득과, 이성에 의해 짝으로 선택되어 생긴 짝짓기 이득을 통해 동물의 행동이 진화할 수 있음을 설명한다. 행동생태학자들은 이 이론을 통해 경쟁, 폭력, 살인, 위험 감수 행위, 짝 선택, 지위 상승 욕구 등의 성차性差가 왜 생겨났으며 어떻게 작동하는지를 이해하게 되었다. 성 선택 이론은 인간과 다른 영장류 내에서 발견되는 많은 성차들을 통합적으로 이해하는 데 가장 유력한 이론으로 간주된다.

좀 더 세부적으로, 로버트 트리버스가 제시한 양육 투자 이론parental investment theory은 성 선택의 두 요인들, 즉 동성 간의 경쟁과 이성의 짝 선택이 어떻게 작동하는지에 대한 이론적인 예측을 한다. 이 이론에 따르면, 자손에게 더 많이 투자한 성은 짝 선택을 하는 데 있어서 다른 성보다 더 까다로운 반면, 자손에게 덜 투자한 성은 짝짓기를 위한 동성 간 경쟁에 있어서 다른 성에 비해 더욱 치열하다. 양육 투자 이론은 인간의 짝짓기 전략에 대한 중요한 발견들을 이끌어냈다.

양육 투자 측면에서 암컷의 초기 투자는 난자 생산으로부터 시작한다. 하지만 이것은 단지 시작일 뿐이다. 그 이후에 벌어질 수 있는 수정과 임신도 포유류의 경우에는 암컷의 몸 내부에서 일어나기 때문이다. 따라서 임신한 암컷이 치러야 할 몇 달간의 투자는 단 한 번의 성교 행위를 위한 노력이면 족한 수컷의 투자에 비해 엄청나게 클 수밖에 없다. 게다가 출산으로 암컷의 양육 투자가 끝나는 것도 아니다. 아기가 모유 이외의 음식을 먹을 수 있을 때까지 암컷은 상당 기간 동안 젖을 물려야 하며 젖을 뗀 이후의 양육 투자도 만만치는 않다.[1]

암컷의 이런 엄청난 양육 투자량은 암컷 자신을 소중한 번식 자원으로 만든다. 임신, 출산, 젖먹이기, 보육, 보호, 그리고 아이를 먹이는 일은 누구에게나 맘씨 좋게 퍼줄 수 있는 번식 자원들이 아니다. 진화의 과거에서 암컷은 성의 분화와 더불어 엄청난 양의 투자를 하기 시작했기 때문에 자연선택은 자신의 이성 짝에 대해 매우 신중한 암컷을 더 선호했다. 짝을 대충 고른 암컷은 까다롭게 고른 암컷에 비해 번식 성공도가 더 낮았을 것

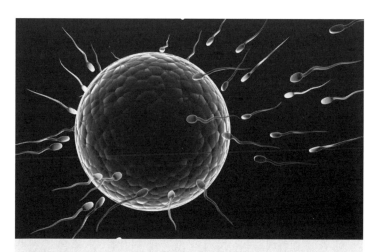

양육 투자 이론

인간 남성의 경우 한번 사정 시에 3억 개의 정자를 배출하고 시간당 1,200만 개 정도의 정자가 다시
채워질 수 있는데 비해, 여성은 일생에 약 400개 정도의 난자만을 생산할 수 있을 뿐이다.
양육 투자 이론은 이런 비대칭에 의한 짝짓기 전략의 성차를 예측한다.

이고 번식 연령까지 살아남은 자식의 숫자도 상대적으로 적었
을 것이다. 반면, 수컷의 입장에서는 번식 가치reproductive value[2]가
그다지 높지 않은 암컷과 짝짓기를 하더라도 별로 손해 볼 것이
없었다. 수컷이 잃는 것이라곤 단지 몇 방울의 정자와 잠시의
시간, 다소간의 에너지에 불과하기 때문이다.

따라서 성 선택 이론과 양육 투자 이론에 의하면 동물의 짝
짓기 심리와 행동에 대해 다음의 두 가지 중요한 사항이 예측
된다. 첫째, 자손에 더 많은 투자를 하는 성은 짝짓기에 대해서
더 신중하고 까다롭다. 그리고 늘 그런 것은 아니지만 많은 경
우 암컷이 그런 성향을 갖는다. 둘째, 자손에 투자를 덜 하는 성

은 많이 투자를 하는 성에 접근권한을 갖기 위해 더 경쟁적이다. 그렇다면 인간의 짝짓기 행동도 이런 이론들로 동일하게 설명될 수 있을까?

인간은 유성생식을 하는 종이기 때문에 번식을 하려면 우선 이성 짝을 찾아야 한다. 하지만 짝을 고르는 일은 쉽지 않다. 적절한 짝을 고르는 문제는 틀림없이 우리 조상들에게 매우 중요한 적응 문제였을 것이고, 자연선택은 이런 문제를 해결하는 인간의 심리 메커니즘을 설계했을 것이다. 적절한 짝을 고르는 것은 매우 중요한데, 짝은 자식의 생존에 필요한 질 좋은 유전자와 보살핌을 제공하기 때문이다. 자식의 생존 가능성은 이 두 가지 자원의 품질에 따라 크게 좌우된다.

자신의 짝이 자기 자손의 생존 기회를 높이는 첫 번째 방식은 자식에게 훌륭한 유전자를 물려주는 일이다. 유성생식을 하는 종에서 자식은 유전학적으로 양쪽 부모로부터 각각 유전자의 반을 물려받는다. 만일 생존과 번식에 부적합한 질 나쁜 유전자를 가진 짝을 배우자로 삼는다면, 자녀가 그 나쁜 유전자를 물려받을 개연성이 높아진다. 자손의 생존과 번식의 기회는 결국 감소될 것이며 궁극적으로는 자기 자신의 번식 성공도가 낮아지는 결과를 가져올 것이다. 반면, 좋은 유전자를 가진 짝을 배우자로 삼으면 자신의 유전자는 세대를 거치면서 더욱 번창할 것이다.

진화심리학적 관점에서 보면 배우자를 선택하기 위해 남성과 여성은 서로 다른 적응 문제를 풀어야 한다. 특히 '단기적 짝짓기 전략short-term mating strategy'을 구사할 때 이런 차이는 두드러진다. 이 전략은 남성과 여성이 모두 사용할 수 있지만 똑같은 방식을 택하지는 않는다. 남성에게 이상적인 단기적 짝짓기 전략이란 한 여자와 성관계를 한 후에 그로부터 생겨난 아이에 대해서는 되도록 양육 투자를 회피하는 것이다. 임신을 하는 쪽은 여성이기 때문에 여성은 자신이 치러야 할 최소한의 양육 투자를 헛된 것으로 만들지 않기 위해 이런 상황을 미리 방지해야 할 필요가 있다. 짝이 자신을 장기적 짝짓기 대상으로 생각하는지 아니면 단기적 짝짓기 대상으로 여기고 있는지를 제대로 구별하지 못한 여성은 미혼모가 될 위험이 높았을 것이다. 자연선택은 여성들에게 이런 불운을 막을 수 있도록 하는 심리 메커니즘을 설계했을 텐데 여성이 남성에 비해 성관계에 응하는 데 더 신중을 기하는 것은 그런 메커니즘 중 하나다.[3]

하지만 하룻밤을 함께 보낼 섹스 파트너를 고르는 게 아니라

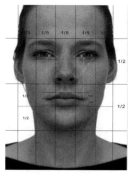

그렇다면 우리 조상들은 상대방의 자질을 어떻게 알았을까? 외모는 그 사람의 유전자의 자질을 가늠하게끔 해주는 중요한 단서들을 제공한다. 예컨대 신체의 좌우대칭 정도가 높은 사람일수록 그 사람의 유전자는 평균적으로 더 좋다고 볼 수 있다.

7장 • 왜 포르노에 빠지는가?

장기적인 짝을 선택하려 한다면 남성이나 여성은 모두 서로에게 충실한 짝을 골라야만 한다. 그런데 흥미롭게도 여성보다는 남성이 파트너의 성적인 정절을 더욱 중요시하는데, 진화적으로 보면 그럴 만한 이유가 남성에게 충분하다. 짝이 바람을 피울 경우 감수해야 하는 잠재적 대가를 생각해보면 그 까닭을 알수 있다. 아내의 입장에서 보면 남편이 바람날 경우 자신과 자신의 자식에게로 올 남편의 양육 투자량이 줄어들 수 있기 때문에 곤란해진다. 반면 남편의 입장에서 보았을 때는 아내가 다른 남자의 아이를 낳았는데 아무것도 모른 채 정성을 다해 그 자식을 돌볼 가능성이 있다. 남성은 인류의 진화사 내내 자신의 짝이 낳은 자식이 과연 자신의 친자식인지 100% 확인하기 힘든 불확실성에 늘 노출되어 있었다. 진화론적으로 보면 이런 '부성 불확실성paternity uncertainty'은 남성이 반드시 해결해야 하는 중대한 적응 문제였다. 반면, 여성에게 있어서의 적응 문제는 자신의 이성 짝이 다른 여성에게 마음을 빼앗겨 자원을 그녀에게 갖다 바치지 못하도록 하는 것이었다.

성적 질투sexual jealousy의 방식이 남성과 여성에게 있어서 서로 다른 형태로 나타난다는 사실은 자연선택이 어떻게 이런 적응 문제를 남성과 여성에게서 서로 다른 방식으로 해결하게 했는지를 흥미롭게 보여준다. 데이비드 버스David Buss(1953~)는 동서양을 막론하고 성적 질투심에 성차가 존재한다는 사실을 밝혀주었다. 남성은 여성이 정절을 깨는 것에 대해 훨씬 큰 분노를 느끼는데 비해 여성은 남성이 다른 여성에게 정서적인 친밀감을 보이는 것에 대해 더 크게 분노한다. 흥미롭게도 한국의 경우도 여기서 예외가 아니다. 이런 성적인 질투는 성인들 간에 벌어지는 폭력과 살인의 직접적인 원인이 되기도 한다.[4]

포르노와 연애 본능

그렇다면 인간의 연애 본능의 진화와 포르노의 생산 및 소비는 어떻게 연관될 수 있는가? 우선, 우리는 양육 투자에 있어서의

단기적 짝짓기 전략의 성차는 번식 성공도의 최대치의 성차로 이해될 수 있다. 예컨대 100명의 여성과 성관계를 맺은 한 남성은 이론적으로 최대 100명의 자기 자식을 가질 가능성이 있지만, 한 여성이 평생 동안 낳을 수 있는 자식 수는 남성에 비하여 제한적이다. 유사 이래로 한 여성이 평생 낳은 자녀의 수 최대 기록은 69명인데 반하여 남성의 경우 최소 888명인 것으로 추정된다.
credit: Elzbieta Sekowska / Shutterstock.com

성차가 포르노를 생산하고 소비하고 확산시키는 행동에 있어서의 성차와 밀접히 연관되어 있음을 짐작할 수 있다.

앞서 살펴보았듯이, 자연은 남성이 여성에 비해 훨씬 더 많은 섹스 파트너를 추구하게끔 심리 메커니즘을 진화시켰다. 성적 다양성을 더 강하게 추구하는 이런 남성의 욕망은 성적 판타지를 생산하고 소비하는 측면에서도 여성과는 다른 방식을 택했다. 진화심리학자 도널드 시먼스Donald Symons(1942~)의 연구에 따르면, "지금까지 얼마나 많은 섹스 파트너와의 성적 접촉을 상상해봤는가?"라는 설문에 대해 젊은 남성의 32%가 "1천 명 이상"이라고 답했지만, 그와 비슷한 답변을 한 젊은 여성의 비율은 8% 정도에 그쳤다. 심지어 성적인 공상 중에 파트너를 교체하는 비율도 남성이 여성에 비해 훨씬 더 높았다. 즉, 남성이 여성에 비해 성적 판타지 측면에서 포르노적 상상력을 훨씬 더 많이 발휘한다는 것이다. 반면 여성은 남성에 비해 포르노보다는 로맨스 소설처럼 친밀도가 높은 대상과의 접촉에 대한 판타지를 상대적으로 더 선호했다. 이런 결과는 포르노 시장의 소비자가 거의 남성인 반면, 로맨스 문학의 소비자는 거의 여성이라는 사실과 정확히 일치한다.

그런데 여기서 한 가지 의문이 생긴다. 포르노를 보는 행위가 남성의 번식 성공도를 직접적으로 높여주지 않을 텐데, 왜 그런 행위를 하는 경향이 남성에게 상대적으로 높은가, 하는 것이다. 반대의 질문도 가능하다. 포르노를 보는 행위만으로는 여성의 번식 성공도를 직접적으로 낮춰주지 않을 텐데, 왜 여성은 남성에 비해 상대적으로 그런 행위를 꺼리는가, 하는 것이다. 진화심리학자들은 우리의 심리 메커니즘의 오래된 진화가 이 두 질문에 대한 동일한 대답이라고 말한다. 다시 말해, 인류의 역사에서 절대적인 기간을 차지했던 수렵 채집기 동안에 성적 다양성을 추구하게끔 진화된 남성의 마음과 그것을 경계하게끔 진화된 여성의 마음이 성적 판타지에 대해 다르게 작동하고 있다는 것이다. 하지만 이것이 남성의 마음은 포르노를 즐기게끔, 여성의 마음은 로맨스 소설을 즐기게끔 '직접적으로' 자연선택된 산물(즉, '적응')임을 뜻하는 것은 아니다. 오히려 짝짓기의 적응 심리가 성적 판타지 테크놀로지의 출현에 자연스럽게 반응했다는 논리이다.(어쩌면 테크놀로지의 출현에 '반응'했다는 소극적인 표현보다, 오히려 그런 테크놀로지를 '발명'했다고 표현하는 것이 더 정확할 것이다.)

심리언어학자 스티븐 핑커Steven Pinker(1954~)는《마음은 어떻게 작동하는가?How the Mind Works》에서 포르노를 '쾌락 단추pleasure button'로 설명한다. 그는 인간의 문학, 종교, 예술 등은 인간 사회에서만 나타나는 현상으로서 매우 복잡한 구조를 갖고 있지만, 자연선택에 의해서 직접적으로 진화한 인지적 적응이라기보다는 다른 적응들 때문에 생겨난 부산물byproduct이라고 주장한다. 부산물 이론을 설명하기 위해 그는 다음과 같이 치즈케이크 비유를 든다. 우리 중에 치즈케이크를 싫어하는 사람은 거의 없을 것이다. 왜 그럴까? 치즈케이크를 위한 미각을 진화시켰기 때문은 아닐 것이다. 우리가 진화시킨 것은, 잘 익은 과일의 달콤한 맛으로부터 기쁨을, 견과류와 고기로부터 지방과 기름의 부드럽고 매끄러운 감촉을, 신선한 물로부터 시원함을 느끼게 해주는 그런 회로들이다. 치즈케이크에는 자연계의 어떤 것에도 존재하지 않는 감각적 충격이 풍부하게 농축되어 있다. 그 속에는 우리 뇌 속에 있는 쾌락 단추를 누르기에 충분한, 인공적으로 조합된 과다한 양의 유쾌한 자극들이 가득 채워져 있다(Pinker, 2007).

핑커는 "포르노나 로맨스 소설은 또 하나의 쾌락 테크놀로지"라고 말한다. 그리고 문학을 포함한 예술이 모두 이와 같은 것이라고 주장한다. 다시 말해 음악은 청각 치즈케이크이고 미술은 시각 치즈케이크인 셈이다. 그는 책이나 영화에 빠졌을 때를 생각해보라고 한다. "그때 우리는 숨이 멎을 듯한 경치를 관람하고, 중요한 사람들과 허물없이 사귀고, 매혹적인 남녀들과 사랑에 빠지고, 사랑하는 사람들을 지켜주고, 불가능한 목표를 성취하고, 사악한 적을 물리친다. 7달러의 비용이 드니 결코 손해 보는 장사가 아니다."(Pinker, 2007, p.539) 그에 따르면, 예술은 우리 뇌 속에 하나의 적응으로 장착된 '쾌락 단추'가 눌릴 때마다 나오는 부산물이다.

포르노가 남성이 진화시킨, 남성을 위한 테크놀로지라는 주장을 입증하는 증거들은 상당히 많다. 누드에 대한 남녀 관심도의 차이, 특히 남성의 여성 성기에 대한 집착은 포르노를 보는 남성의 심리가 여성의 그것과 진화적으로 다르다는 점을 보여준다. 다양한 문화권에서 조사된 바에 따르면, 이성의 성기를 봄으로써 성적으로 자극을 받는 것은 대체로 여성이 아니며, 상대의 성기를 보기 위한 질긴 욕망을 드러내는 쪽도 여성이 아니다. 화장실이나 섹스 장소에서 불법적으로 몰카를 찍는 쪽은 남성이며 유통하고 소비하는 쪽도 남성이다.

성기에 대한 이런 집착의 성차도 진화론적 관점이 아니면 잘 설명되지 않는다. 여성의 성기에 관심이 없는 남성과 집착하는 남성 중에서 우리의 조상은 과연 어느 쪽이었겠는가? 남성의 성기에 쉽게 흥분하는 여성과 꺼리는 여성 중에 누가 우리의 할머니였을까? 대답은 분명하다. 남성은 여성의 벗은 몸을 일종의

포르노를 보는 행위가 남성의 번식 성공도를 직접적으로 높여주지 않는데 왜 남성들은 포르노를 보는가.

7장 • 왜 포르노에 빠지는가?

유혹으로, 여성은 남성의 벗은 몸을 일종의 위협으로 본다. 실제로 캘리포니아 대학교(버클리 캠퍼스)에서 '네이키드 가이'로 불리던 한 남학생이 억압적인 전통적 성 문화에 항의하기 위해 벗은 몸으로 일상을 즐겼다가 여학생들에 의해 성희롱으로 고소를 당해 결국 퇴학 조치를 당한 사례도 있었다.

실제 포르노 산업에서 여성들을 위한 포르노가 지난 반세기 동안 상대적으로 고전을 면치 못하고 있는 현상도 연애 본능의 진화론에 잘 부합한다. 여성 포르노 시장을 개척하겠다고 야심차게 출범한 〈플레이걸〉의 주요 구매자들이 실제로는 여성이 아닌 남성 동성애자들이라는 사실은 더 이상 비밀이 아니다. 남성 동성애자를 위한 섹스 기구들이 이 잡지의 주요 광고물인 것만으로도 금방 짐작된다.

대신, 여성은 대개 스토리가 있는 로맨스 소설이나 드라마에 빠지기 쉬운데, 이러한 사실도 연애 본능 이론과 일치한다. 실제로 대부분의 포르노에는 스토리 라인이 없고 감정적 선도 없이 시청각적인 자극만이 난무하다. 이에 대한 여성들의 대체적인 반응은 '지루하다'는 것이다. 대신 짝 결속과 관련이 깊은 낭만이나 헌신이 들어 있는 로맨스 작품에 빠져든다. 포르노의 시장이 어마어마한 것도 놀라운 일이지만, 로맨스 문학의 시장도 그에 못지 않다는 사실은 더욱 놀라운 일이다. 진화심리학은 이런 놀라움에 대한 가장 유력한 설명이다. 진화심리학자 도널드 시먼스와 캐서린 새먼Catherine Salmon은 다음과 같이 설명한다.

남자들이 꿈꾸는 포르노 왕국의 섹스는 순전히 욕정, 그리고 육체적 만족과 관련이 있다. 구애, 헌신, 지속적 관계, 배우자로서의 노력 같은 것은 찾기 힘들다. 포르노 영상에서는 플롯이 최소한만 존재한다. 그 대신 섹스 행위 자체가 초점이고, 여성의 몸이 부각된다. 특히 여성의 얼굴, 가슴, 음문이 클로즈업된다. 하지만 여성이 상상하는 로맨스 왕국은 이와는 딴판이다. 로맨스 소설에서 여주인공의 목표는 섹스 그 자체, 즉 낯선 이와 별 교감없이 몸을 섞는 것과는 동떨어져 있다. 로맨스 소설의 플롯은 대개 러브 스토리이며 주인공은 온갖 장애물을 극복하며 사랑을 찾아가고 그 사람의 마음을 얻고는 결국 결혼에 골인한다(Salmon et al., 2001).

포르노의 신경학: 거울 뉴런과 모방

포르노와 로맨스 소설이 남녀의 연애 본능의 부산물이라면, 이 부산물은 어떤 신경학적 메커니즘에 의해 작동하는 것일까? 여기서는 거울 뉴런과 포르노의 관계에 대한 간단한 예비고찰을 해보고자 한다.

우선, 포르노 시청과 뇌의 작용 간의 관계부터 논의해보자. 누군가의 성 행위 장면을 보며 흥분하는 우리의 뇌에서는 대체 어떤 일이 벌어질까? 표준적인 대답은, 포르노 시청이 '섹스에 대한 생각'을 하도록 만들고, 그 생각이 우리를 성적으로 흥분시킨다는 것이다. 즉, 감각 작용이 특정 생각을 야기하고 그 생각이 그에 대응하는 신체 반응을 야기한다는 통념을 포르노의 사례에 적용한 경우이다.

하지만 거울 뉴런계에 대한 연구는 이 통념을 뒤집는다. 포르노 시청은 우리가 '섹스에 대해' 생각하게끔 만들지 않기 때문이다. 오히려 그것은 우리가 '섹스하고 있다'고 생각하게끔 만든다. 뇌를 흥분시키는 것은 아이디어가 아니며, 아이디어는 되레 그 흥분의 결과물이다. 다시 말해, 뇌가 포르노에 반응하는 메커니즘은 포르노에 대한 지각이 아니라 포르노 행위 그 자체이다. 거울 뉴런계는 타인의 행동을 보는 것만으로도 자신의 몸으로 그 행동을 이해하게 만든다. 뇌의 관점에서는 포르노 시청이 곧 포르노 행위가 되는 것이다. 스크린 속의 포르노 배우가 아닌데도 포르노를 단지 시청하는 것만으로 쾌락을 느끼는 데에는 이러한 신경학적 이유가 있다.

실제로 포르노 시청과 거울 뉴런계의 작동 사이에 어떤 관련이 있는지를 연구한 최근 사례가 있다. 연구자들은 이성애자와 동성애자로 구성된 피험자 남녀를 fMRI 장비 속에 넣고 그들에게 발기된 성기 이미지들을 보여준 후 뇌 작동의 변화를 보았다. 그 결과, 동성애자 남성의 뇌는 이성애자 여성의 뇌 작동과 비슷한 반응을 보였고, 이성애자 남성의 뇌는 동성애자 여성의 뇌 작동과 유사한 반응을 보였다. 물론 이것은 성적 선호도에 관한 결과로서 충분히 예측되었던 사실이다. 하지만 흥미로운 결과는 포르노를 볼 때 발기된 남성의 거울 뉴런이 그의 발기 강직도와 비례하여 활성화되었다는 사실이다. 즉, 포르노를 보는 것만으로도 그와 같은 성행위를 하는 것과 동일한 신경작용이 일어난다는 것이다. 뇌의 활동 측면에서만 보면, 보는 것은 하는 것이다!

이렇게 거울 뉴런에 대한 연구는 포르노 소비에 대한 신경학적 이해를 제고하게는 만들지만, 포르노 소비의 성차에 대해서는 아직 설명하지 못하고 있다. 실제로 여성의 거울 뉴런 활성화 정도와 여성의 실제 흥분 정도의 관계에 관한 연구는 아직 없다. 이 대목에서 진화론적 고려를 해본다면, 여성의 거울 뉴런계의 작동이 남성과 차이를 가질 것이라는 가설을 제시해 볼 수도 있을 것이다. 앞에서 자세히 논의했듯이 진화적인 이유에서 포르노 소비의 성차가 존재하는 바, 포르노를 볼 때 여성의 거울 뉴런계에 모종의 억제 메커니즘이 작동할 수도 있을 것이기 때문이다.

밈과 포르노의 진화

인간의 연애 본능에 대한 진화론적 접근이 진화심리학만 있는 것은 아니다. 그리고 진화심리학은 인간의 짝짓기 행동을 비롯

193

한 인간 본성의 중요한 부분들에 대해 설득력 있는 설명을 제공해왔지만, 다른 한편으로는 인간만이 갖고 있는 독특성을 제대로 설명하고 있지 못하다는 비판도 받아왔다. 넓게 보면, 그것은 인간의 문화에 대한 진화심리학적 설명이 불충분하다는 것이며, 문화를 만드는 인간을 넘어서 문화에 지배받는 인간에 대한 과학적 이론이 요구된다는 통찰이다. 밈 이론은 이런 통찰에서 출발한 문화 진화론의 한 유형이다. 밈학의 관점에서 포르노 현상은 어떻게 이해될 수 있을까? 포르노의 진화론과 신경학을 결합시켜보자. 포르노는 진화한 연애 본능의 부산물이었다. 즉, 남성의 연애 본능(성적 다양성)의 부산물이었고, 인간의 거울 뉴런계의 작동으로 잘 소비되고 있다. 그런데 이 포르노가 디지털 테크놀로지의 비약적 발전으로 인해 엄청난 속도와 양으로, 그리고 누구나 쉽게 접근할 수 있는 방식으로 우리의 거울 뉴런계를 자극하고 있다. 그래서 이제는 거울 뉴런계가 포르노를 '향유'한다기보다, 오히려 포르노 밈이 우리의 거울 뉴런계를 '갈취'한다고 해야 할지 모른다.

포르노는 우리의 유전자에 대롱대롱 매달려 있던 시대를 넘어(부산물로서의 포르노), 이제 자신만을 위해 존재하는 밈의 세계로 진화했다. 앞서 살펴보았듯이, 포르노가 준자율적인 밈의 세계로 진입하게 된 데에는 모방과 공감을 가능하게 하는 정교한 거울 뉴런계가 큰 역할을 했을 것이다. 포르노 밈은 이 신경학적 메커니즘을 '이용하여' 전 세계의 사람들(특히 남성들)이 포르노를 '시청하게 하고' 흥분 상태로 '빠뜨리고', (때로는 중독되게 '만들고') '따라 하게 하며' 널리 '전파하게끔' 우리의 행동을 조종한다고도 할 수 있다.[5] 이런 관점에서 보면 포르노의 확산을 통해 이득을 보는 수혜자는 우리가 아니다. 포르노 산업 종사자도 아니다. 어쩌면 포르노 밈 자신일지 모른다. 포르노의 자연사는 이렇게 유전자에서 밈의 세계로 진화 중이다.

왜 종교적 세계관은
사라지지 않는가?

자연현상으로서의 종교

'과학과 종교'의 만남은 해묵은 주제이지만 최근에는 새로운 풍
경으로 우리에게 다가오고 있다. 최근 풍경의 가장 두드러진 특
징은 종교를 자연 현상으로 이해하고자 하는 것이다. 물론 이런
시도들은 인지과학과 진화론을 적극적으로 활용하는 방식으로
종교의 본성에 접근한다. 지난 20여 년은 이른바 '종교의 자연과
학natural sciences of religion' 연구가 봇물처럼 쏟아져 나온 시기라
할 수 있다. 여기서는 종교를 자연현상으로 이해하는 세 가지 입
장을 소개하고 비교해 볼 것이다.

"종교는 직립한 인간이 하늘을 보기 시작하며 생겨났다."

미르체아 엘리아데,《종교형태론》

에드워드 윌슨은 종교에 대한 진화론적 이해의 가능성을 현대
적 의미에서 거의 처음으로 제기한 학자다(E. O. Wilson, 1975). 그
에 따르면, 인간의 마음은 신과 같은 초월자를 믿게끔 진화했
다. 예컨대, 그는 동물 집단에서 나타나는 서열 행동(열위자가 우
위자에게 복종하는 행동)이 종교와 권위에 순종하는 인간의 행동과
매우 유사하다고 말한다. 그리고 그는 동물들이 서열 행동을 통
해 각자의 적응적 이득을 높이듯이, 인간도 종교적 행위들을 통
해 자신의 번식 성공도를 높였을 것이라고 주장한다(E. O. Wilson,
1998). 즉, 종교 행동 자체가 하나의 적응이라는 입장인 셈이다.

모든 종교적 행동이 전부 자연선택에 의한 진화로부터 나오
지는 않았다 하더라도 대충은 그렇다고 말할 수 있다. 종교적

행동은 적어도 신에 대한 믿음의 몇몇 측면들을 포함한다. 종교적 관례에서 거의 보편적으로 나타나는 속죄와 희생은 지배적 존재자에게 복종하는 행위들이다. 이들은 일종의 지배 위계로서 조직화된 포유동물 사회에서 보이는 일반적 특징 중 하나이다. 인간과 마찬가지로 동물들도 위계 상에서 자신의 서열을 과시하고 유지하는 정교한 신호들을 사용한다. 자세히 살펴보면 종마다 다양한 양태를 보이지만 넓게 보면 일관된 유사성들이 드러나는 것을 다음의 두 가지 예에서 볼 수 있을 것이다(E. O. Wilson, 1998, p.446).

여기서 월슨은 늑대 집단과 붉은털원숭이rhesus monkey 집단의 서열 행동을 예로 들면서 "만일 다른 행성에 사는 행동과학자들이 있다면 그들은 한편으로 동물의 복종 행동을, 다른 한편으로 종교와 권위에 대한 인간의 복종 행위를 관찰하고는 둘 사이의 기호론적 유사성을 곧바로 알아차릴 것"이라고 말한다. 그런 외계 과학자는 둘 간의 차이점—인간의 경우에는 눈에 보이지는 않으나 가장 유력한 인간 집단의 일원인 신에게 가장 정교한 형태의 순종 의례가 바쳐진다는 사실—도 관찰할 것이다. 월슨은 이런 외계 과학자 관점에서 종교 현상을 설명하고자 했다. 그에 따르면, 인간의 종교 행위는 동물의 서열 행위의 연장선상에 있는 하나의 적응이다.

월슨처럼 종교의 적응적 이득을 주장하는 이들은 종교의 유용성을 강조한다. 예컨대 그들은 종교가 불확실한 상황에서 사람들로 하여금 의사결정의 인지적 부담을 줄여주고, 사후에 대한 두려움을 덜어주며, 위계 사회에서 처신을 잘할 수 있도록 만들기 때문에 진화했다고 말한다. 즉, 종교를 가진 개인은 그렇지 않은 개인들보다 생존과 번식 측면에서 더 유리했었다는 것이다.

하지만 이런 개체 차원의 적응 말고도 종교를 집단 차원의 적응으로 간주하는 이들도 있다. 예컨대 또 다른 윌슨인 데이비드 윌슨은 종교 집단이 비종교 집단에 비해 더 응집적이고 자원을 공유하거나 전쟁을 치르는 데 있어서 더 협조적이기 때문에 종교는 개체 수준이 아닌 집단 수준에서의 적응일 수 있다고 주장한다.

집단 선택 가설은 특별한 대접을 받을 만하다. 왜냐하면 적어도 그것은 종교에 관해 많은 것을 설명하는데도 지나치게 많은 비난을 받으며 무시되어왔기 때문이다. (중략) 이 가설이 다른 가설들과 다르게 종교의 본질을 설명하는 이유가 있다. 신자들은 교회를 신체나 벌집으로 비유하면서 자신들의 이상을 표명한다. 가령 후터파 교도들은 진실한 사랑은 전체 유기체를 위한 성장이라고 말한다(D. S. Wilson, 2002, p.82).

종교인들은 자신의 공동체를 유기체 또는 초유기체에 비유하곤 한다. 심지어 벌이나 개미처럼 무리를 지어 사는 진사회성 곤충들에 비유하는 경우도 있다. 가령, 모르몬교의 영향 아래 있는 미국 유타 주의 도로 표지판에는 꿀벌집이 그려져 있고, 중국과 일본의 선불교 사원의 구조는 사람의 신체 구조를 모방했다. 데이비드 윌슨이 예로 든 후터파 교도들은 16세기 체코의 모라비아 지방에서 시작된 기독교의 재세례파의 한 종파로서 현재는 북미 북서부에서 자신들만의 공동체 생활을 하고 있다.

사실 인간 사회를 하나의 유기체로 보는 전통은 기본적으로 개체 중심적인 자연선택 이론을 펼쳤던 다윈에게서도 나타난다. 그는 인간의 도덕이 어떻게 진화할 수 있는지를 말하는 대목에서는 집단 선택론을 제안했다.

비록 도덕성의 높은 기준이, 동일한 부족 내의 다른 사람들보다 자기 자신과 자식에 대해 거의 이득을 줄 수 없을지라도 도덕성 기준의 향상과 타고난 좋은 성품을 가진 사람들의 증가는 틀림없이 다른 부족에 비해 상대적으로 더 큰 이득을 안겨다 줄 것이다. 애국심, 충성심, 복종심, 용기, 동정심 등을 소유하여 부족 내의 다른 이들을 돕고 공동의 선을 위해 자신을 희생하는 사람들이 많은 부족일수록 다른 부족을 압도하게 될 것이다. 그리고 이것은 자연선택일 것이다(Darwin, 1871, p.16).

모르몬 교도가 주민의 70%를 차지하는 미국 유타 주의 주기에는 모르몬교의 상징인 꿀벌집이
그려져 있다

하지만 개체 수준이든 집단 수준이든 종교 적응주의자들은 개
인이나 집단이 종교를 가짐으로써 생기는 이득뿐만 아니라 그
로 인해 생기는 비용cost도 계산에 넣어야 한다. 비현실적인 초
자연성을 계속 믿고 따르다가 손해만 볼 수 있는 상황은 얼마든
지 가능하다. 가령, 사냥할 장소를 결정하기 위해 초자연적 존
재에 기도를 드리는 족장이 매번 맹수만 우글대는 곳으로 점지
를 받게 되면, 그나 그를 따르는 부족은 초자연성에 의존한 대
가를 톡톡히 치르게 될 것이다. 적응주의자들은 종교가 어떤 측
면에서 어느 정도로 인류 또는 개인에게 이득과 손해를 안겨줄
수 있는지, 그리고 결과적으로 어떤 방식으로 종교가 진화할 수
있는지를 정확히 모형화할 수 있어야 할 것이다. 종교가 생존과

번식에 이득을 주었을 것이라는 주장은 '그저 그럴듯한 이야기 just so story'로 그치기 쉽다.

한편 종교에 대한 집단 적응주의는 문제가 좀 더 심각하다. 어떤 형질이 집단 선택에 의해 진화하기 위해서는 집단 내에서 배신자들이 창궐하는 것을 막는 메커니즘이 존재해야 한다. 그렇지 않으면 결국에는 내부로부터의 붕괴를 피할 수 없게 된다. 가령, 극단적으로 한 사람만 빼고 집단 내 모든 구성원들이 종교적 성향을 발휘한다고 해보자. 이 집단에서 가장 큰 이득을 보는 사람은 그 한 사람이다. 그 한 사람 때문에 장기적으로 그 집단은 내부로부터 붕괴할 수밖에 없고, 따라서 종교성은 진화할 수 없다. 사실 이것은 선택의 수준 논쟁에서 늘 언급되는 이른바 '배신의 문제'로서 집단 선택론자들이 해결해야 할 과제이기도 하다.

하지만 무엇보다도 종교 적응주의의 가장 심각한 문제점은 그것이 종교의 진화와 이념(또는 가치)의 진화를 구분해주지 못한다는 점이다. 종교 진화론이 풀어야 할 과제는 초자연적인 존재자를 상정하는 반직관적이고 반사실적인 믿음들이 어떻게 진화할 수 있는가이다. 가령, 종교 진화에 대한 물음은 도덕이나 민주주의가 어떻게 진화할 수 있었는가에 대한 물음과 분명히 구별된다. 후자는 이념이나 가치들이 개체나 집단에 적응적 이득을 안겨줄 수 있는 진화 경로를 밝히는 작업이라면, 전자는 반직관적이고 반사실적인 초자연적 믿음들의 진화 경로를 밝히는 일이다. 어떤 종교든 간에 가치와 이념 체계가 포함되어 있기 때문에 종교의 진화와 가치의 진화가 아무런 상관이 없는 것은 분명 아니다. 하지만 지금 종교 진화론자들이 풀어야 할 과제는 초자연적 믿음들의 진화이다.

종교 부산물론: 스팬드럴로서의 종교

종교 진화론의 두 번째 진영은 종교를 이른바 다른 인지 적응들의 '부산물' 혹은 '스팬드럴spandrel'로 간주하는 견해이다. 1979년에 스티븐 제이 굴드Steven Jay Gould(1941~2002)와 리처드 르원틴 Richard Lewontin(1929~)은 〈성 마르코 성당의 스팬드럴과 팡글로스적인 패러다임Spandrels of San Marco and the Panglossian Paradigm〉이라는 유명한 논문에서 적응을 손쉽게 양산하는 그 당시 진화생물학의 풍조를 '적응주의 프로그램'이라 부르고 호되게 비판했다.

　여기서 스팬드럴(좀 더 정확히는 팬덴티브pendentive)은 대체로 역삼각형 모양인데 돔을 지탱하는 둥근 아치들 사이에서 형성된 구부러진 표면이다. 베니스의 성 마르코 성당의 돔 밑에 있는 스팬드럴은 기독교 신학의 네 명의 사도를 그린 타일 모자이크로 장식되어 있다. 굴드와 르원틴은, "적응주의자들이라면 틀림없이 그런 스팬드럴을 보고 기독교의 상징을 표현하기 위해 의도적으로 설계한 특수 공간이라고 간주할 것"이라고 말했다. 사

성 마르코 성당의 스팬드럴

실, 그것은 아치 위에 있는 돔을 설치하는 과정에서 어쩔 수 없이 생긴 부산물일 뿐인데 말이다.

굴드와 르원틴의 이런 비판을 볼 때, 그들은 아마도 모든 형질을 네 가지 유형으로 구분하려는 것 같다. 적응적 적응 형질adaptive adaptation, 비적응적 적응 형질nonadaptive adaptation, 적응적이지만 적응이 아닌 형질adaptive nonadaptation, 그리고 적응적이지도 않고 적응도 아닌 형질nonadaptive nonadaptation이 그것이다. 그들은 인간의 맹장과 같이 적응이면서 현재는 비적응적인 형질이 있는가 하면, 암컷 점박이 하이에나의 비대한 음핵clitoris과 같이 적응이 아니면서도 적응적인 형질도 존재한다는 점을 강조한다.

인간의 맹장은 처음에 소화기관의 역할을 했지만 지금은 퇴화된 기관으로 염증의 장소가 될 뿐 별다른 기능을 하지 못한다. 반면, 암컷 점박이 하이에나는 수컷의 성기와 크기가 비슷한 비대한 음핵을 갖는데 암컷은 이 기관을 다른 개체들을 만날 때 복잡한 방식으로 사용한다. 따라서 현재는 적응적이다. 하지만 이 음핵이 바로 이런 기능이나 다른 기능들을 위해 진화되었다고는 보기 어렵다. 암컷의 공격성은 수컷화 호르몬의 양과 함께 증가하는데 그 공격성이 선택되는 과정에서 생긴 호르몬의 부수 효과 때문에 음핵이 비대해진 것이기 때문이다. 따라서 암컷 점박이 하이에나 성기의 비대함은 적응이라기보다는 부산물이다(Alcock, 1998).[1]

부산물 이론을 주장하는 사람들은 적응과 부산물을 구분짓는 것이 그렇게 간단한 문제가 아니라고 주장한다. 일견 적응처럼 보이는 것들도 자세히 살펴보면 부산물로 취급되어야 할 경우들이 아주 많다는 것이다. 부산물 이론을 종교에 적용해보자. 그러면 종교는 그 자체로 진화적 기능을 가지고 있지는 않으며, 다른 목적 때문에 진화된 인지체계의 일부가 작동하는 과정에서 생긴 부산물이라고 이해된다. 그렇다면 도대체 종교는 무엇(들)의 부산물이요, 스팬드럴이란 말인가?

앞 장에서도 설명했듯이, 인류는 진화사의 99.9%의 시기를 수렵채집을 하며 매우 어렵게 보냈다. 이 시기에 인류를 계속 옥죄던 적응 문제들을 해결하기 위해, 적어도 우리는 포식자의 존재를 탐지하고 추론하는 능력, 자연적 사건들에 대한 인과적 추

8장 • 왜 종교적 세계관은 사라지지 않는가?

론과 설명 능력, 다른 사람들의 마음을 읽는 능력 등을 진화시켜야 했다(Barkow et al., 1992). 진화심리학자들은 이것들을 차례로 행위자 탐지agent detection, 인과 추론causal reasoning, 그리고 마음 이론 능력이라 부른다. 종교 부산물주의자들은 종교가 이런 인지 적응들의 스팬드럴이라고 본다. 다시 말해 종교는 이런 적응들 때문에 생긴 부산물이다.

우선, 행위자 탐지 능력은 일종의 "거기 누구냐who's there?"를 묻는 본능이다. 가령, 자신의 영역에 침범한 무언가를 향해 짖는 개를 생각해보자. 이 능력은 기본적으로 자기 자신과 상대방을 구분하고 상대의 행동을 탐지하는 기능으로서 포유류 이전의 동물들까지도 널리 공유하고 있는 생존 전략이다. 물론 이런 능력이 언어를 늘 동반하지는 않을 것이다. 우리 인간은 실제로 "거기 누구요?"라고 물을 수도 있지만, 다른 동물들은 언어가 아닌 다른 감각들을 통해 상대 행위자가 누구인지를 탐지할 수 있기 때문이다. 심지어 아메바처럼 아주 단순한 단세포 생물의 경우에도 자신의 몸 밖에 있는 행위자를 탐지할 수 있다. 따라서 이 행위자 탐지 능력을 하나의 적응으로 분류하는 것에는 이견이 없을 것이다.

그렇다면 인과 추론의 경우는 어떤가? 발달 심리학자들에 따르면, 아이들은 영아 때부터 물질계의 대상들이 심리학적 개념이나 생물학적 법칙들의 지배를 받지 않는다는 사실을 알고 있다. 심리학자 엘리자베스 스펠키Elizabeth Spelke(1949~)는 아이들이 물체의 속성에 대해 직관적 지식을 갖고 있음을 입증하는 실험을 수행했다. 그 연구 결과에 따르면 고체의 성질, 중력, 관성 개념은 아이들 마음에 영구회로로 입력되어 있는 듯하다(Spelke et al., 1995). 또한 스콧 애트란Scott Atran(1952~)의 연구에 의하면, 아이들은 물체를 분류하는 방식으로 생물체를 분류하지 않는다는 사실을 알 수 있다. 즉, 아이들이 인공물을 분류할 때는 본질 개념을 완전히 무시한다. 예컨대 다리가 세 개라 해도 개는 개라고 답하던 아이들이 나무 상자를 보고는 그 속에 무엇을 넣어둘 수도, 그 위에 걸터앉을 수도, 그리고 탁자나 침대로 사용할 수도 있다는 사실을 잘 알고 있다(Atran, 1990). 즉, 우리 인간은 물리 세계에 대한 타고난 인과 추론 능력을 갖고 있다. 이런 '통속 물리학folk physics' 능력은 생존을 위한 적응이다. 그리고 영장류학자들에 따르면 이 능력의 초보적 형태는 인간 아닌 영장류들도 공유하고 있다(Mastuzawa, 2001).

하지만 종교의 기원에 대한 논의에서 월퍼트Lewis Wolpert(1929~)는 인간의 인과 추론 능력을 동물의 그것과는 명확히 구별해야 한다고 말한다. 그에 따르면 인간은 진화 과정에서 인과적 설명을 할 수 있는 능력을 진화시켰고 이 능력은 모든 현상에 인과 추론을 해보는 '믿음 엔진belief engine'으로 발전했다. 즉, 인간이 인과cause and effect에 대한 개념을 갖게 되자 복잡한 도구를 만들기 시작했을 뿐만 아니라, '왜 아플까?', '죽으면 어떤 일이 일어날까?', '왜 해가 질까?' 등과 같은 질문들을 쏟아내기 시작했으며, 그 질문에 답하기 위해 '원인'을 찾는 인과적 설명을 하기 시작했다는 것이다. 그는 이것이 바로 '믿음의 기원'이라고 말한다. 그런데 한번 장착된 엔진은 멈추질 않는다. 그에 따르면 우리가 지금도 신을 찾는 이유는 그 엔진이 예전처럼 작동하고 있기 때문이다. 엔진의 작동은 믿음의 참/거짓 여부와는 상관없다. 월퍼트의 '믿음 엔진' 이론은 종교의 기원에 대한 보다 단순한 메커니즘을 제시했다는 면에서 흥미로운 측면이 있긴 하지만, 왜 사람들이 원인을 '초자연적 존재'나 '초자연적 믿음'들에서 찾는지는 잘 설명하지 못한다. 종교는 단지 복잡한 인과 추론 엔진이 아니라 초자연적 대상들을 다루는 엔진이다.

마지막으로 마음 이론 능력은 5장에서 이미 자세히 설명했듯이 타인의 마음의 내용에 관한 믿음 또는 이론을 갖는 능력으로서 사회적 측면의 인지 적응이라고 할 수 있다.

그렇다면 위의 세 가지 인지 적응들은 종교와 어떤 관련이 있을까? 종교 부산물주의자들은 종교를 이 세 가지 인지 적응의 부산물이라고 주장한다. 예컨대, 행위자 탐지 능력은 그 행위자가 심지어 초자연적 대상인 경우에도 작동하기 쉽다. 그리고 '우연적' 사건에 만족하지 못하고 인과적 스토리를 원하는 인간의 인과 추론 본능은 초자연적 존재자를 최종 원인으로 두는 행위를 부추긴다. 마지막으로 상대방의 마음을 읽을 수 있는 능력을 가진 정상인은 '나의 정신 상태를 정확하게 꿰뚫고 있는' 초월자의 (보이지 않는) 마음까지 창조해낼 수 있다.

부산물 이론에 따르면 이러한 정신 구조에 잘 들어맞는 종교
적 믿음들―비록 다소 낯설고 이상하긴 하더라도―이 존재한
다. 가령 초자연적 신 개념이 그런 믿음들이다. 대표적인 부산
물주의자인 인류학자 파스칼 보이어Pascal Boyer는 '말하는 나무'
와 같은 것은 반직관적counter-intuitive이긴 하지만 용인해줄 만한
것이고, '말도 하고 날아도 다니며 시간여행까지 하는 나무'는
용인 범위를 넘어서는 반직관적 대상이라고 말하며, 많은 종교
적 믿음들이 용인 범위 내에 있는 반직관적 믿음들이라고 분석
했다. 그에 따르면, 종교적 개념들은 자연 종natural kinds에 대한
우리의 직관적 기대치들 중 '몇몇만'을 위배한다. 여기서 중요
한 단어는 '몇몇만'이다. 너무 심하게 위배하면 황당한 스토리
만 남고, 그렇다고 기존의 인지 구조에 정확히 딱 맞는 스토리
만 말하면 그것은 초월자의 종교와는 무관한 진술 집합이 된다.
그는 종교적 믿음들이 사람들에게 흥미롭고 기억가능한 것이
되는 것은 이런 절묘한 위배 때문이라고 말한다(Boyer, 2001; 2003).
이런 맥락에서 보이어의 종교 진화론은 '최소한의 반직관적 위
배 이론minimal counter-intuitive violation theory'이라 불린다. 종교적 표
상은 직관 생물학, 직관 물리학, 직관 심리학을 최소한으로 위배
한다는 뜻이다.[2]

자연선택은 종교적 믿음 체계를 위해서 인간의 마음을 만들
어내진 않았다. 오히려 종교적 믿음체계는 다른 이유 때문에

자연선택에 의해 만들어진 마음의 부산물이다. 하지만 이런 부수 효과는 신, 영혼, 그리고 조상 등에 대한 우리의 믿음을 부추겼다(Boyer, 2001, p.12).

반면 애트란은 보이어와 마찬가지로 종교가 생존과 번식에 직접적인 이득을 줬기에 진화했다는 견해에는 반대하지만, 보이어가 종교적 표상의 문제에만 집착했다고 비판한다. 애트란은 최소한으로 반직관적인 표상을 기억하는 것과 그것에 존재론적 헌신commitment을 하는 것과는 차이가 있다고 주장한다. 가령, 미키 마우스와 같은 가상의 캐릭터를 표상하고 쉽게 기억할 수는 있어도 그것의 존재를 진짜로 믿는 성인은 거의 없다. 어쩌면 산타클로스도 마찬가지일 것이다. 미키 마우스나 산타클로스가 최소한의 반직관적 위배 이론을 만족시키긴 하지만 정상적인 성인들 중에 그것을 믿고 따르는 사람이 과연 얼마나 될까? 이런 이유에서 애트란은 종교 진화론이 진정으로 풀어야 할 과제는 종교적 표상의 진화라기보다는 그 표상이 어떻게 존재론적 · 도덕적 헌신을 만들어내는가를 밝히는 일이라고 주장한다(Atran, 2002).

이런 비판은 헌신의 진화와 종교의 진화를 밀접히 연결시키는 시도라는 측면에서 참신한 지적이다. 물론 헌신과 종교가 동일하다고 할 수 없다. 헌신은 주로 자연적 대상(인간과 동물)들 사이에서 벌어지는 행위이기 때문이다. 남녀 간이나 부모 자식 간

사랑, 공동체를 위한 섬김 등은 헌신의 대표적 사례이다. 여기서 관건은 애트란의 지적대로 초자연적인 표상이 어떻게 이런 종류의 헌신을 만들어내느냐이다. 그의 대답은, 인간처럼 실존적 의미와 목적을 만들어내는 체계는 실존적 질문들에 답할 수 있는 초자연적 개념들에 더 큰 영향을 받는다는 것이다. 그의 대답은 그럴 듯하게 들리지만 순환적인 것 같다. 왜냐하면 그의 대답이 의미가 있으려면, 인간이 왜, 어떻게 그런 실존적인 존재가 되었는지가 먼저 설명되어야 하기 때문이다. 그런데 이런 설명은 결국 가치나 종교의 진화에 관한 물음이지 않은가?

종교 부산물론은 또 다른 문제도 있다. 부산물론은 종교적 믿음과 행위가 다른 적응적 인지 체계들에 업혀 있는 정도를 넘어서 마치 자율적으로 '자신의 이득'을 위해 진행되는 것처럼 보이는 상황을 잘 설명하지 못한다. 예컨대 종교 현상들 중에는 마치 고삐가 풀려 제멋대로 행동하는 듯이 보이는 광신적 형태들이 무시할 수 없을 정도로 빈번히 발생해왔다. 이런 종교 행위는 다른 세포의 운명에는 아랑곳하지 않고 오로지 자기 자신의 복제만을 수행하고 있는 암세포에 비유될 수 있을 것이다.

종교밈 이론: 정신 바이러스와 박테리아

종교 진화론의 세 번째 진영은 종교를 하나의 밈으로 이해함으로써 종교 현상을 설명하려 한다. 이런 접근에는 크게 두 갈래가 있다. 하나는 종교를 '정신 바이러스virus of mind'로 이해하는 도킨스의 견해이고 다른 하나는 종교를 '길들여진 밈domesticated meme'으로 해석하는 데닛의 견해이다.

종교를 정신 바이러스로 보는 도킨스는 바이러스가 숙주에 기생하여 자신의 핵산(DNA 또는 RNA)을 복제하는 특성에 주목한다. 바이러스는 살아 있는 세포에 기생하지 않고는 대사나 증식을 할 수 없다. 그런데 바이러스 중에는 잘 알려진 '트로이목마Trojan horse'나 '웜worm' 같이 세포가 아닌 컴퓨터 운영체계나 프로그램, 혹은 메모리 내부에 기생하여 자신을 복제하는 것들도 있다. 정신 바이러스도 작동 원리는 동일하다. 그것은 인간의 정신을 숙주로 삼아 자신의 정보를 복제하는 기생자다. 정신 바이러스에 감염된 인간은 바이러스에 감염된 세포나 컴퓨터처럼 오작동을 하는데, 이는 정신 바이러스가 자신의 복사본을 더 많이 퍼뜨리는 방식으로 숙주의 행동을 조작하기 때문이다.

그렇다면 도킨스는 왜 종교가 일종의 정신 바이러스라는 것일까? 그는 부모에서 자식으로 전달되는 믿음에 주목한다. 아이들은 어른들이 하는 말이면 의심하지 않고 받아들인다. 언어를 배우기 위해 사회적 관습과 여러 지침들을 숙지해야 하는 아이들에게 그런 태도는 진화론적으로는 다 이유가 있는 행동이다. 예컨대 이른바 '엄마의 잔소리'—"뜨거운 데에 손을 얹지 말라"라든가, "뱀을 집어들지 말라"라든가, "이상한 냄새가 나는 음식은 먹지 말라" 등—는 아이들이 생존하기 위해 지켜야 할 필수 지침들이다. 도킨스는 이런 상황에서 자연선택이 아이들의 뇌 속에 "어른들이 하는 말은 무엇이든 믿어라"와 같은 지침 rule of thumb을 장착했을 것이라고 말한다.

이 지침은 아이들의 생존에 유리한 방식으로 대체로 잘 작동한다. 하지만 부모의 믿음이 어떤 것이건 간에 그 지침은 그런 믿음들의 대물림을 손쉽게 하는 메커니즘을 제공한다. 만일 인류의 진화 역사에서 어떤 부모가 초자연적 믿음을 갖게 되었다면, 그 지침의 작동으로 그 자손들은 부모의 믿음을 대물림받기 쉽다. 도킨스는 그런 순간에 정신 바이러스의 공격이 시작된다고 본다. 이는 모든 입력을 올바른 것으로 받아들이는 컴퓨터 프로그램이 그만큼 바이러스에 치명적일 수밖에 없는 이치와 같다. 그래서 아이들의 뇌에는 "뜨거운 불이 이글거리는 지옥에 가지 않으려면 아무개 신을 믿어야 한다"라든지, "무릎을 꿇고 동쪽을 바라보며 하루에 다섯 번 절을 해야 한다" 등과 같은 코드들이 쉽게 기생할 수 있다.[3]

하지만 종교가 꼭 바이러스일 필요가 있는가? 이 세상에서 숙주에 유익을 주는 바이러스는 존재하지 않는다. 모든 바이러스는 숙주를 갈취하는 나쁜—숙주 입장에서—존재자이다. 반면 종교의 경우에 모든 종교밈들이 그 밈을 믿는 이들의 유전적 적합도를 낮춘다고는 할 수 없다. 종교적 믿음들의 참/거짓을 떠나 그것을 믿는 종교인들이 그렇지 않은 이들에 비해 평균적

만일 인류의 진화 역사에서 어떤 부모가 초자연적 믿음을 갖게 되었다면, 그 지침의 작동으로 그 자손들은 부모의 믿음을 대물림받기 쉽다. 도킨스는 그런 순간에 정신 바이러스의 공격이 시작된다고 본다.

으로 유전적 적합도가 낮다는 증거는 아직 없다. 게다가 도킨스의 정신 바이러스 이론은 초자연적인 믿음의 기원보다는 그런 믿음이 생긴 이후의 전달 과정에 대한 이론이다. 다시 말해, 도킨스의 이론에는 인류의 역사에서 초자연적 믿음이 어떻게 생겨나게 되었는지에 대한 설명이 없다.

반면 도킨스의 밈 이론과 맥을 같이 하면서도 종교에 대한 정신 바이러스 이론에 대해서는 다소 비판적인 입장이 있다. 데닛은 도킨스가 종교밈의 무법자적 측면만을 지나치게 강조했다고 비판했다. 그는 종교밈을 '야생밈wild-type meme'과 '길들여진 밈domesticated meme'으로 구분한 후, 현대의 고등종교는 후자에 해당된다고 분석했다(Dennett, 2006a). 그에 따르면, 민속 종교folk religion

같은 경우는 자신의 복제에만 열을 올리는 야생밈이지만, 현대의 고등 종교는 경전, 신학교, 교리문답, 신학자 등과 같은 기구들이 없이는 존재할 수 없을 정도로 우리에게 길들여져 있는 밈이다. 즉, 우리가 우리 자신을 위해 야생의 소를 젖소로 길들였듯이, 우리는 진화의 역사에서 우리 자신을 위해 민속 종교 같은 야생밈을 고등 종교로 길들였다는 것이다. 종교를 제대로 이해하기 위해서는 이런 종교밈의 작동, 확산, 대물림, 진화 메커니즘을 밝혀야 한다. 바로 이 지점이 그의 지향성 이론이 들어오는 대목이다. 복제자 관점에서 보면 종교밈은 유전자와 마찬가지로 복제자의 전달 및 진화 메커니즘에 따라 행동한다.

종교밈에 대한 데닛의 논의 중에서 가장 흥미로운 부분은 '믿음에 대한 믿음belief in belief'에 관한 대목이다. 가령, 무신론자를 향해 "쯧쯧, 너는 잘못된 길로 가고 있어"라며 상대방의 믿음에 대해 걱정하는 경우가 바로 '믿음에 대한 믿음'의 사례이다. 이것은 일종의 '메타밈meta-meme'인데, 밈의 효과적인 전파를 위한 가장 강력한 도구이기도 하다.'

데닛의 종교밈 이론의 특징은 종교밈의 역학dynamics을 병리적이라고 전제하지 않는다는 것이다. 이런 생각은 유전자가 행동적 측면에서 '이기적'임에도 불구하고 상위 수준에서는 협동적이거나 이타적일 수 있는 이치와 동일하다. 특정 종교밈의 행동 자체는 '이기적'이지만 수많은 종교밈들로 구성된 상위 수준의 종교 현상은 다른 방식으로 작동할 수 있다. 이런 논의는 도

8장 • 왜 종교적 세계관은 사라지지 않는가?

킨스가 처음으로 제안한 밈 이론보다 더 발전된 형태의 논의이며, 오히려 도킨스의 이기적 유전자 이론과도 더 일관되는 것이라 할 수 있다. 데닛은 도킨스와는 달리 종교의 병리성 문제는 경험적 질문이라고 열어 놓고 있다. 이런 의미에서, 도킨스의 이론이 정신 바이러스 이론이라면 데닛의 종교밈 이론은 '정신 박테리아 이론'이라고 할 수 있을 것이다. 박테리아는 숙주에 질병을 일으키기도 하지만, 숙주의 적합도를 높이는 경우도 많다. 가령, 위장 속의 어떤 세균들은 음식물 소화를 촉진시키는 데 기여한다.

하지만 종교밈 이론에도 문제는 있다. 그중 가장 심각한 것은 어떤 밈이 다른 밈들에 비해 더 선호되는 이유에 대해서는 만족할 만한 설명이 없다는 점이다. 이 지적은 도킨스와 데닛 모두에게 해당된다. 즉, 밈의 자율성 측면을 더 잘 설명하려다 보니 밈의 제약성 ─ 다시 말해, 특정 유형의 밈을 선호하게 되는 인지적 편향cognitive bias ─은 제대로 설명하지 못하는 결과를 낳은 꼴이다. 앞서 살펴보았듯이 종교의 인지적 제약성은 부산물 이론에서 가장 잘 설명되었다. 종교에 대한 포괄적 이론으로서 밈 이론이 가지는 문제점 중 또 한 가지는 그 이론이 종교적 믿음의 기원에 대해서는 독립적 설명을 갖고 있지 못하다는 점이다. 종교밈 이론은 종교밈이 어떻게 전달되고 보존되는가의 문제에 해답을 주는 것일 뿐 최초의 종교밈이 어떻게 생겨났는지에 대한 설명은 포함하지 않는다. 이런 이유들 때문에 좀 더 포괄적이고 완전한 종교 진화론을 위해서는 부산물 이론과 밈 이론을 동시에 포괄하는 새로운 통합 이론이 필요할 것이다.

자연주의적 전회

지금까지 종교를 자연현상으로 이해하려는 최근의 진화론적 접근들을 간략하게 훑어보았다. 여기서 나는 종교를 인지 적응으로 보는 입장과 스팬드럴로 보는 부산물 이론 모두를 비판적으로 검토하면서 제3의 이론으로서 종교밈 이론의 가능성을 타진해보았다. 하지만 종교밈 이론도 아직은 불충분하며, 오히려 부산물 이론 같은 것과 결합될 때 더 포괄적인 이론이 될 가능성도 보임을 확인하였다.

종교 진화론의 이런 최근 흐름은 종교현상마저도 자연주의적으로 이해하고자 하는, 20세기 후반의 '자연주의적 전회naturalistic turn'를 충실히 따르는 접근들로서 중요한 의의를 지닌다. 또한 '과학과 종교'의 최근 논쟁이 단지 진화-창조 논쟁에 그치는 것이 아니라 '종교 자체에 대한 과학적 해부'의 문제로 번지고 있는 추세를 잘 반영하고 있다.

살아 있는 대상을 해부하다 보면 해부 후에 그 대상 자체가 더 이상 생존하지 못하게 되는 경우가 허다하다. 종교에 대한 과학적 해부의 경우에도 똑같은 결과를 낳을지는 더 지켜봐야 할 문제이지만, 이 시대 최후의 성역으로 통하는 종교를 과학의 눈높이로 끌어내렸다는 것 자체가 획기적인 사건일 수 있다. 이런 시도는 기존의 종교학자, 신학자는 물론이거니와 과학의 이름으로 종교에 딴죽을 걸었던 갈릴레오, 아인슈타인, 심지어 다윈도 충분히 해보지 못한 의미 있는 작업이다.

도덕의 뿌리는
어디에 있는가?

도덕성의 진화와 심리

도덕적 판단은 뇌의 작용과 어떤 관련이 있을까? 사람들이 도덕
적 딜레마 상황에서 특정한 판단을 할 때, 그들의 뇌에서는 어떤
일들이 벌어질까? 이성과 감정은 도덕적 판단 과정에서 어떤 역
할을 하는가? 서로 상충하는가, 아니면 같이 가는가, 아니면 한쪽
이 다른 한쪽보다 월등한가? 음식에 대한 혐오는 도덕적 혐오감
과 어떤 관련이 있을까? 도덕성의 중요한 원천인 공감 능력은 뇌
에서 어떻게 구현되는가? 도덕에 대한 뇌과학적 이해는 우리의
윤리적 삶에 어떤 함의를 갖는가? 이 장에서는 도덕성에 관한 최
근의 신경과학적 연구의 몇 가지 주요 이론과 주제들을 소개하
고 뇌와 윤리의 관계를 탐구해보려 한다

이 논문은 2013년 정부(교육과학기술부)의 재원으로 한국연구재단의 지원을 받아 수행된 연구임
(NRF-2013S1A5A2A01020012)

"만약 윤리가 인간에 기원을 두고 있다면,

이때 모든 인간이 따라야 할 옳고 그름의 기준이 있다고 할 수 있는가?"

피터 싱어, 《사회생물학과 윤리》

우리는 윤리학자도 종교인도 아니지만 하루에도 수십 번 크고 작은 도덕적 판단을 하면서 살아가고 있다. 지각이 염려되는 출근길의 버스 대기 줄에서 슬쩍 새치기를 했다는 이유로 양심의 가책을 느끼기도 하고, 저녁 회식 자리에 껌을 팔러 온 아주머니를 그냥 보낸 것이 반도덕적인 행위인가 살짝 고민하기도 한다. 기아에 허덕이는 아프리카 사람들을 TV에서 보면서, 무기 개발을 위해 쓰는 천문학적 비용이 과연 윤리적 소비인지 따져 묻게 된다. 규범에 대해 연구하는 윤리학자들은 이런 일상의 도덕적 딜레마의 본성을 잘 드러내는 사고 실험들을 개발해왔다. 다음과 같은 상황을 상상해보자.

#1. 트롤리trolley가 선로 위에 있다. 그런데 자동 제어 장치가

고장이 났다. 트롤리가 원래 궤도로 직진하는 경우에 선로 위에 묶여 있는 다섯 명은 치여 죽고 만다. 대신 선로를 변경할 수 있는 레버를 손으로 잡아당기는 경우에는 트롤리가 원래 선로를 벗어나 다른 궤도를 달리게 됨으로써 그 다섯 사람을 살릴 수 있다. 하지만 변경된 선로 위에 있는 또 다른 한 명은 치여 죽을 수밖에 없는 운명이다. 당신은 이 상황에서 어떤 선택을 할 것인가?

이 상황에서 아무런 조치도 취하지 않는다면 다섯 명이 희생된다. 하지만 레버를 잡아당기면 한 명이 죽고 다섯 명은 살릴 수 있다. '최대 다수의 최대 행복'을 추구하는 공리주의적 관점에서는 비록 한 명이 희생당할 수밖에는 없지만 레버를 잡아당기는 것이 가장 합리적인 행위가 될 것이다.

그래서 잡아당길 것인가? 그런데 왠지 찜찜하다. 숫자로는 이

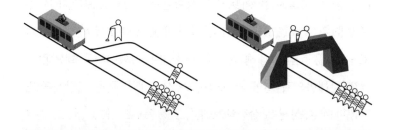

트롤리의 딜레마.
레버를 잡아당기는 사례(왼쪽)와 뚱뚱한 사람을 밀치는 사례(오른쪽)

로운 행동을 한 것 같지만 희생당한 그 한 사람이 마음에 걸리기 때문이다. 하지만 다음과 같은 상황을 상상해보자.

#2. 똑같은 트롤리인데 이번에는 선로가 하나다. 계속 가다보면 선로 위에 묶여 있는 다섯 사람이 치어 죽을 수밖에 없는 상황이다. 그런데 선로 위에 육교가 있고 그 위에 덩치 큰 남성이 서 있다. 당신이 그 남성을 뒤에서 밀어 선로 위로 떨어지게 하면 (그래서 결국 죽는다) 그 무게 때문에 트롤리는 그 자리에서 멈춰 서고 묶여 있는 다섯 사람은 목숨을 건질 수 있다. 이 상황에서 당신은 어떻게 하겠는가?

물론 한 사람을 희생시켜 다섯 명을 살릴 수 있다는 면에서는 앞의 경우와 똑같다. 하지만 처음 사례보다는 판단이 더 곤란한 상황처럼 느껴진다. 인간의 도덕 문법에 관해 연구해온 하우저Marc D. Hauser(1959~)는 5천 명을 대상으로 위의 두 사례에 대한 온라인 설문 조사를 실시했다. 그랬더니 실제로 첫 번째 사례에 대해서는 89%가 도덕적으로 허용될 수 있다고 응답했지만, 두 번째 사례에 대해서는 11%만이 허용될 수 있다고 응답했다(Hauser et al., 2007). 왜 우리는 두 번째 사례에 더 큰 도덕적 부담을 느끼는 것일까?

이 차이에 대해서 도덕 심리학자들은 우리가 사람이 개입된 딜레마personal dilemma와 그렇지 않은 딜레마impersonal dilemma를 은 연중에 구분하고 있다고 설명한다(Greene et al., 2004). 즉, 첫 번째 사례에서 피험자는 도덕적 딜레마 상황을 빠져나오기 위해서 어떤 개인을 '수단'으로 삼지 않아도 된다. 직접적인 수단이나 도구는 사람이 아니라 레버다. 즉, 이 딜레마는 레버를 당길 것인가, 말 것인가의 문제로 축소된다. 반면, 두 번째 사례에서 피험자는 특정 개인을 직접적인 수단으로 삼아야 할 것인지, 말 것인지를 결정해야 한다. 그런데 중요한 것은, 인류의 역사에서 우리의 감정과 직관은 어떤 개인에게 직접적인 영향을 주는 판단이나 행동들에 대해 훨씬 민감하게 반응하도록 진화해왔다는 사실이다.

현대로 올수록 사람이 직접적으로 개입되지 않는 도덕적 딜레마 상황이 점점 많아지고 있다. 다음과 같은 상황이 가능한 것도 바로 그 때문이다.

#3. 미국 국방성에 근무하는 존은 여느 날처럼 아침에 과일 한 조각에 커피 한 잔을 마시고 차를 몰고 직장에 도착했다. 동료들과 잠시 회의를 하고는 컴퓨터 앞에 앉아 모니터를 주시한다. 그는 중동의 한 마을에 은신해 있다는 테러범을 살해할 목적으로 무인 정찰기를 조종하고 있다. 마침내 발포 명령이 떨어지자 그는 한 치의 주저함도 없이 (마치 컴퓨터 전쟁 게임을 하듯이) 엔터키를 누른다. 순식간에 마을은 쑥대밭이 되었고, 그 작은 마을의 주민들은 테러범과 함께 몰살당했다. 주

위의 몇몇 동료들의 입에서 환호가 터져 나왔고, 더러는 서로 하이파이브를 했다. 오후 4시쯤이 되자 존은 여느 직장인처럼 차를 몰고 집으로 향한다. 아내와 아이들을 위해 맛있는 저녁을 준비할 생각을 하면서.

지구 반대편에 있는 사람들의 생사를 전자 오락하듯이 버튼 몇 개로 좌지우지 할 수 있는 상황은 인류의 진화 역사에서 너무나 새롭고 낯선 풍경이다. 따라서 우리의 뇌는 아직 거기에 제대로 반응하지 못한다. 우리의 감정과 직관은 여전히 수렵채집기의 익숙한 상황에만 반응하고 있는 것이다. 마땅히 분노해야 할 상황임에도 불구하고 이상하리만큼 덤덤한 이유도 이 때문이다.

그렇다면 실제로 도덕적 딜레마 상황에서 어떤 판단을 할 때 우리 뇌에서는 어떤 일이 벌어지는 것일까? 도덕 판단의 신경 메커니즘은 무엇이기에 앞의 첫 번째 사례와 두 번째 사례에서 다른 결과가 나오는 것일까?

도덕 심리학자 조슈아 그린Joshua Greene과 조나단 코헨Jonathan Cohen은 트롤리의 딜레마에 대한 도덕 판단을 할 때 피험자의 뇌에서는 실제로 어떤 일이 벌어지는가를 fMRI를 이용하여 연구했다(Greene et al., 2007). 그 결과, 첫 번째 사례(레버를 당기는 경우)에서는 피험자 뇌의 배외측 전전두피질dorsolateral prefrontal cortex, dlPFC이 활성화되었는데, 이는 도덕적 판단이 일어나는 과정에서 높은 수준의 인지 기능(이성적 추론)이 개입되었다는 증거이다. 즉, 계산이 일어난 경우이다. 반면, 덩치가 큰 사람을 밀어야 하는 두 번째 사례에서는 감정적 반응과 연관된 뇌 영역인 복내측 전전두피질ventromedial prefrontal cortex, vmPFC, 전두대상피질 anterior cingulate cortex, ACC, 편도체amygdala가 크게 활성화되었다. 즉, 정서적인 각성이 일어났다는 것이다.

어떤 도덕적 딜레마에 놓이느냐에 따라 도덕적 판단이 일어나는 뇌 부위가 달라진다면, 우리는 어떤 뇌가 작동하는가에 따라 벤담 식의 공리주의자가 되거나 칸트 식의 의무론자가 된다고 할 수도 있을 것이다. 비유컨대 dlPFC는 '벤담의 뇌'이며, vmPFC는 '칸트의 뇌'라고 할 수도 있다. 인간을 수단이 아닌 목적으로 대우할 것을 천명했던 칸트의 의무론적 규범 논리학은 vmPFC가 작동한 결과인 셈이다.

그린과 코헨은 이런 결과들을 종합해서, "도덕적 판단 상황에서 우리 인간은 이성과 직관(또는 감정)을 모두 동원하여 딜레마를 해결한다"는, 이른바 '이중 과정 이론dual process theory'을 제안했다. 이 이론에 따르면, 도덕 판단에서는 직관적·감정적 반응과 인지적 반응 모두가 중요한 역할을 하고 있다(Greene et al., 2007).

이러한 논의들은 흥미로운 윤리학적 물음들을 제기한다. 가령, '우리가 직관을 얼마나 신뢰할 수 있을까?'라는 물음이다. 다시 트롤리 사례를 생각해보자. 결과적으로 많은 사람들이 뚱뚱한 사람을 밀치는 경우에 대해 윤리적으로 옳지 않다고 판단

이중 과정 이론은 카메라의 이중 작동 방식에 비유되곤 한다. 카메라에는 자동 모드와 수동 모드가 있는데, 이는 각각 감정 모드와 이성 모드에 대응된다.

한 반면, 레버를 당기는 경우에는 윤리적으로 정당화될 수 있다고 판단했다. 그렇다면 이 차이는 무엇 때문이었는가? 뇌 영상 연구 결과는 전자의 경우 감정을 담당하는 뇌 부위가 활성화된 반면, 후자의 경우 인지적 추론을 담당하는 뇌 부위가 활성화된다는 것이었다. 즉, 두 상황 사이에 직관적으로 일어난 윤리적 판단의 차이가 결국 감정의 차이에서부터 비롯되었음을 의미한다. 이것이 사실이라면, 우리는 더 곤란한 문제에 직면할 수밖에 없다. 대체 감정을 윤리적 직관의 기준으로 삼을 수 있단 말인가?

인류의 역사에서 감정은 이성에 비해 훨씬 더 오래전에 진화했다. 인간의 감정 작동 메커니즘은 아마도 홍적세의 수렵채집

기간 동안의 적응의 산물로서 진화했을 것이다. 그렇다면 사람을 직접적으로 해하는 것에 대해 즉각적이고 자동적으로 나타나는 반응은 특정 환경에 대한 적응적 이유를 가지고 있을 것이다. 트롤리의 실험에서 사람을 직접 미는 것에 사람들이 거부 반응을 일으킨 것도 이 같은 진화적 반응의 산물이라고 할 수 있다.

반면 우리가 트롤리 시스템을 발명한 것은 최근의 일이다. 우리 선조들은 그와 같은 환경에서 생존하지 않았다. 수렵채집기에 적응된 우리의 감정은 변화된 환경에 한참 뒤쳐져 있다. 바로 이런 시간 지연 때문에 우리의 감정적 반응을 현대 사회의 윤리적 규범으로 삼을 수 없는 것이다. 트롤리 딜레마 상황에서 우리가 예전부터 민감한 직접적 접촉을 통해 사람을 희생시키는 것은 옳지 않고, 최근에야 이용할 수 있는 간접적 방식을 통해 사람을 희생시키는 것은 과연 옳다고 할 수 있겠는가? 이런 구별은 윤리학적으로 정당화되긴 힘들다.

올바른 판단을 위한 직감의 역할

사실, 도덕적 판단에서 감정이나 직관이 이성만큼이나 중요하게 작용하고 있다는 생각은 비교적 최근의 것이다. 전통적으로는 도덕적 '추론(또는 이성)'이 도덕적 의사결정 과정에서 가장 중요한 요소라고 여겨졌었다. 하지만 최근에는 도덕적 판단에서 감정이나 직관이 차지하는 역할에 대한 연구들이 봇물처럼 쏟아져 나오면서, 도덕 심리학의 새로운 지평이 열리고 있다. 앞에서 논의한 이중 과정 이론도 그중의 하나인데, 감정의 중요성은 사실 그 이전부터 논의되었다.

감정의 중요성이 드러나기 시작한 것은 뇌의 특정 부위와 도덕 능력이 연관되어 있음을 발견하면서부터이다. 인간에 대한 침습적 연구는 윤리적으로 금지되어 있기 때문에 도덕과 연관된 뇌 부위에 대한 자료는 주로 뇌 손상을 입은 환자나 정신질환자로부터 얻어졌다. 예를 들면 이 분야의 선구자 중 한 명인 안토니오 다마지오Anthonio Damasio(1944~)는 vmPFC 부위에 손상을 입은 환자를 대상으로 한 실험에서 vmPFC가 적절한 의사 결정을 내리는 데 있어서 중요한 역할을 한다는 것을 발견했다 (Damasio et al., 1994).

그 실험은 이른바 '아이오와 도박 과제Iowa gambling task'로 잘 알려져 있는데, 아이오와 도박 과제에서 피험자는 A, B, C, D 4개로 나누어진 카드 더미 중 하나를 선택해 그 더미의 맨 위의 카드를 뒤집는다. 카드에는 상금 또는 벌금이 적혀 있어서 이에 해당하는 금액을 받는다. 그런데 처음 10회까지는 A와 B 더미에 주어지는 상금(100달러)이 C와 D 더미에 주어지는 상금(50달러)보다 크다. 하지만 10회 이후에는 상금 대신 벌금이 주어지는데 A와 B 더미에 주어지는 벌금(125달러)이 C와 D 더미에 주어지는 벌금(25달러)보다 크다. 결과적으로, A와 B 더미를 선택하면

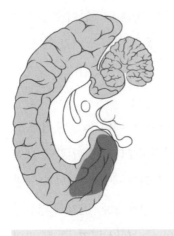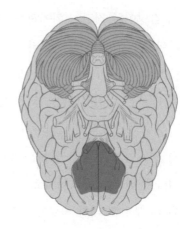

복내측 전전두피질(vmPFC) 영역

더 많이 받지만 게임이 진행될수록 더 많이 잃기 때문에(100달러-125달러=-25달러) C와 D 더미를 선택했을 때(50달러-25달러=25달러)보다 전체적으로 덜 받게 된다.

　다마지오의 연구진은 이 과제를 정상인 그룹과 vmPFC에 손상을 입은 환자 그룹으로 나누어 실험을 진행했다(Bechara et al., 1997). 과제 초반, 양쪽 그룹 모두 동일한 시작을 보였다. 피험자들은 처음에는 거의 무작위로 카드를 뒤집다가 곧 A와 B를 더 자주 뒤집기 시작했다. 차이는 10회 이후에 나타났다. 벌칙 카드가 등장하게 되면서 정상 피험자는 점점 더 C와 D 무더기를 선호하게 된 반면, vmPFC 환자는 계속 A와 B를 뒤집어서 돈을 잃었다.

　이 결과 자체는 놀라울 것이 없다. vmPFC 환자가 의사결정에 있어서 불리하다는 것은 충분히 예상 가능한 결과이기 때문이다. 이 실험의 중요한 발견은 정상인 피험자가 의사결정을 내리는 방식에 있다. 다마지오는 과제를 수행하는 도중 피험자에게 발생하는 신체적, 정신적 변화를 체크하기 위한 시험을 병행했다. 그는 두 가지 실험 도구를 사용했는데, 하나는 피부전도도 반응Skin Conductance Response, SCR의 측정이고 다른 하나는 인터뷰이다.

피부의 땀샘은 교감신경계에 의해 제어되는데 긴장 또는 흥분 등의 이유로 교감신경계가 작동하면 땀이 분비되고 그로 인해 피부의 습도가 올라간다. 피부의 습도에 변화가 생기면 전기전도성에도 변화가 생기는데, 이것을 이용하는 것이 바로 피부전도도 반응이다. 실험 결과 정상인들은 도박에서 불리한 선택을 하게 되면 피부전도도가 증가했는데, 이는 일종의 위험신호를 나타내는 신체적 변화가 나타난 것이라 볼 수 있다. 반면, vmPFC 손상 환자들에게는 그러한 신체적 변화가 나타나지 않았다.

이 실험의 놀라운 발견은 정상인의 경우 카드가 어떻게 배열되어 있는지 확실히 알게 될 때까지 기다리지 않는다는 것이다. 그들은 게임에 대해 확실하게 이해하기 전부터 유리한 카드를 실제로 선호했다. 그러나 vmPFC에 손상을 입은 환자들은 정상인과 달랐다. 그들에게는 예측 피부전도도 반응도 나타나지 않았을 뿐더러, A와 B 더미가 불리하다는 것을 이해한 뒤에도 여전히 행동을 바꾸지 못하고 A와 B 더미를 선택하는 경향을 보였다는 것이다.

이 실험 결과를 바탕으로 다마지오는 우리가 행동의 방향을 심사숙고하고 결정을 내리는 데 신체적 감각이 중요한 부분을 차지한다고 주장하고, 그 신호를 '신체 표지somatic marker'라고 이름 붙였다(Bechara et al., 1997). 신체 표지는 감정에서 유발된 특별한 느낌(일종의 '직감')인데 특정 상황이 미래에 어떤 결과를 낳을지를 예측하는 과정에서 경고나 보상 신호를 주는 기능을 한다. 이 표지는 정상인의 경우에 무의식적으로 유리한 행동을 하게 만드는 정보원이다.

그러나 vmPFC 손상환자는 이것이 없기 때문에 심지어 손해를 알면서도 잘못된 선택을 하게 된다. 실제로 그 환자는 대개 지능도 정상이고 심지어 추상적인 도덕 추론 능력에도 문제가 없지만, 실생활에서 적절한 의사 결정을 내리고 실행에 옮기는 데에는 대체로 실패한다. 이 같은 증거를 바탕으로 다마지오는 vmPFC가 개인적, 사회적 결정과 실행 과정에서 중요한 역할을 담당한다고 주장했다. 그리고 그는 이를 '신체 표지 이론'이라 불렀다.

이렇게 우리의 직감이 의사결정에 중대한 영향을 준다면 도덕 판단을 추론 또는 이성의 문제로만 보았던 전통적 도덕 심리학은 재고되어야 할 것이다. '신체 표지 이론'과 앞에서 언급된 '이중 과정 이론'은 감정 중심의 도덕 심리학을 태동시킨 중요한 이론들이다.

왠지는 모르겠지만 이건 말도 안 돼

도덕 판단에 감정이 중요한 역할을 한다는 사실을 받아들인다고 하자. 그렇다면 감정은 이성만큼의 역할을 하는가? 아니면 이성을 보조하는가? 그것도 아니면 오히려 이성이 감정을 보조하는가? 다음과 같은 상황을 상상해보자.

> #4. 잭은 퇴근길에 슈퍼마켓에 들러 생닭 한 마리를 사가지고 들어왔다. 그는 생닭을 씻은 다음에 바지를 벗고 자신의 성기를 닭 속에 집어넣은 후 자위를 했다. 사정한 후 그는 그 닭을 오븐에 넣어 구운 후에 저녁 식사로 먹었다(Haidt, 2001).

당신은 잭의 행동을 어떻게 판단할 것인가? 도덕적으로 문제가 심각한가? 아니면 별 문제가 없는가? 이런 경우에 실제로 대다수는 잭의 행동을 비도덕적이라고 비난했다. 하지만 왜 비도덕적 행동인지를 물으면 명확하게 답하지 못한다. 사실, 잭의 행동은 엽기적이긴 하지만 남에게 전혀 피해를 주지 않는 행동이므로(물론, 자신에게도) 도덕적 비난을 받을 이유가 없는 행동이다. 또 다른 사례를 보자.

> #5. 줄리와 마크는 남매이다. 그들은 프랑스로 함께 여행을 떠났다. 바닷가 근처의 숙소에 자신들만이 있을 때, 그들은

같이 섹스를 하면 재미있을 것이라고 생각했다. 왜냐하면 그
것은 그들에게 새로운 경험이었기 때문이다. 줄리는 피임약
을 복용했고 마크도 콘돔을 사용했다. 그들은 섹스를 즐겼지
만 다시는 그런 일을 하지 않기로 결정했다. 그들은 그날 밤
의 일을 둘만의 비밀로 간직하기로 했고 그 이후로 그 둘은
더 친밀해졌다(Haidt, 2001).

두 남매의 행위에 대해서는 어떻게 판단할 것인가? 이 경우도
앞의 경우처럼 비도덕적이라고 말하는 사람들이 대다수였다.
도덕 심리학자 조너선 하이트Jonathan Haidt(1963~)는 그들에게 그
이유를 물었는데, 대개 '근친상간에 의한 임신'을 문제 삼았다.
하지만 철저한 피임을 했다는 사실이 이미 드러나 있기 때문에
이 대답은 전혀 합리적일 수 없다. 게다가 다수는 "잘 모르겠다"
거나 "설명은 못하겠지만 잘못된 일"이라고 응답했다. 즉, 위의
실험들에서 알 수 있는 것은, 도덕적 판단이 일어날 때 직관이
먼저 오고 그에 대한 합리화는 나중에 따라 나온다는 사실이다.
그런데 이때 이유가 직관을 잘 설명하지 못하는 경우가 생긴다.
하이트는 이러한 현상을 '도덕적 말막힘moral dumbfounding'이라
불렀다(Haidt, 2001).
    하이트는 이와 같은 심리 실험들을 토대로 우리의 도덕적 판
단이 '사회적 직관social intuition'에 의존한다고 주장했다. 즉, 도덕
적 판단은 직접적으로 감정적 반응을 통해서 형성되는데, 이때

감정적 반응의 차이는 상당 부분 사회·문화적 차이에 기인한
다는 것이다. 여기서 중요한 것은 특정 상황과 그에 대한 도덕
적 판단 사이에서 추론은 개입하지 않는다는 점이다. 도덕적 판
단을 이끄는 것은 직관일 뿐이며 추론은 그 직관의 뒤치다꺼리
일 뿐이다. 따라서 하이트의 '사회적 직관 이론'에 따르면 도덕
적 판단은 결코 합리적일 수 없다(Haidt, 2001).

그렇다면 사회적 직관 이론은 앞 절들에서 논의된 이중 과정
이론, 또는 신체 표지 이론과는 어떤 차이가 있을까? 우선, 도덕
적 판단에서 감정 또는 직관이 차지하는 역할이 작지 않다는 점
을 강조하는 측면에서 세 이론은 유사하다. 하지만 사회적 직관
이론은 거기서 한 발 더 나아가 직관에서 도덕적 판단이 나온다
고 주장한다. '직관의 우선성'을 주장하고 있는 것이다. 나머지
두 이론에서 감정은 이성과 공동 주연 역할을 맡고 있다. 이중
과정 이론에서는 감정과 이성이 서로 길항적인 방향으로 가는

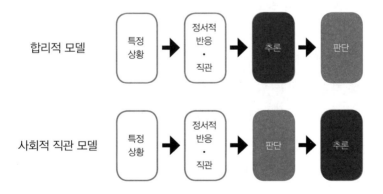

것에 초점을 맞췄지만, 신체 표지 이론에서는 같은 방향으로 가는 것을 강조했다는 차이가 있을 뿐이다. 즉, 두 이론 속에서는 직관과 추론, 또는 감정과 이성이 도덕적 판단을 이끄는 쌍두마차다. 하지만 사회적 직관 이론에서 추론(또는 이성)은 감정(또는 직관)과 동등한 레벨이 아니다. 추론은 직관의 하녀다.

하지만 도덕적 판단에서 직관이 정말로 그렇게 지배적인 역할을 하는지에 대하여 반론도 있다. 도덕 판단 과제를 하기 전에 피험자에게 다음과 같은 수학 문제를 내주면 어떤 변화가 생길까? "야구 배트와 야구공을 합한 가격이 1100원이다. 야구 배트가 야구공보다 10배 비싸다면 야구공의 가격은 얼마인가?" 이 실험의 목표는 수학 문제를 푼 후에 도덕 판단을 하게 되면, 그렇지 않았을 때와 비교했을 때, 도덕 판단에 어떤 변화가 생길까를 알아보기 위한 것이다. 놀랍게도 수학 문제를 푼 후에 도덕 판단을 하게 되면 같은 상황에 대해 계산적이고 합리적인 판단을 하는 비율이 증가했다.

수학 문제를 풀고 나면 공리주의자로 변신한다는 뜻인가? 대체 왜 이런 결과가 나왔을까? 사회적 직관 이론을 비판하는 연구자들에 따르면, 추론 과제를 하게 한 후에 도덕 판단을 하도록 하면, 추론을 담당하는 뇌 부위가 이미 활성화된 상태에서 도덕 판단을 하기 때문에 더 계산적이고 합리적이 될 수 있다. 그들은 이런 증거들이 '도덕 판단을 이끄는 것은 직관'이라는 입장을 반박하고 있다고 주장한다.

혐오에서 도덕으로

지금까지 도덕 판단이 뇌에서 어떻게 일어나는가에 대한 몇 가지 입장들을 살펴보았다. 이것들은 감정과 이성, 또는 직관과 추론이 어떤 방식으로 도덕 판단에 영향을 주는가에 관한 세 이론들로서, 모두가 직관이나 감정의 역할을 강조하고 있는 연구 프로그램이다. 그래서 요즘은 도덕 판단이 우선적으로 정서 작용이라는 주장에 동의하는 사람들이 점점 늘어가고 있다.

여러 감정들 중에서 혐오disgust는 도덕 판단의 기원과 관련하여 그 중요성이 점점 커지고 있다. 혐오는 도덕적 위반과 관련된 감정이기도 하지만 더 근본적으로는 나쁜 음식 맛에 대한 거부 반응, 그리고 오염된 것에 대한 기본적인 혐오 반응과 연관되어 있다. 나쁜 음식 맛이나 오염된 것은 위험한 물질에 대한 신호로서 그것에 대한 거부 반응은 생존에 필수적일 수밖에 없다. 이처럼 도덕적 위반과 관련된 혐오가 음식의 좋지 않은 맛 또는 오염과 관련된 혐오와 연관되어 있다면 그것의 선후 관계는 명확하다고 할 수 있다. 진화론적 관점에서 보면 자극에 대한 혐오는 동물의 생리적 반응의 일종이기 때문이다. 즉, 혐오는 입oral에서부터 도덕moral으로 이어졌을 것이다(Chapman et al., 2009).

하지만 이런 논의에서 도덕적 혐오가 단지 비유적으로 쓰인 것이라는 비판도 있다. 가령, "지식에 대한 '갈증'을 느낀다"고 할 때, 그 '갈증'이 실제로 무엇인가를 마시고 싶은 욕구와 연결되어 있는 것은 아닐 것이다. 마찬가지로, 도덕적 상황에서 '혐오감'을 느낀다고 이야기할 때에도 그 혐오는 맛없는 음식과 연관된 반응과는 아무런 관련도 없을 수 있다.

게다가 혐오가 정말로 도덕적 위반 상황에서 일어나는 감정인지도 불확실하다. 원래 '혐오'라는 말은 화가 나거나 짜증나는 상황에서 주로 사용한다. 그렇기 때문에 "혐오감을 느꼈다"라는 자기 보고적 형태의 자료는 신뢰하기가 힘들다. 화나 짜증과 같은 감정들이 혐오보다 도덕 판단에 덜 기여한다고 섣불리 판단하기도 힘들다. 그렇기 때문에 우리는 혐오감이라는 감정을 객관적으로 판단할 수 있는 방법이 필요하다.

최근에는 혐오감을 세분하여 신경학적 연구를 하기 시작했다 (Chapman et al., 2009). 예컨대 연구자들은 혐오를 음식에 대한 혐오, 기초 감정으로서의 혐오(도덕적 상황이 아닌 상황에서의 혐오), 그리고 부당한 상황에서의 혐오(도덕적 상황에서의 혐오)로 나눈 후, 이 세 가지 상황에서 나타나는 얼굴 표정의 공통점을 찾으려고 했다.

앞에서 하이트가 만든 역겨운 상황을 떠올려보자. 이때 피험자들의 얼굴 표정은 어떠할까? 아마 대부분은 그러한 상황에서 정말 입에 맞지 않는 음식을 먹을 때처럼 찡그리는 표정을 지었을 것이다. 윗입술을 들어 올리고 코에 주름을 생기게 하는 표정 말이다. 안와하근levator labii muscle은 그런 표정을 지을 때 사용되는 얼굴 근육이다. 이 근육에서 일어나는 전기 신호는 미각과 관련된 혐오 반응, 기초적 혐오 반응, 그리고 도덕적 혐오감이

서로 연동되어 있음을 보여주는 객관적 지표이다.

자, 이제 진짜 실험을 해보자. 연구자들은 먼저 음식 맛에 따라 사람들의 표정이 어떻게 달라지는지를 보았다. 물, 단물, 쓴물을 각 피험자들에게 마시게 한 뒤 안와하근의 근전계 ElectroMyoGraphy, EMG를 측정했다. 쓴물을 마실 경우 혐오 반응이 일어나 안와하근의 근전계를 높일 것이라고 예측했는데, 결과도 일치했다. 단물을 실험에 포함한 이유는 안와하근의 반응이 용액의 농도가 아니라 성분에 반응하는지를 보기 위한 대조군이라고 할 수 있다. 단물은 그냥 물과 유사하게 근전계 값을 높이지 않았는데, 여기서 안와하근의 반응으로 이루어지는 혐오 반응은 용액의 성분에 특이적임을 알 수 있었다.

두 번째 실험에서 연구자들은 미각적 혐오가 아닌 좀 더 개념적이고 구체적인 혐오 반응과 얼굴 표정의 관계를 알아보았다. 실험에서는 변수로서 중립적인 사진, 슬픈 사진, 그리고 혐오스러운 사진을 이용하였다. 혐오 사진은 벌레나 오염, 상처, 배설물 등과 같이 일반적으로 혐오스럽다고 여겨지는 장면을 담고 있다. 결과는 예상대로였다. 혐오 사진들을 볼 때 안와하근의 반응이 나머지 경우들에 비해 훨씬 높았다.

세 번째 실험은 부당함unfairness과 관련된 혐오감과 그에 대한 얼굴 표정과의 관계를 알아보는 것이었다. 부당성을 측정하기 위해 최후통첩게임ultimatum game을 실시했다. 이 게임에서는 제안자가 10이라는 자원을 임의대로 양분해서 피험자에게 제시하면 피험자는 그 제안을 받아들일지 아닐지를 결정한다. 받아들이면 분할된 자원을 제안자와 피험자가 그대로 나누어 가지고 거부하면 둘 다 아무것도 얻지 못한다. 물론 이때 피험자는 단 1이라도 제안을 받아들이는 것이 이득이다. 없는 것보다야 1이라도 있는 것이 좋기 때문이다. 그러나 사람들은 9:1 정도의 제안을 받으면 아예 거부한다. 왜냐하면 이 제안은 받는 사람이 볼 때 '역겨울 만큼' 부당하기 때문이다.

만일 누군가가 당신에서 9:1의 제안을 했다고 하면 당신의 얼굴 표정은 어떠했을까? 과연 미각 혐오에서 일어나는 것과 똑같은 표정 변화가 생길까? 흥미롭게도 연구 결과는 그렇게 나왔다. 부당함의 정도가 지나칠수록, 즉 5:5의 배분에서 9:1의 배분으로 갈수록 안와하근의 반응은 더 높아졌다.

그러나 사실 부당한 제안을 받을 때 느끼는 감정의 변화는 복합적이다. 부당한 처우를 받으면 물론 혐오스럽기도 하지만 화가 나기도 하고, 슬플 수도 있기 때문이다. 실제로 화, 슬픔, 혐오의 감정들은 분배의 부당함이 심해질수록 더 높게 보고되었다. 그래서 연구자들은 피험자들에게 부당한 분배를 제안 받을 때 느꼈던 감정들의 정도를 각각 매겨달라고 하였다. 그랬더니 혐오의 정도가 높아질수록 안와하근의 근전계가 높게 나타나는 정도가, 다른 감정들의 정도가 높아질수록 안와하근의 근전계가 높게 나타나는 정도보다 높았다. 다시 말해, 여러 감정들 중 혐오감이 안와하근의 반응을 높이는 데 가장 핵심적으로 작용한 감정이었다.

이 실험에서 알 수 있는 흥미로운 사실은 세 가지 유형의 혐오감이 공통의 표정 반응을 보인다는 점이다. 진화론적 관점에서 미각적 혐오감이 제일 먼저 출현했을 것이라는 점을 감안한다면, 이제 우리에게 남은 과제는 그 미각적 혐오감이 어떻게 도덕적 혐오감으로까지 변모할 수 있었는지를 밝히는 일일 것이다. 어쨌든 혐오에 대한 최근의 신경학적 연구는 도덕성의 기원 문제를 새로운 시각에서 보게 만들었다.

거울 뉴런과 공감 본능

도덕성과 연관된 또 다른 주제는 공감empathy에 관한 것이다. 공감은 타인의 정서적 경험을 이해하고 반응할 수 있는 능력이다. 우리는 공감할 수 있는 사람에게서 동류의식을 느끼고 이에 따라 행복함과 같은 긍정적인 감정을 느끼게 된다. 반면 공감 받지 못할 때 외롭고 쓸쓸한 감정을 느끼게 된다. 이런 점에서 공감 행위가 적응적 특성으로 진화되었음을 추측해 볼 수 있다. 왜냐하면 어떤 상황에 대해 긍정적 혹은 부정적 감정이 야기되는 것은 인간이 생존과 번식을 위해 진화된 적응 메커니즘이기 때문이다(de Waal, 2012).

1990년대 이후 감정에 대한 인지적 이해가 증가한 후 최근의 신경과학은 정서와 인지를 매개하는 공감의 기능에 주목하고 있다. 특히 공감은 도덕적 감정을 이해하는 키워드가 되고 있다. 애덤 스미스Adam Smith(1723~1790)도 《도덕 감정론Moral Sensitivity》에서 개인이 어떻게 사회와 관계를 맺는지에 대해 공감에 기반하여 설명한다. 단지 타인의 경험을 '아는' 것만으로 감정이 유발되지는 않는다. 공감을 통한 감정적인 얽힘이 있어야 하는 것이다. 불행에 처한 이웃의 상황을 인지하였을 때 슬픔을 느끼기 위해서는 그에게 공감하고 자기 자신이 불행했던 상황을 상상할 수 있어야 한다.

스미스에 따르면 인간은 타인의 느낌에 대해 공감적인 감정

다윈의 정원

교환 상태가 될 수 있는 체계를 갖추고 있다. 이때 관찰자가 그 감정에 대해 얼마나 공감할 수 있는가, 상대방의 관점에서 그의 상황을 상상할 수 있는가, 그리고 그것이 관찰자의 감정과 일치하는가에 따라 타인의 감정이 합당한지 또는 부적절한지 평가한 이후 그것을 용납하거나 거부하게 된다. 이처럼 도덕 감정의 정서적인 측면에는 타인의 감정이 적절한 것인지 그렇지 않은 것인지 평가하는 메커니즘이 함축되어 있다. 여기서 공감 능력은 정서작용과 인지작용의 연결고리를 제공한다는 점에서 도덕성의 진화에 대한 중요한 설명을 제공할 수 있다.

　그렇다면 우리가 누군가의 무엇에 공감을 할 때 우리의 뇌에서는 어떤 일이 일어날까? 그보다 더 근본적으로, 우리가 타인의 행동을 이해할 때는 뇌에서 어떤 일이 일어나는가? 아니, 나의 뇌는 타인의 행동을 어떻게 이해하는가? 뇌는 나와 타인을 어떻게 구분하며 어떻게 연결시키는가? 앞서 여러 번 언급한 바 있는 거울 뉴런은 이런 질문들에 대한 해답의 실마리를 준다. 그런데 우리는 타인의 행동을 이해할 수 있을 뿐만 아니라 감정적인 측면에서 타인과 공감할 수도 있다. 그렇다면 이 공감 능력과 거울 뉴런은 어떤 연관이 있을까? 공감은 정서적 과정을 필요로 하기 때문에 감정 중추인 변연계limbic system와 연관되어 있다. 해부학적으로는 변연계와 거울 뉴런계가 뇌도insula를 매개로 하여 연결이 되어 있음이 밝혀졌다. 그리고 후속 실험들을 통해 감정을 표현하고 있는 얼굴을 지켜볼 때 관찰자의 뇌 안에서 거울 뉴런계, 뇌도, 변연계가 동시에 활성화되는 것이 밝혀졌다. 구체적으로는, 우리가 타인의 얼굴 표정을 관찰하면 운동영역인 거울 뉴런계에서 관찰한 얼굴 표정을 모사하고, 그 신호가 뇌도를 거쳐서 변연계로 전해져 타인의 감정을 읽을 수 있게 된다. 즉, 타인의 감정을 공감하기 위해서는 거울 뉴런계에 의한 행동의 모사 과정이 필수적이라는 이야기다(Iacoboni, 2009a).

고통과 거울 뉴런계의 관계도 흥미롭다. 환자에게 고통스런 자극이 전해지면 대뇌의 대상피질cingulate cortex에서 고통과 연관된 뉴런이 반응을 한다. 그런데 놀라운 점은 타인에 가해진 고통스러운 자극을 보는 것만으로도 관찰자의 대상피질에 있는 그 뉴런 중 일부가 활성화된다는 사실이다. 이때 활성화된 세포는 '행위의 관찰'이 아니라 '고통의 관찰'에 반응한다는 것을 제외하면 거울 뉴런의 속성을 그대로 지닌다(Iacoboni, 2009a).

그런데 만일 대상피질에 있는 이 뉴런이 거울 뉴런이 맞다면, 고통을 모사하는 이 과정도 고통이라는 감각자극이 아닌 그것과 연관된 운동의 모사 과정을 우회해서 발생할 것이라는 가설을 세울 수 있다. 거울 뉴런은 기본적으로 운동 뉴런이기 때문이다. 흥미롭게도 이 가설은 최근 연구에서 입증되었다. 실험 대상자들에게 손과 발을 바늘로 찌르는 장면을 담은 비디오를 보여주고 경두개자기자극법을 사용해 운동피질의 흥분도를 측정하였다. 대조군으로 면봉으로 손과 발을 부드럽게 문지르는 영상과 바늘을 이용해 토마토를 찌르는 영상을 보여주었다. 실험 결과는 예상대로 바늘로 손을 찌르는 영상을 보았을 때가 대조 영상들을 보았을 때보다 바늘을 향해 움직이는 데 이용되는 손 근육 운동 피질의 흥분도가 감소되었다. 연구팀은 손 근육 운동 피질의 흥분도가 낮을수록 고통을 더 크게 여긴다는 것을 알아냈다. 즉 관찰한 타인의 고통을 더 강하게 공감할수록 바늘로부터 후퇴하는 모사가 뇌 안에서 더욱 강하게 일어나는 것이다 (Avenanti et al., 2005; Iacoboni, 2009b).

타인의 감정과 고통을 내 것처럼 이해하는 것은 도덕관념의 시작이다. 거울 뉴런은 타인의 감정과 고통이 어떻게 '내 것'처럼 이해될 수 있는지에 대해서도 새로운 통찰을 준다. 도덕관념이 문화에 따라 다소간의 차이를 보일 수 있으나 기본적인 도덕 법칙들은 보편적이며, 그러한 것들은 대체로 타인의 감정 및 고통과 깊은 연관을 가진다.

심지어 우리는 타인을 직접 관찰하지 못하는 상황에서도 공감할 수 있는 능력이 있다. 먼 지역의 자연재해로 인한 대규모 인명 피해라든가 다른 사회에서 규칙으로 받아들여지고 있는 도덕관념들에 대해서조차도 공감 능력을 확장할 수 있다. 가령, 한 실험에서 고통을 당하는 사람의 모습을 관찰하지도 소리를 듣지도 못하는 상황에서 단지 상대에게 고통 자극이 주어졌다는 신호를 관찰하는 것만으로도 뇌의 정서 영역에서 거울 반응이 일어난다는 사실이 발견되었다. 심지어 고통을 당하는 사람과 같은 부위의 정서적 반응이 실험자에게서 그대로 나타나기도 했다. 직접 보지 못하고 듣지도 못하는 사람들에게도 우리의 신경은 계속 켜져 있는 것이고, 이것은 우리 모두가 신경적으로 네트워킹 되어 있다는 징표다(Singer et al., 2004).

이와 같은 추상적인 형태의 거울 반응은 우리의 도덕 능력에 영향을 주었고 우리가 영장류 사회를 넘어 훨씬 더 큰 사회 조직으로 진화할 수 있게끔 우리를 신경적으로 연결시켜 주었다. 제러미 리프킨Jeremy Rifkin(1945~)의 말대로 우리는 지구 상에서 최고의 공감 능력을 진화시켜 위대한 문명을 건설한 '호모 엠파티쿠스Homo empathicus'인 것이다.

도덕 신경학의 의의와 한계

지금까지 살펴보았듯이, 도덕에 대한 과학적 연구들은 우리의 윤리적 직관과 본능들이 어떤 경로를 따라 진화했고 어떻게 작동하는지를 잘 보여준다. 우리의 마음은 지난 250만 년 동안의 수렵채집기 환경에서 오랫동안 적응되어온 진화의 산물이다. 도덕 본능도 여기서 예외가 아니다. 하지만 그렇게 진화하고 작동하는 도덕 본능을 윤리학적으로 신뢰할 수 있는가는 또 다른 문제이다. 왜냐하면 우리의 환경은 이미 많이 변해왔고, 앞으로도 계속 빠르게 변할 것이기 때문이다. 오히려 우리의 강력한 추론 능력은 오래된 적응 장치들에 비해 현대에 더 올바른 기능을 할지도 모른다.

'무엇을 해야만 하는가', 또는 '무엇을 하는 것이 바람직한가'를 묻는 것은 우리가 '어떻게 적응해왔는가' 또는 '어떻게 행하는가'를 묻는 것과는 차원이 다르다. 도덕 신경학은 사실에 관한 이야기로서, 우리가 왜 이런 상황에서 이러한 도덕적 판단을 내리는가를 설명해준다. 하지만 그 상황에서 어떤 판단을 내리는 것이 옳은가를 말해주지는 않는다. 이러한 가치 탐구는 규범 윤리학의 주제이다. 그럼에도 불구하고 최근의 도덕 신경학적 연구는 우리가 어떻게 도덕적 존재가 되었고 왜 그런 식의 도덕 판단을 하는지를 해명해줌으로써 우리 사회를 위한 더 좋은 규범을 찾는 데에 유용한 자료로 활용될 수 있다.

뇌 밖에도
마음이 존재하는가?

체화된 마음 이론에 대한 비판

최근 뇌과학은 일반인들에게 '뇌가 곧 나'라는 생각을 심어줄 만큼 뇌의 절대적 중요성을 시사하고 있다. 하지만 최근에 이런 대세를 용감히 거스르는 학자들의 목소리도 들리기 시작했다. 그들은 뇌가 곧 마음은 아니며 마음은 뇌와 몸, 그리고 환경 간의 상호작용의 산물이라고 주장한다. 그들에 따르면 뇌 혼자서 할 수 있는 일은 없으며, 뇌가 하는 일이란 사실상 환경을 다루는 일을 조정하는 것뿐이다. 요컨대 "마음은 체화되어embodied 있다"는 것이다. '체화된 마음'을 주장하는 사람들 중에는 몸, 그리고 환경도 뇌와 동등한 인지체계라고 주장하는 이들도 있다. 이 장에서 나는 학계에서 최근에 활발히 논의되기 시작한 '체화된 마음 이론embodied mind theory'을 비판적으로 검토해보려 한다.

"현대 인지과학은 과거 1950년대의 인지주의의 출현보다
더 드라마틱한 전기를 맞고 있다."

베른 & 카이저, 〈인지 개념의 최근 변화〉

#1. 연쇄살인범으로 체포된 A씨가 법정에서 스스로를 변호하고 있다. 2년 전 교통사고로 뇌의 전전두피질이 손상된 후 억누를 수 없는 살인 충동이 생겼다는 것이다. 그러면서 2년 전의 수술 기록을 증거로 제출한다. 법정은 그의 진술과 증거를 진지하게 받아들이지는 않았지만, 저명한 신경외과 의사인 B씨를 참고인 자격으로 불러 자문을 받기로 결정했다. 의사 B씨가 사이코패스와 뇌 손상 간의 연구 결과들을 소개하자, 법정은 혼란에 빠졌다. 엷은 미소를 띠며 A씨가 한 마디를 던진다. "거봐요. 내 탓이 아니라 뇌 탓이라고요!"

물론, 아직까지 이런 재판은 일어나지 않았다. 하지만 실제로 안와전두피질orbitofrontal cortex에 손상이 있고, 연쇄살인을 저질렀

10장 • 뇌 밖에도 마음이 존재하는가?

으면서, 현대 신경과학의 흐름을 꿰뚫고 있는 사람이 있다면(물론 아주 낮은 개연성이긴 하지만), 위의 상황이 가상적이지만은 않을 것이다.[1] 분명히 현대 신경과학은 뇌 중심적으로 흘러왔다. 뇌와 질병, 뇌와 인지, 심지어 뇌와 성격을 연결 짓는 연구 결과들이 하루가 멀다 하고 쏟아져 나온다. 이제 뇌 중심적 신경 연구는 인간 이해를 위한 강력한 도구를 넘어 규범이 되어가고 있다. 이런 추세라면 머지않아 "나는 결국 나의 뇌"라고 결론내리는 이들이 생겨날지 모른다.

그러나 흥미롭게도 최근 이런 대세를 용감히 거스르는 학자들의 목소리가 들리기 시작했다. 그들은 "뇌가 곧 마음은 아니며 마음은 뇌와 몸, 그리고 환경 간의 상호작용의 산물"이라고 주장한다. 또한 마음 연구에서 그동안 뇌가 근거도 없이 특권적 지위를 누려왔다고 지적한다. 그들에 따르면 세계는 뇌 안에 만들어지거나 뇌에 의해 만들어지는 것이 아니다. 뇌 혼자서 할 수 있는 일은 없으며, 뇌가 하는 일이란 사실상 환경을 다루는 일을 조정하는 것뿐이다. 춤을 근육으로 설명할 수 없듯이 마음을 뉴런으로 설명할 수는 없다. 요컨대 "마음은 체화되어 있다"는 것이다. 체화된 마음을 주장하는 사람들 중에는 몸, 그리고 환경도 뇌와 동등한 인지체계라고 주장하는 이들도 있다.

뇌가 전부(뇌=마음=나 자신)라는 입장과 뇌가 하나일 뿐(마음=뇌+몸+환경)이라고 맞서는 입장 중에서 과연 진실은 어디에 있는 것일까?

인지과학에서 뇌의 지위에 관한 이런 논쟁은 유전자의 지위에 대해 최근 발생계 이론(이하 DST)이 제기한 문제를 떠올리게 한다. DST에 따르면, 유전자는 생명의 발생을 통제하는 여러 자원들 중 하나일 뿐, 발생 자체도 발생의 가장 중요한 요인도 아니다. 이런 주장은 유전자에 대한 탐구가 패러다임으로 확고하게 자리잡은 현대 생물학에 대한 하나의 도전이다. 이렇게 DST는 유전자가 발생 자원 중 하나일 뿐(발생=여러 발생 자원들의 상호작용의 결과)이라는 입장으로서, 뇌가 여러 인지체계 중 하나일 뿐이라는 체화된 마음 이론(embodied mind theory, 이하 EMT)과 논변 구조 측면에서 동형적이다. 나는 DST에 대한 비판적 검토를 통해 EMT에 대한 비판을 우회적으로 이끌어낼 것이다. 마지막으로 EMT와 그에 대한 이런 검토가 신경윤리학에 어떤 함의를 제공하는지를 생각해 볼 것이다.

'체화된 마음'이란 무엇인가?

심리학 또는 인지과학의 역사에서 인지주의cognitivism는 20세기 중엽부터 지배적 패러다임으로 작용해왔다. 초기 인지주의는 뇌에 대한 직접적인 탐구보다는 마음을 정보 처리 체계로 상정하고 마음의 작동 원리를 상징 조작의 차원에서 탐구했다. 한편 인지주의의 큰 틀에서 서브 상징적인sub-symbolic 방식으로 마음을 탐구한 연결주의connectionism는 신경망neural network에 집중한 결과 마음 연구에서 뇌를 불러들였다. 20세기 말에 들어서는 뇌 영상 기술의 비약적 발전과 정신약물학의 성장으로 인해 뇌에 대한 탐구가 신경과학의 대세를 이룬다.

그런데 이런 역사에서 흥미로운 것 중 하나는 뇌가 몸의 일부임에도 불구하고, 정작 마음 이해에 몸의 역할이 논의된 바가 거의 없었다는 점이다. EMT 옹호자들은 바로 이 지점을 출발점으로 삼는다. 그들에 따르면, 인간의 인지는 추상적이거나 중앙집중적이기보다는 오히려 지각이나 운동처럼 감각 운동 처리 과정에 깊이 뿌리 박혀 있기 때문에, 뇌를 품고 있는 '몸'이 환경과 어떻게 상호작용을 하고 있는지를 아는 것이 마음을 이해하는 가장 중요한 방식이다.

이런 맥락에서 철학자 마가렛 윌슨Margaret Wilson(1939~1998)은 마음 연구에 있어서 몸과 환경의 중요성을 강조하는 EMT의 핵심 견해를 다음의 여섯 가지로 정리했다(Wilson, 2002).

(a) 인지는 상황지워져situated 있다.
(b) 인지는 시간 압력을 받는다.
(c) 우리는 인지 작업을 환경에 부담지운다.
(d) 환경은 인지체계의 부분이다.
(e) 인지는 행위를 위한 것이다.
(f) 환경과 분리된 인지라고 할지라도 몸에 기반해 있다.

각각을 조금 더 자세히 검토해보자. (a)는 인지활동이 진짜 세계의 환경에서 일어나며 본래적으로 지각과 행위를 포함한다는 뜻을 담고 있다. 여기서, 인지가 '상황지워져' 있다는 것은 인지 과정이 과제와 유관한 입출력의 맥락에서 일어난다는 뜻이다. 즉, 인지 과정이 수행되는 동안 지각 정보가 계속 들어와서 그 과정에 영향을 주며, 운동 행위는 과제와 유관한 방식으로 환경에 영향을 준다는 것이다.

(b)는 우리의 인지가 실시간적으로 일어난다는 점을 강조한다. 인지는 환경과의 실시간적 상호작용의 압력 하에서 어떻게 기능하는가로 이해되어야 한다. 하지만 시간 압력이 우리 인간에게 얼마나 강력한가에 관해서는 의견이 일치하지 않는다. 가령, 우리 인간은 한발 물러나 관찰하고, 평가하며, 계획한 후에 행동하는 경우가 많다. 즉, 실시간이 아닌 오프라인에서의 인지도 매우 중요하다는 얘기다.

(c)는 우리가 정보처리 능력의 한계(주의력과 작업 기억력의 한계) 때문에 인지 작업의 부담을 줄이기 위해 환경을 활용한다는 뜻이다. 심지어 우리는 환경으로 하여금 우리를 위해 정보를 간직하거나 조작하게끔 만든다.

(d)는 마음과 세계 간의 정보 흐름이 너무나 밀도 있고 연속적이기 때문에 뇌를 탐구하는 것만으로는 인지 활동의 본성을 이해할 수 없다는 뜻이다. 이 주장은 인지 활동에서 몸과 환경이 중요한 역할을 담당한다는 통찰에서 비롯되었지만, 인지가

뇌, 몸, 환경 모두에 분산되어 있다는 주장으로 번지기도 한다.

(e)는 인지의 기능은 행위를 인도하는 것이고, 지각이나 기억과 같은 인지 메커니즘들은 상황에 알맞은 행위들에 기여하는 바에 따라 이해되어야 한다는 주장이다. 이 견해에 의하면, 가령, 시각 체계의 목적이 내적 표상을 산출하는 것이라는 전통적인 견해는 시각 체계가 뻗기reaching나 잡기grasping와 같은 행위를 시각적으로 가이드하기 위한 장치라는 견해로 대체되어야 한다. 또한 기억은 3차원 세계와 물리적으로 상호작용하는 패턴들을 암호화하는 것으로 이해되어야 한다.

(f)는 마음이 환경과 분리될 때조차도 마음은 환경과의 상호작용을 위해 진화된 메커니즘(감각 처리와 운동 제어)들에 의해 작동한다는 견해다. 즉, 추상적이고 중앙집중적인 인지 활동도 원래 지각이나 행위를 위해 진화된 감각운동 기능들을 활용한다는 것이다.

윌슨은 EMT의 이런 여섯 가지 견해를 온라인 측면과 오프라인 측면으로 양분하기도 한다. 가령, EMT의 온라인 측면이란 과제와 유관한 외부 상황들에 체화된 인지 활동을 뜻하는 것으로서 (f)를 제외한 나머지 견해들이 해당된다. 이 경우에 마음은 진짜 세계 상황과 상호작용하는 몸의 요구를 충족시켜 주게끔 작동하는 것으로 인식된다. 반면, EMT의 오프라인 성격을 드러내는 (f)의 경우에는 방향이 반대로다. 위에서 살펴봤듯이 (f)는 몸의 감각과 운동 기능이 오프라인의 인지 과정에 영향을 미친

다윈의 정원

다는 뜻으로서, 몸의 문제를 해결하기 위해 작동하는 마음의 (온라인) 측면이 아니라 마음에 봉사하는 몸의 측면을 드러낸다.

사실, EMT의 이 두 측면은 깁슨James J. Gibson(1904~1979) 류의 생태적 인지 이론이나, 진화적 적응 환경의 적응 문제를 해결하게끔 우리의 마음이 진화했다고 보는 진화심리학의 접근과도 통하는 측면이 있다. 실시간적 처리를 중요시 한다든지, 오프라인의 인지 과정이 온라인에서의 인지 적응으로부터 영향을 받는다는 아이디어가 그것이다.

또한 체화된 인지는 최근에 '확장된 인지'나 '분산된 인지'와 같은 유사한 개념들과 종종 함께 제시된다. 확장된 인지는 인지 또는 마음이 몸의 경계를 벗어나 확장될 수 있다는 주장이며, 분산된 인지는 인지 또는 마음이 구성요소들에 분산되어 있다는 주장이다. 체화된 마음을 마음이 몸과 환경에 체화되어 있다는 의미로 사용할 수 있다면, 확장된 인지와 분산된 인지는 각각 체화의 방향과 결과를 나타낸다고 할 수 있다.[2]

마음의 체화, 확장, 분산의 측면을 강조하는 이런 일련의 흐름에 대해 몇몇 학자들은 흥분을 감추지 않고 있다. 다음과 같은 평가를 보자.

"현대 인지과학은 과거 1950년대의 인지주의의 출현보다 더 드라마틱한 전기를 맞고 있다."(Bern & Keijzer, 1996)

"뇌와 컴퓨터 간의 유비가 행동주의를 극복하는 데 도움을 주긴 했지만, 이 유비 자체가 도그마dogma가 되어 인지에 관한 연구가 마음(뇌) 속의 인지에 대한 연구로만 한정되었다. 하지만 인지는 뇌, 몸, 그리고 환경과의 상호작용의 산물이다."(Hollnagel, 2007)

"체화된 인지 접근의 떠오름은 심리학, 인지과학의 응용 영역에서 기존의 각종 인간-인공물 사이의 상호작용에 대한 관점을 이론적 연구틀 측면에서 크게 바꾸어 놓으리라 본다."(이정모, 2009a)

이런 평가들의 공통된 함의는 무엇인가? 그것은 한마디로, 우리 마음을 이해하기 위해서는 뇌를 넘어서야 한다는 것이다. 그런데 과연 그래야만 하는가?

뇌는 정말 '하나'의 인지체계일 뿐인가

사실, 뇌를 넘어서야 한다는 반론은 사뭇 도발적이면서도 의아스러운 데가 있다. 왜냐면 뇌 중심의 신경과학이 이제 막 꽃을 피우기 시작했다고도 할 수 있는 시점에서 나온 반론이기 때문이다. 그렇다면 EMT 옹호자들이 그런 주장을 하는 근거들은 무엇인가? 여기서는 그들의 핵심 논변들 중에서 두 가지(등가성 원리와 결합 논변)를 비판적으로 검토해보고자 한다.

(1) 등가성 원리

이른바 '등가성 원리parity principle'는 확장된 인지 이론을 제시한 클락Andy Clark(1957~)과 차머스David Chalmers(1966~)의 논의에 잘 드러나 있다. 이 원리는 인지에 개입된 외부 과정들과, 통상적으로 인지적이라고 간주되는 내부 과정들 간의 유사성 관계에 주목한다. 컴퓨터로 테트리스 게임을 하는 경우를 생각해보자. A 씨는 마음속으로만 블록을 회전시켜보는 방법으로 올바른 자리를 찾아보고 있다. B씨는 동일한 게임을 하지만 마우스 작동을 통해 화면에서 직접 블록을 회전시키면서 자리를 찾고 있다. 한편 C씨의 경우는 뇌에 이식된 신경 임플란트 장치를 통해 빠르고 정확하게 블록을 회전시키면서 자리를 찾고 있다(Clark & Chalmers, 1998).

그렇다면, 자연적인 뇌에서 처리되는 인지(A씨), 뇌의 외부에 있는 장치를 활용한 인지(B씨), 그리고 뇌의 내부에 존재하는 장치를 활용하는 인지(C씨)는 얼마나 유사한가? 클락과 차머스는 이 세 경우가 본질적으로는 차이가 없다고 답한다. 우선, A씨와 C씨의 경우에는 본질적으로 차이가 없다. 한편 마우스를 사용하는 B씨의 인지는, A씨의 경우처럼 뇌의 내부에서 일어나는 경우는 아니지만, 행위자와 컴퓨터에 분산된 형태의 인지로서, 계산 구조상 동일하다. 그들은 인지 과정을 규정하기 위해 피부나 뼈의 경계에 집착해서는 안 된다고 말한다. 다음을 보자.

> 우리가 어떤 과제에 직면했을 때, 세계의 한 부분이 마치 그 것이 우리 머릿속에서 행해졌더라면 우리가 그것을 인지 과정의 한 부분으로 인정했을 과정처럼 작용한다면, 세계 의 그 부분을 우리는 바로 인지 과정의 부분으로 보아야 한 다. 인지 과정이 (모두) 머릿속에 있는 것은 아니다!(Clark & Chalmers, 1998, p. 8)

우리는 계산을 할 때 암산이 아닌 종이와 펜으로 계산을 하곤 한다. 그리고 머릿속이 아닌 휴대폰으로 친구의 전화번호를 검 색하고, 길을 찾기 위해 기억보다는 네비게이션에 의존하며, 노 트북을 열어 동료의 이메일 주소를 알아낸다. 클락과 차머스의 위의 주장을 받아들인다면, 종이, 펜, 휴대폰, 네비게이션, 노트 북 같은 것들 속에서도 머릿속에서 일어나는 것과 같은 종류의 인지 과정이 일어난다고 보아야 한다. 나아가 뇌가 인지 체계인 것과 마찬가지로 그것들도 인지 체계이다. 이것이 바로 그들이 주장하는 등가성 원리의 핵심이다.[4]
　하지만 내부 과정과 외부 과정이 정말로 같은 종류의 인지 과 정인가? 외장 메모리(가령, USB)와 인간의 기억을 비교해보자. 외 장 메모리의 상태 또는 과정이 인간의 뇌 속에서 벌어지는 기억

차량용 네비게이션도 인지 과정의 일부라고 볼 수 있을까?

하기 과정remembering process과 동일하다고 볼 수 있는가? 아닌 것 같다. 우리의 뇌는 탄소로 되어 있지만 외장 메모리는 실리콘으로 되어 있기 때문만은 아니다. 그리고 계산 과정이 일어나는 추상화 수준에서 공히 튜링 기계Turing machine가 작동하고 있다는 사실을 간과해서도 아니다. 외장 메모리와 인간의 기억 과정이 동일하지 않은 것은, 인간의 기억 과정은 진화와 발생 과정의 산물로서 그 자체가 수많은 유관 정보들의 총합인 반면, USB와 같은 외장 메모리에는 그런 식의 배경 정보들이 전혀 없기 때문이다. 다시 말해 둘의 기능은 유사할 수 있지만, 그 기능이 수행되는 맥락은 전혀 다르다는 것이다. 따라서 외부 장치와 환경에서도 내부의 인지 과정과 동일한 방식의 일들이 일어날 수 있다는 등가성 원리는 문제가 있다(Rupert, 2004).

한편, EMT의 등가성 원리의 또 다른 문제점은 뇌의 확장과 환경의 확장을 동일한 것으로 간주할 수 없다는 사실로부터 나

10장 • 뇌 밖에도 마음이 존재하는가?

온다. 뇌와 휴대폰이 인지적으로 등가적이라면 '뇌의 확장으로서의 휴대폰'뿐만 아니라 '휴대폰의 확장으로서의 뇌'도 상상할 수 있어야 한다. 하지만 우리는 뇌의 부속 장치로서 휴대폰을 상상할 수는 있어도 휴대폰의 부속 장치로 뇌를 상상하기는 힘들다. 가령, 우리가 더 많은 전화번호를 저장하고 더 많은 사람과 통화하기 위해 여러 대의 휴대폰을 활용할 수는 있다. 하지만 휴대폰이 무슨 목적으로 어떻게 인간의 뇌들을 활용할 수 있단 말인가? 가령, 다음과 같은 에피소드를 상상해보자.

#2. C씨는 D씨를 폭행 혐의로 고소했다. 고소장에는 이렇게 적혀 있었다. "D씨가 C씨의 외장 메모리를 밟아 손상시켰고, 그로 인해 C씨의 중요한 기억 일부가 한 순간에 사라졌다. 이는 마치 교통사고를 당해 뇌 손상이 일어나 기억상실증에 걸린 것과 똑같은 경우이므로, D씨는 외장 메모리에 대한 손해배상 뿐만 아니라 형사상의 책임도 져야 한다."

만일 뇌와 외장 메모리가 동일한 인지 과정에 의해 작동하며, 더 나아가 동일한 종류의 인지 체계라고 한다면, 뇌 손상과 외장 메모리의 파괴도 물리적으로나 윤리적으로도 동일한 효과를 낳아야 할 것이다. 하지만 우리 직관은 너무도 명확히 이런 결론을 거부한다.

(2) 결합 논변

EMT를 뒷받침해주는 또 다른 논변은 이른바 '결합 논변coupling argument'이다. 간단히 말해, 결합 논변은 마음, 몸, 그리고 환경이 하나의 결합된 체계coupled system로서 하나의 인지 체계를 형성한다는 주장이다. 클락과 차머스의 다음 진술을 보라.

> 외부 도구를 사용하는 경우에 인간 유기체는 외부의 존재자와 쌍방적 상호작용을 통해 하나의 인지체계로 간주될 수 있는 '결합된 체계'를 만들어낸다. 그 체계의 모든 요소들은 각각 적극적인 인과적 역할을 담당하며, 다 합해져서는 인지가 일반적으로 하는 방식과 동일하게 행동을 통제한다. 만일 우리가 외부의 요인들을 제거한다면 그 체계의 행동능력은 떨어질 것이다. 그리고 이것은 우리가 뇌의 일부를 제거했을 때 벌어지는 일과 똑같다. 이러한 종류의 결합된 과정은 인지과정과 동일하며 그 과정이 뇌 속에서 일어나는지 아닌지는 상관없다.(Clark & Chalmers, 1998, pp. 8~9)

결합 논변은 뇌, 몸, 그리고 환경 간의 인과적인 상호작용으로 인해 인지 과정이 생겨난다는 발상으로서 다음과 같이 단계를 거친다.

(a) 뇌, 몸, 환경 간의 중요한 인과적 결합이 있다.

10장 • 뇌 밖에도 마음이 존재하는가?

(b) 뇌, 몸, 환경이 하나의 인지 체계를 형성한다.

(c) 따라서, 뇌뿐만 아니라 몸과 환경도 인지 과정의 한 부분을 구성한다.

결합 논변의 결론은 간단히 말해 뇌도 인지 과정의 여러 구성 요소들 중 하나일 뿐이라는 것이다. 물론, 뇌가 인지의 구성 요소인 것은 의심의 여지가 없다. 하지만 몸과 환경도 뇌와 동등한 지위를 갖고 있는 또 다른 구성 요소들이란 말인가? 위에 인용된 클락과 차머스의 주장처럼, 뇌를 제거했을 때 벌어지는 일과 몸 또는 외부 환경(외부 인공물 포함)을 제거했을 때 벌어지는 일이 똑같다는 말인가?

클락과 차머스만이 아니다.[5] EMT의 주요 논자 중 하나인 노에Alva Noë(1964~)도 복잡한 계산에서 사용되는 연필과 종이의 예를 들면서 다음과 같이 주장한다. "우리가 할 수 있는 수많은 계산들을 위해 종이와 연필은 꼭 필요하다. 만일 그것들이 계산을 위해 필요하다면, 그것들을 계산 활동의 필수 요소의 부분으로 간주해서는 왜 안 되는가?"(Noë, 2004, p.220)

뇌와 인공물이 인과적으로 결합되어 어떤 기능을 수행하고 있다는 그들의 주장은 받아들일 만하다. 하지만 그 주장이 인공물도 인지 과정을 함께 '구성한다constitute'는 결론을 이끌어낼 수 있는가? 그렇지는 않아 보인다. 뇌가 외부 A와 함께 X 체계를 수행한다고 해보자. 그렇다고 해도 그 체계의 모든 것들이 X를 수행한다고 볼 수는 없다. 예를 들어, 에어컨의 모든 요소들과 과정들은 인과적으로 결합되어 냉각 작용을 한다. 하지만 이 기능을 수행하는 데 인과적으로 결합되어 있는 모든 요소들을 '공기의 온도를 조절하는 과정들'이라고 하긴 어렵다. 또한, 컴퓨터의 발열장치도 다른 요소들과 인과적으로 결합되어 있긴 하지만, 그것을 '계산을 하는 과정들'이라고 보긴 힘들다. 다시 말해 외부 A가 인지를 구성한다고 말하기는 힘들다는 것이다. 반면 뇌가 인지를 구성한다고는 할 수 있다. 이렇게 EMT 옹호자들은 인과적 결합causal coupling과 구성을 동일한 것으로 혼동하고 있다 (Adams & Aizawa, 2009, p.17).

　결합 논변에 대한 또 다른 문제점이 있다. 그것은 EMT 옹호자들의 주장만큼 뇌, 몸, 환경이 서로 결합되어 있는 것은 아니라는 점이다. 뇌, 몸, 환경 간의 상호작용에는 늘 '시간 지연' 문제가 발생한다. 또한 환경이 늘 투명transparent해서 뇌가 언제나

컴퓨터의 발열장치도 다른 요소들과 인과적으로 결합되어 있긴 하지만, 그것을 '계산을 하는 과정들'이라고 보긴 힘들다.

10장 • 뇌 밖에도 마음이 존재하는가?

원하는 때에 조작할 수 있는 것도 아니다. 오히려 환경은 많은 경우에 반투명translucent하거나, 심지어 적대적이기 때문에 마음이 환경에 대해 '분리된 표상decoupled representation'을 갖도록 진화했을 수 있다(Sterelny, 2004). 즉, 뇌, 몸, 환경 간의 인과적 결합이 늘 용이한 것은 아니라는 것이다.

DST와 EMT: 비판적 검토

마음을 뇌로 국한시키지 않으려는 EMT는 발생을 유전자로 국한시키지 않으려는 DST와 쌍둥이처럼 비슷한 논변 구조를 가진다. 이 절에서는 DST에 대한 비판적인 검토를 통해 EMT에 대한 새로운 비판을 전개하려 한다. 이를 위해 우선 DST의 출현 배경과 핵심 주장을 차례로 알아볼 것이다. 그리고 DST와 EMT를 비교한 후, DST에 대한 비판과 EMT의 문제점을 연결해 볼 것이다.

(1) DST의 출현 배경과 핵심 주장들
왓슨과 크릭의 DNA 구조 발견 이후부터 현대 생물학은 유전자 중심의 연구 프로그램을 비약적으로 발전시켜왔다. 이 프로그램 내에서는 유전자만이 유전과 발생 현상에 인과적 책임을 지는 존재로 인식되어 왔다. 즉, 유전자만이 진화, 유전, 발생에 대

한 정보를 가지고 있으며 그 과정들을 통제한다는 것이다. 이
와 관련하여 1990년대 이후부터 유전 정보, 유전 프로그램, 유전
자에 대한 다양한 개념들, 그리고 유전자의 역할에 대한 상충적
견해들이 검토되고 있긴 하지만, 유전자의 막강한 지위는 여전
히 유지되고 있다(Beurton et al., 2000).

　생물의 발생에 관여하는 유전자의 역할이 지나치게 부풀려져
있다고 주장하는 이들은, 발생을 안내하는 프로그램과 개체의
진화된 형질에 대한 정보를 유전자만이 간직하고 있다는 생각
은 정당화되기 힘들다고 비판한다(Keller, 2000; Sarkar, 1996; Griffiths et
al., 1994). 그들에 따르면, 유전 정보는 DNA 서열, RNA 서열, 그
리고 단백질 구조 간의 관계 맥락에서만 정확한 의미를 지닌다.
그리고 한 걸음 더 나아가 유전자뿐만 아니라 다른 몇몇 자원들
도 발생에 관한 정보를 가지고 있다고 주장한다. 그들에 따르면,
만일 모든 다른 발생 자원들이 일정하다면 생활사를 통해 유전
자에 관한 정보가 드러날 테지만, 반대로 유전자가 일정하다면
그 밖의 다른 자원들에 대한 정보가 드러날 것이다. 결국, 그들
은 유전자를 포함한 여러 자원들이 발생 과정에서 인과적으로
동등한 역할을 담당하고 있다고 주장하는 셈이다. 그리고 그들
은 그런 생각을 인과적 정보에 대한 '등가성 논제parity thesis'라고
부른다. 등가성 논제는 오야마Susan Oyama의 책에서 제일 먼저 등
장한다(Oyama, 1985).

　등가성 논제를 받아들이는 사람들은 DNA만으로는 하나의

수정란 세포가 결코 정상적으로 발달할 수 없다고 말한다. 더불어 필요한 것들은, 미세소관microtubule으로 구성된 기저체basal bodies와 중심립centriole, 세포질cytoplasm의 적정한 화학 농도 분포, DNA 메틸화methylation 양상, 세포막, 그리고 세포내 소기관 등이다. 그런데 흥미롭게도 이런 자원들—이 모든 것들은 비유전자적 대물림epigenetic inheritance이라고 통칭될 수 있다.—은 유전자와 마찬가지로 세대를 거치며 대물림된다고 알려져 있다(Jablonka & Szathmary, 1995). 따라서 유전자만이 정보를 가지고 있고 환경(여기서는 주로 세포내 환경을 말함)은 단지 그 유전자에 간섭 작용만을 하는 고정된 배경일 뿐이라는 생각은, 발생에 대한 잘못된 통념이라고 그들은 비판한다. 그들에 따르면, 정보는 유전자적인 발생 원인과 비유전자적인 발생 원인 모두에 존재한다(Griffith & Gray, 1997). 쉽게 말하면, 유전자가 아닌 다른 발생 자원들이 발생 과정에서 독립적으로는 아무 일도 할 수 없는 것과 마찬가지로 유전자도 혼자서는 무력하다는 주장이다.

한편, 유전 프로그램의 개념도 유전 정보의 개념만큼이나 논란이 되고 있다. 몇몇 학자들은 "어떤 물리적 대상이 마치 프로그램이 된 듯 물리법칙에 따라 움직이듯이, 유전자가 발생 과정에서 그런 프로그램을 실행시키는 역할을 하는가?"라고 묻고 답한다. 가령, MIT의 생물학사가인 켈러E. F. Keller(1936~)는 유전자가 결코 그런 역할을 하지 못한다고 단언한다. 그리고 대다수의 생물학자들은 그런 사실을 명백히 알고 있다고까지 말한다.

이에 분자생물학의 역사를 기술하는 몇몇 학자들도 유전 프로그램이라는 개념이 처음에는 가설로 시작되었지만, 시간이 지나면서 일종의 발견법(은유)으로 그리고 오늘날에는 단지 대중화의 한 방편으로 전락했다고 주장한다(Keller, 2000).

추락하는 유전자에는 날개가 있을까? 최근 몇 년 사이에 활발히 논의되고 있는 DST는 실추된 유전자의 위신에 오히려 마지막 주먹을 날리는 격이다. DST의 핵심 주장은 다음의 여섯 가지로 요약될 수 있다(Oyama et al. 2001).

(a) 다양한 원인들에 의한 연대 결정: 모든 형질은 유전자를 비롯한 다른 많은 발생 자원들 간의 상호작용으로 인해 산출되며 '유전자/환경'의 이분법은 이런 상호작용자들을 나누는 하나의 방식일 뿐이다. 유전자는 수많은 발생 자원들 중 단지 하나일 뿐이다. 따라서 '천성/양육', '유전자/환경' 등과 같은 이분법은 틀렸을 뿐만 아니라, 그런 이분법에 대한 대안적 설명으로 제시된 상호작용론마저도 틀렸다.

(b) 맥락 민감성과 우발성: 수많은 원인들 중에 어떤 것이 중요한지는 체계의 나머지 상태에 따라 우발적으로 결정된다. 즉, 발생 과정은 맥락에 민감하며 우발적으로 일어난다.

(c) 확장된 대물림: 유기체는 유전자뿐만 아니라 다른 여러 발생 자원들을 대물림하며, 그 자원들 간의 상호작용을 통해 자신의 생활사를 구성한다.

(d) 구성으로서의 발생: 발생 과정에서 다음 세대에 전달되는 것은 형질도, 형질의 표상도 아니다. 형질은 발생 과정에서 매번 만들어지고 재구성된다.

(e) 분산 통제: 유전자만이 발생을 통제하지는 않는다. 통제는 분산되어 있다.

(f) 구성으로서의 진화: 진화는 환경으로 인해 형성되는 개체군에 관한 문제라기보다는, 시간이 지나면서 '유기체-환경 체계'가 어떻게 변하는가에 관한 문제다.

이런 주장들은 대물림, 발생, 그리고 진화에 있어서 유전자가 도대체 어떤 역할을 하는지에 대한 가장 극단적인 견해이며 특히 현대의 주류 진화생물학에 대한 강력한 도전이다. 최근에 DST는 유전 정보, 유전 프로그램에 대한 그간의 의심들을 전면적으로 수용하고, 더 나아가 유전자 중심의 기존 진화론을 발생계 중심으로 다시 정식화해보려는 야심찬 시도로 평가받고 있다. 예컨대, DST에 따르면, '발생계'는 특정한 진화 계통의 생활사를 산출하도록 상호작용하는 물리적 자원들의 체계로 지칭되며, '계통'은 유사한 개별 생활사가 인과적으로 연결된 서열로, '대물림'은 발생 자원이 후속 계통들로 믿을 만하게 재생산되는 것으로, '자연선택'은 발생계의 대물림 가능한 변이들의 차별적 재생산으로, 그리고 '진화'는 발생계들의 개체군 구성물이 시간에 따라 변화하는 것으로 다시 정의된다. DST는 그간의 주류 진화생물학의 유전자 자리에 '발생계'를 대신 대입하고 있는 듯하다(Gray, 2001; Griffiths & Gray, 2001).

(2) DST와 EMT에 대한 비판

여기까지 오면 우리는 자연스럽게 DST가 EMT와 너무나 유사한 논의 구조를 가지고 있다는 사실에 놀라게 된다. 이 둘은 각각 유전자와 뇌의 인과적 지위에 대한 통념을 거부하는 도발적 이론들로서 꼭 쌍둥이처럼 동형적 구조를 갖고 있다. 예컨대 EMT가 '등가성 원리'와 '결합 논변'을 통해 뇌를 넘어서는 체화/확장/분산된 인지를 주장하듯이, DST는 '등가성 논제'와 앞의 (a)~(f)를 통해 유전자를 넘어서는 발생계를 주장한다. EMT의 등가성 원리와 DST의 등가성 논제는 사실상 같다. 다음을 보면 더욱 분명해질 것이다. 인용문은 각각 등가성 원리와 등가성 논제에 해당된다.

"인지는 뇌에서만 일어나는 과정이 아니다. 그것을 넘어선다… 인지와 행동은 개체와 환경 간의 신체적 상호작용에 의해서 생겨난다… 이 관점에 따르면, 인지상태는 상호작용하는 요소들로 구성된 물리시스템에 의해서 가장 잘 설명된다. 뇌는 그 요소들 중 하나일 뿐이다. 즉, 뇌는 행동의 명령자나 디렉터로서가 아니라 오히려 똑같이 중요한 여러 행위자들 중 하나로 보아야만 한다."(van Dijk et al. 2008, p.298)

"발생 과정에서 유전자와 그 밖의 다른 인과 요인들을 구분하는 것은 단지 여러 방식의 구분법들 중 하나일 뿐이다… 유전자는 수많은 발생 자원들 중 하나일 뿐이다."(Oyama et al. 2001, p.2)

우리는 이미 앞에서 EMT를 비판적으로 검토했었다. 그런데 DST와 EMT의 유사성이 이 정도로 깊다면, DST에 대한 비판적 검토를 통해서도 EMT에 대한 비판에 이를 수 있다고 기대할 만하다. 그렇다면 DST는 어떻게 평가되어야 하는가? DST에 대한 기존 학계의 반응은 대체로 크게 세 가지다.

첫 번째 반응은 DST를 전면적으로 거부하는 입장이다. 이 입장을 옹호하는 이들은 생물학자들이 여전히 유전자의 특권적 지위를 명백하게 받아들이고 있으며 실제로 그것에 근거해서 자신의 연구 활동을 성공적으로 수행하고 있다고 반론한다. 가령, 메이너드 스미스J. Maynard Smith(1920~2004)는 발생 과정에서 여러 요소들이 인과적인 상호작용을 하긴 하지만, 유독 유전자만이 그런 인과적 역할뿐만 아니라 진화 과정에서 획득된 지향적 의미를 가진다고 주장한다. 즉, 유전자 외에 다른 환경들은 지향적 의미를 담고 있는 정보를 갖고 있지 않다는 것이다 (Maynard Smith, 2000).

실제로 분자생물학과 발생학의 교과서들을 보면 유전자의 지위는 여전히 그 중심에 자리하고 있으며, 다른 발생 요인들은 유전자를 둘러싼 환경으로 취급되고 있다. 그것들에 따르면, 유전자와 표현형 간의 복잡한 관계는 유전자를 제외한 다른 발생 자원들의 개입 때문이라기보다는 유전자들 간의 상호작용―대표적으로 다면발현pleiotropy과 다인자발현polygeny이 있다―때문이며, 이런 상호작용에 대한 문제는 최근 부상하고 있는 이보디보(evolutionary developmental biology의 약칭)에 의해 속속 밝혀지고 있다(이보디보에 대해서는 11장에서 더 자세히 다루겠다).

두 번째 반응은, 분자발생학자 대부분이 발생에 대한 분산된 통제와 발생 자원들―유전자적·비유전자적 원인들―의 맥락 민감성을 명확히 인지한 채 연구를 진행하고는 있지만, 실제의 연구 관행은 유전자에 특권적 지위를 부여하고 있으며 이런 도구적인 측면에는 큰 문제가 없다는 견해이다(Kitcher, 2001). 이 또한 유전자 중심적 발생 이론에 문제가 없다는 관점이다.

마지막 세 번째 반응은 위의 두 반응들보다는 DST에 공감하는 부분이 많다. 왜냐면 이들은 DST에 의해 제기된 중요한 몇 가지 통찰을 받아들여 복제자의 목록에 비유전자적 대물림을 하는 자원들까지 포함시키기 때문이다. 하지만 이들도 진화의 단위를 복제자가 아니라 발생계라고 주장하는 것은 받아들이지 않는다. 왜냐면 복제자의 목록을 그런 식으로 확장하는 것만으로도 발생계의 맥락 민감성 문제 등을 별 탈 없이 다룰 수 있기 때문이다(Sterelny, 1996).

이런 반응들을 종합해보면, DST는 도발적이긴 하지만 대안적 연구 프로그램으로 발전하기에는 가야 할 길이 아직 먼 것 같다. 실제로 유전자를 중시하는 기존의 연구 프로그램에서 소진의 기미를 찾기는 그리 쉽지 않다. 혹시 이런 상황에 대해 그동안의 연구지원이 유전자 중심의 연구에 집중되어 왔다는 점과 유전자가 환경 요인에 비해 실험실 내에서 상대적으로 용이하게 통제될 수 있었다는 점을 들어 DST에 공감을 표할 수도 있을지 모른다. 만일 연구지원 방식이 바뀌고 환경 요인을 실험실 내에서 성공적으로 통제할 수 있는 기법이 개발되면, 어쩌면 유전자에 특권적 지위를 부여하지 않는 연구 프로그램이 생물학의 주도적 패러다임이 될 수도 있을 것이다. 아무도 그런 가능성을 원칙적으로 부인할 수는 없다.

하지만 문제는, 유전자 중심의 연구 패러다임이, 굳이 토머스 쿤의 용법을 빌리자면, 아직 위기에도 이르지 못한 것 같다는 점이다. 아니, 좀 더 정확히 말하자면, 이제 막 성숙한 패러다임이 되어 가고 있는 중이라고 해야 할 것이다. 이런 상황에서 다른 가능성을 주장하는 일이 과연 어떤 의미가 있는지는 사실 곰곰이 생각해봐야 할 문제이다. 반면, DST를 옹호하는 이들이 만들어낸 연구 프로그램은 그동안 어떤 성과들을 내놓았는가? 그리고 앞으로 어떤 열매들을 약속하고 있는가? 증명의 부담은 DST 쪽에 있다.

그렇다면 DST에 대한 이런 비판들을 통해 EMT를 어떻게 볼수 있을가? DST 비판을 통해 배워보자. 첫 번째 교훈은, 인지에서의 '인과적 민주주의causal democracy'를 받아들일 필요가 없다는 것이다. 인지가 뇌, 몸, 환경 간의 복잡한 인과적 상호작용의 산물임을 기꺼이 받아들인다 하더라도, 뇌를 인지의 특권적 담지자 또는 표지로 받아들이는 데는 문제가 없다. 현대 생물학에서 유전자를 여전히 매우 특별한 발생 자원으로 간주하듯이 말이다.

두 번째 교훈은, EMT의 등가성 원리를 받아들일 필요가 없다는 것이다. 발생 자원들 중에 유전자만이 진정한 정보(진화적 정보)를 가지고 있듯이, 뇌(또는 신경계)만이 진화적 또는 발생적 정보를 가진 진정한 인지의 담지자다. 물론, 유전자는 여러 인자들—다른 유전자들과 환경(세포내/생태적 환경)—과의 상호작용의 결과로 발현된다. 하지만 유전자를 변화시켰을 때 나타나는 표현형의 범위는, 유전자가 아닌 다른 인자들을 변화시켰을 때 나타나는 표현형의 범위보다 훨씬 넓다. 마찬가지로, 뇌를 변화시켰을 때 나타나는 결과의 범위와 몸이나 환경을 변화시켰을 때 나타나는 결과의 범위는 상당한 차이를 가진다(전자가 훨씬 더 광범위하다).

세 번째 교훈은, 인지 과정에서 맥락의 중요성이 강조될 필요가 있다는 것이다. DST 옹호자들의 기대와는 달리 유전자 중심의 기존 연구 프로그램의 기조는 흔들리지 않았고, 당분간도 그럴 것이다. 하지만 DST는 유전자 발현의 맥락의 중요성을 부각시켰다는 긍정적 측면이 있다. EMT에 대한 태도도 마찬가지다. EMT의 주장과는 달리, 환경을 인지 체계의 부분으로 간주하는

10장 • 뇌 밖에도 마음이 존재하는가?

것은 틀림없는 오해지만, 인지의 상황적 측면situated cognition을 강조한 부분은 받아들일 만하다.

네 번째 교훈은, EMT가 대안적 연구 프로그램이 되기 위해서는 그것의 전일론적 특성holistic을 극복해야 한다는 것이다. DST는 기존 프로그램을 도발하는 주장들로 구성되어 있지만, 전일론적 특성 때문에 작동가능한 대안적 연구 프로그램이 되기 어려웠다. EMT도 전일론적 특성이 매우 강하기 때문에 똑같은 경계가 필요하다.

신경윤리학적 함의

지금까지 우리는 EMT를 비판적으로 검토해보았다. EMT의 핵심 주장들이 매우 도발적이고 흥미로운 것은 사실이나, 앞서 언급된 이유들 때문에 문제점이 노출된 것 또한 사실이다. 필자는 특히 DST와의 비교를 통해 EMT에 대한 유보적 입장, 또는 비판적 입장을 취했다. 여기서 시도한 '유비적 비판'이 EMT의 정당성을 훼손하는 데 결정적 역할을 하지는 못할 것이다. 나는 발생에서 유전자의 지위를 강등시킨 DST에 대한 비판적 검토가, 마음에서 뇌의 지위를 강등시킨 EMT에 대해 비슷한 종류의 비판을 제기할 수 있는 좋은 근거들을 제공한다고 생각한다. 본 시도는 그런 의미를 담고 있다.

다윈의 정원

이제 이 모든 논의들이 신경윤리학에 어떤 함의를 제공하는지 생각해 볼 때이다. 우선, EMT가 신경윤리학에 제공하는 함의부터 정리해보자.[6] 동등성 원리와 결합 논변을 통해 드러났듯이 EMT는 마음이 뇌에 있지 않다는 견해이다. 마음이 뇌를 넘어서 몸과 환경에 분산/확장/체화되어 있다는 그들의 주장이 타당하다면, 개인의 정체성이 뇌에 있다고 해서는 안 된다. 그리고 이런 결론은 뇌 연구와 뇌에 대한 개입을 윤리적 측면에서 고찰하는 데 주력했던 기존의 신경윤리학적 전통에 심각하게 도전한다고 할 수 있다.

사실, 기존의 신경과학과 신경윤리학은 마음에 개입하는 전통적 방법들—가령, 환경(몸, 사회, 문화적인 환경)을 변화시키거나 각종 심리요법을 쓰는—을 비과학적이라는 이유로 의도적으로 배제하거나 고려하지 않았었다. 하지만 EMT는 이들을 다시 살릴 수 있는 이론 틀을 제공한다. 왜냐면 EMT에 의하면, 뉴런, 신경전달물질, 뇌 구조에 영향을 주는 내부적 개입이 다른 방식의 외부적 개입들보다 더 우선적이고 특권적일 수 없기 때문이다. 우울증의 경우를 보자. 현대 신경과학이 우울증의 원인을 세로토닌 신경계의 기능 장애로 규정하기 때문에 의사들은 대개 SSRI(선택적 세로토닌 재흡수 억제제)류 등의 항우울제를 처방하는 방식으로 치료를 한다. 하지만 EMT가 참인 이론이라면 우울증이나 정신분열증과 같은 마음의 질병들은 뇌 장애만이라고 할 수 없다. 뇌, 몸, 그리고 환경이 결합하여 마음을 조성하기 때문이다. 다시 말해, EMT는 정신 건강에 대한 다른 담론을 추구한다. 이런 다름이 윤리적 측면에서는 어떻게 드러날까?

뇌 연구 중심의 현대 신경과학을 대상으로 삼아왔던 기존의 신경윤리학은 크게 세 가지 주제를 다뤄왔다. 첫째는 뇌영상 기술의 발전으로 인해 발생할 수 있는 윤리적 문제이다. 특정 뇌영상이 특정 형질에 대응된다는 식의 생각은 오늘날 신경과학 영역에서 널리 받아들여지고 있는 견해이다. 여기서는 뇌 프라이버시 문제와 기술의 부정확성 문제가 쟁점이 된다. 이 쟁점에 대해 EMT는 어떤 대답을 할 수 있을까? 뇌에 대한 집착을 끊는 EMT에게 뇌 프라이버시 문제는 더 이상 문제가 되지 않는다. 뇌는 인지 과정의 한 부분일 뿐이기 때문이다. 뇌가 몸, 그리고 환경과 어떻게 결합되어 있는지가 알려지지 않은 이상은 아무리 뇌영상 정보나 뉴런 정보가 노출되어도 정체성의 해킹은 일어나지 않는다. 마음이 분산되어 있어서 뇌에게만 정보적 특권을 줄 수도 없다.

주류 신경윤리학의 두 번째 주제는 정신약물에 의한 뇌 향상 프로그램과 관련되어 있다. 여기서는 정신약물들을 통해 기분, 자율신경 기능(수면, 식욕, 성욕), 그리고 인지 장애들(주의력 결핍)을 치료하고 그 기능들을 강화시키는 행위에 대한 정당성이 문제가 된다. 가령, 뇌 향상 프로그램이 일반화될 때 생길 수 있는 (뇌 향상을 하지 않은 사람들에 대한) 차별문제, 리탈린Ritalin(주의력 결핍 장애 치료 약물) 등의 약물치료를 받은 사람의 성과물과 프로작

Prozac 등으로 치료받은 사람의 '사람됨'을 평가하는 문제가 그것이다. EMT는 이런 쟁점에 대해서도 전제 자체를 의심한다. 즉, 약물을 써서 뇌를 향상시킬 수 있다 하더라도, 그것이 곧바로 마음의 향상, 사람됨의 변화를 의미하지는 않는다는 것이다. 이런 함축에도 동등성 원리와 결합 논변은 힘을 발휘한다.

신경윤리학의 세 번째 주제는 인지신경학이 기존 인문학(특히, 윤리학과 법학)에 던지는 함의에 관한 물음들이다. 여기서는 인간의 마음과 행동에 대한 인지신경학적 기초가 기존의 철학적 문제들—가령, 자유의지와 결정론의 문제—에 구체적으로 어떤 쟁점과 함의를 던져주는지를 탐구한다. EMT는 이런 주제에 대해서 어떤 견해를 가질 수 있을까? 우선, 자유의지에 관한 토론에서 더 이상 '신경 결정론neural determinism' 때문에 고민하지 않아도 된다. 왜냐면 뇌, 몸, 환경의 결합을 이야기하는 EMT는 신경생리학적 과정을 통해 우리의 마음과 행동이 결정된다는 신경 결정론을 받아들이지 않기 때문이다.

이상에서와 같이, EMT가 참인 이론이라면 신경윤리학은 우리가 이전에 생각했던 것만큼 그렇게 중요한 분야로 남기 힘들다. 이는 기존의 신경윤리학이 뇌 중심의 현대 신경과학 패러다임 내에서 성장한 분야였음을 역설적으로 드러낸다. 그렇다면 신경윤리학자들은 EMT의 도전 때문에 조용히 집에 가야 하는가?

다행스럽게도(?) 그럴 필요는 없다. 앞에서 검토했듯이 EMT는 한편으로 마음의 작동에서 몸과 환경의 역할을 과장하고, 다른 한편으로는 뇌를 중심으로 하여 온몸에 뻗어 있는 신경계의 중요성은 간과했다. 뇌 말고도 몸과 환경도 인지에 영향을 준다. 그것은 사실이다. 하지만 인지 과정에서 뇌와 다른 요인들을 동등하게 놓을 수는 없다. 몸의 컨디션을 향상시키기 위해 비타민을 복용하는 것과 뇌의 향상을 위해 리탈린을 먹는 것이 인지와 관련하여 똑같을 수는 없다. 신경과학은 뇌를 넘을 수 없고, 신경윤리학도 뇌에 관한 쟁점을 다루지 않고는 의미가 퇴색된다. 남의 머리를 손상시키는 것과 남의 휴대폰을 망가뜨리는 것이 윤리적으로 동등할 수는 없다. 다만, 어떤 요인(들)을 변화시키는 것이 인지 정체성이나 인지 향상에 얼마나 영향을 주는지는 상황에 따라 민감하게 판단되어야 한다. EMT의 역할은 뇌가 아닌 다른 요인들의 존재감을 알리는 선에서 정리되어야 할 것이다. 뇌를 넘어서기에는 우리가 뇌에 대해 아는 것이 아직은 너무 적지 않은가?

혁신은
어떻게 오는가?

자연에서 배우는 진화적 혁신의 원리

혁신은 우리 인간의 전유물이 아니다. 지난 40억 년 동안 자연은 그야말로 혁신의 공간이었다. 박테리아의 출현에서부터 다세포 생물의 탄생, 그리고 인류의 등장에 이르기까지, 자연은 점진적 진화만으로는 얻기 힘든 엄청난 혁신의 산물들을 만들어왔다. 자연은 혁신에 관한 한 우리의 까마득한 선배인 셈이다. 자연으로부터 혁신의 원리를 배울 수 있다면, 그것은 무엇일까? 이 장에서는 최근 큰 주목을 받기 시작한 이보디보_{evo-devo}를 통해 진화적 혁신의 원리를 이끌어내 보고자 한다.

"작은 차이가 명품을 만든다."

(필립스 광고)

지난 40억 년 동안 지구 상의 생명체는 자연의 혹독한 문제들을 어떻게든 해결해왔기에 진화할 수 있었다. 물론 복잡하게 변화된 환경에 적절히 대처하지 못해 사라져간 종들이 훨씬 더 많은 것이 사실이다. 하지만 자연은 융합을 통해 수많은 혁신들을 실험해왔다. 최초의 복제자로부터 출발하여 단세포를 거쳐 현재의 이런 복잡한 생명체들로 진화하기까지, 자연의 융합 실험은 지금도 계속되고 있다. 예컨대 원래는 독립적으로 생활하던 미토콘드리아가 다른 원핵세포prokaryote cell와 융합되어 최초의 진핵세포eukaryote cell가 된 사건이나, 발생 과정을 통제하는 *Hox* 유전자*Hox* gene가 새롭게 재조직됨으로써 복잡하고 다양한 생명의 세계가 열린 것들은 모두 '진화적 융합'을 통해 자연이 이룩한 창의적 혁신들이다.

이렇게 보면 융합을 통한 창의성과 혁신은 우리 인간의 전유물이 아니다. 좀 더 정확히 표현하면, 한편으로 우리 인간은 지난 40억 년 동안 자연에 의해서 쉼 없이 진행되어 온 융합 실험의 산물이면서, 다른 한편으로 새로운 종류의 융합들(지식 융합, 기술 융합 등)을 시도하는 유일한 존재라고 할 수 있다.

생명의 진화 역사에서 가장 중요한 사건은 무엇일까? 처음으로 세포가 생긴 순간일까, 아니면 최초의 DNA가 탄생한 시점일까? 아마 최초의 다세포 생물이 진화한 순간을 꼽는 이도 있을 것이다. 이보다 규모를 좀 낮춰서 원시 물고기가 지느러미를 갖게 된 순간이라든지, 초기 양서류가 사지limb를 갖게 된 시점, 혹은 곤충이 날개를 달게 된 순간 등을 생각해 볼 수도 있다. 그렇다면 도대체 생물계에서 어떻게 이런 혁명적 변화들이 생겨나게 되었을까? 그리고 이런 혁신들을 통해 생명의 역사는 어떤 경로를 밟게 되었을까? 이른바 '진화적 혁신evolutionary innovation'에 관한 연구는 지구에서 벌어진 생명의 진화 역사를 이해하는 데 있어서 꼭 필요한 작업이다.

진화적 혁신: 블랙박스에서 핵심 쟁점으로

진화적 혁신이 어떻게 일어나는지를 알기 위해서는 우선 진화의 작동 메커니즘을 이해할 필요가 있다. 자연선택에 의한 진화 과정은 유전가능한 변이들이 발생하는 단계와 그 변이들에 대해 자연선택이 작용하는 단계로 나뉘어 분석될 수 있다. 진화적 혁신에 대한 탐구는 일차적으로 첫째 단계인 변이 생성 메커니즘과 관련된다. 즉, 깃털, 눈, 사지와 같은 새로운 형질들이 어떻게 세상에 처음 나오게 되었는지를 묻는다. 이런 형질들을 향후에 선택·보존하는 자연선택도 논리상 이런 참신한 형태들이 나온 뒤에야 작동할 수 있다.

  하지만 불행히도 다윈 이후로 이런 새로운 형질들의 기원 문제는 주류 진화생물학자들의 관심 밖에 있었다. 실제로 20세기 전반기 내내 진화생물학자들은 변이를 산출하는 발생 메커니즘을 마치 블랙박스처럼 여기고 그런 변이들의 존재만을 가정한 후 그 변이들에 작용하는 자연선택 메커니즘에만 주로 관심을 기울였다. 즉 변이들이 어떻게 생기는지는 묻지 않은 채 그저 변이들이 무작위적으로 일어난다는 선에서 얼버무린 셈이다. 발생학을 비과학적이라고 내친 진화생물학의 근대적 종합the Modern Synthesis이 이런 상황을 만든 주범이었다(Gilbert et al., 1996; Holland, 1999).

  그러다 보니 진화적 혁신의 기원 문제는 점점 더 풀리지 않는 수수께끼로 남게 되었다. 진화적 혁신이 생기려면 거대 돌연변이macromutation가 발생해야 하는데, 그런 것들은 무작위적으로 나오기도 힘들고 설령 발생한다 해도 대부분 해로운 것들이기 때문이다.

사실 진화적 혁신의 기원 문제는 다윈 자신도 곤란을 겪었던 문제였다. 그는 《종의 기원》에서 캄브리아기에 엄청난 혁신들이 일어났다는 사실을 인정하면서도 왜 그런 혁신들이 생겨나게 되었는지는 잘 모르겠다고 고백한 바 있다(Darwin, 1859). 특히 점진론을 확립한 당사자로서 이른바 캄브리아기의 대폭발The Cambrian explosion을 설명하는 일은 분명 녹록지 않았을 것이다. 또한 화석 기록의 불연속성도 다윈을 아주 곤혹스럽게 만든 증거였다. 급기야 그는 화석 기록이 불완전하기 때문이라고 둘러댈 수밖에 없었고, 이런 핑계는 지난 100여 년 동안 진화론의 지위를 어떻게든 깎아 내리려는 창조론자들에게 결과적으로 좋은 빌미를 제공했다(Ruse, 2001). 종 내에서의 변이들은 인정할 수 있지만 그 이상의 상위분류군 수준에서 벌어지는 거대 규모의 변화들은 기존 진화론으로 도저히 설명되지 않는다는 주장은 창조론자들의 단골메뉴이지 않던가!

하지만 지난 30년쯤 전부터 발생생물학을 진화생물학의 큰 틀 속에 편입시키려는 노력이 진행되면서 진화적 혁신의 기원에 관한 연구는 활기를 띠기 시작했다. 더 최근에는 이보디보의 등장으로 혁신에 관한 논의가 핵심 쟁점으로까지 부상했다.

그렇다면 생물계의 진화적 혁신은 정상적 범위의 변이들과 어떻게 구분될 수 있을까? 진화적 혁신을 정의하는 일은 조직의 다양한 수준들에서 가능하다. 즉, 유전자 수준에서부터 개체의 표현형에 이르는 수준까지 다양하게 적용될 수 있다. 또한 이런 모든 수준들 내에서 벌어진 지난 40억 년 동안의 대전환 사건들도 당연히 포함되어야 한다. 형태(표현형)적 정의는 여러 정의들 중에서 외연이 가장 넓으며 널리 통용되고 있다.

이 정의에 따르면 형태적 혁신morphological innovation이란 조상 종뿐만 아니라 자기 자신의 신체 내에서도 상동적homologous 대응물을 가지고 있지 않은 새로운 구성 요소로서, 그것 때문에 그 개체가 진화적으로 큰 성공을 거두는 변이들을 지칭한다. 쉽게 말하면 진화적 혁신이란 과거 형태와는 질적으로 다르며 바로 그 다름 때문에 매우 성공적인 변이를 지칭한다. 이렇게 정의하면 비교적 최근에 벌어진 척추동물의 출현에서부터 그 이전의 좌우대칭성 동물bilaterians의 출현, 그리고 그보다 훨씬 이전에 벌어진 다세포 생물의 출현 등이 진화적 혁신의 외연에 들어온다. 물론 최초의 진핵생물도 명백한 진화적 혁신이었다. 이런 혁신들이 일어날 때마다 지구 생명체의 진화 경로들은 근본적인 변화를 겪으며 다양해졌다. 이런 변화는 딱정벌레의 새로운 종이 지구 상에 하나 더 생겨나는 변화와는 근본적으로 달라 보인다. 좀 더 구체적으로는, 최초의 진핵생물eukaryotes은 대략 19억 년 전에, 좌우대칭성 동물은 5억 7천만 년 전쯤에, 절지동물arthropods은 5억 4천만 년 전쯤(캄브리아기)에, 사지동물tetrapods은 3억 6천만 년 전쯤에 생겨났다. 이것은 진화의 주요 사건들이다(S. B. Carroll, 2001a). 그런데 이보다는 다소 작은 규모에서 벌어지는 변이도 혁신의 지위를 가질 수 있는 듯하다. 예컨대 비늘에서 깃털이 처음으로 진화했을 때라든지, 온혈동물이 처음으로 출현하게 된 시점도 진화적 혁신이 일어난 순간들이다. 깃털은 척추동물에게 하늘이라는 새로운 공간을 허락해 줬고 항온체계는 열대 지방의 문턱을 넘어설 수 있게 해줬다.

그렇다면 도대체 이런 대혁신들이 어떻게 생겨나게 되었을까? 즉 진화적 혁신의 메커니즘은 무엇인가? 그것은 일상적인 변이 메커니즘과 뚜렷이 구별되는가? 동물의 다양성이 어떻게 진화해왔는지를 이보디보의 관점에서 재구성해봄으로써 이런 중요한 질문들에 대한 해답의 실마리를 찾아보자.

진화적 혁신은 어떻게 오는가?

개혁을 원한다면 보수의 생리부터 잘 알아야 한다지 않는가. 진화적 혁신이 어떻게 일어나는지를 논하기 전에 그것의 방해 요인부터 검토해보자. 만일 내일이라도 당장 바퀴 달린 동물이 출현한다면 어떤 일이 벌어질까? 틀림없이 그 동물은 생명의 역사에서 진화적 혁신을 가장 최근에 이뤄낸 중요한 존재로 영원히 기억될 것이다. 하지만 이런 일은 절대로 일어나지 않는다! 왜 그럴까?

일단 '발생적 제약developmental constraint' 때문일 개연성이 높다. 발생적 제약이란 안정된 발생 체계의 본성으로 인해 특정 변이들을 발생시킬 수 없게 만드는 그런 제약이다. 또는 발생 체계가 한쪽으로 편향되어 있어서 특정 변이들을 아주 드물게만 발생시키는 경우도 넓은 의미에서 발생적 제약이라 할 수 있다. 예를 들어, 지네의 체절 수는 종에 따라 15개부터 191개까지 다양하지만 흥미롭게도 모두 홀수이다. 한편 곤충의 경우에는 머리 부분에는 6개, 가슴에는 3개, 그리고 배에는 9개의 체절이 있어서 총 체절 수는 18개로 고정되어 있다. 이것들은 발생적 제약으로밖에 설명될 수 없는 현상이다. 실제로 초파리의 경우에는 '간극 유전자$_{gap\ gene}$'가 초파리의 체절 수를 조절하는데, 인위적으로 이 유전자에 변이를 일으키면 인접한 체절들 사이에 경계가 무너져 결국 초기 배아 상태에서 죽고 만다. 이러한 변이는 자연 상태에서는 아주 드물게만 나타나는 것으로 알려져 있다. 초파리의 체절 수가 변할 수 없는 이유는 바로 이런 발생 상의 제약 때문이다(Arthur, 2001).[1]

비유하자면, 발생적 제약 문제는 일종의 첫 단추가 어디에 꿰어져 있는가에 관한 문제이다. 마지막 단추의 자리는 첫 단추가 어떻게 꿰어졌는가에 의해 영향을 받을 수밖에 없듯이 변이의 발생은 그 개체가 대대로 물려받은 발생 체계에 따라 크게 의존하기 때문이다. 일종의 역사적 유산$_{historical\ legacy}$인 셈이다. 이 유산을 청산하려면 물려받은 발생 체계를 수정하는 길밖에 없다. 이런 관점에서 보면 생명의 장구한 역사는 발생 체계의 변동사이며, 진화적 혁신의 출현 메커니즘에 관한 우리의 물음은 결국 발생 체계의 변동 메커니즘에 관한 물음으로 환원된다.

그렇다면 발생 체계의 변동은 어떻게 일어나는가? 실마리는 발생 유전자developmental gene에 있다. 사실, 통합 생물학을 지향하는 이보디보는 지난 30년 동안 이 발생 유전자들을 발견하는 과정에서 탄생했다고 해도 과언이 아니다. 그중 가장 중요한 발견은 이른바 호메오박스homeobox의 발견일 것이다. 미국의 발생학자 루이스Edward B. Lewis(1918~2004)는 1940년대부터 초파리의 체절 형성을 조절하는 호메오 유전자homeotic genes를 연구했었는데, 1970년대 후반기에 이르러 두 명의 독일 생물학자에 의해 그 염기서열(호메오박스)이 밝혀졌다. 그 이후로 연구자들은 이 호메오박스(180개의 염기로 구성된 특정 DNA 단편)가 초파리의 모든 세포 내에서 전사transcription 과정의 스위치를 정교하게 작동시킴으로써 세포의 운명을 결정하는 마스터 스위치 역할을 담당한다는 사실을 알게 되었다.

더욱 놀라운 것은 이 호메오박스들이 초파리에서 뿐만 아니라 심지어 쥐와 인간과 같은 척추동물에서도 동일하게 발견된다는 사실이다. 1980년대부터 호메오 유전자의 일종인 *Hox* 유전자에 대한 연구 결과가 그야말로 봇물처럼 쏟아져 나왔다. 예를 들어, 초파리의 발생과정에서 배아의 전후 축을 결정하는 염기서열은 포유류의 척추와 골 형성에 관여하는 유전자에도 같은 형태로 보존되어 있다는 사실이 밝혀졌다. 즉, 유사한 염기 서열이 계통적으로 아주 동떨어진 종에서도 매우 유사한 기능을 하

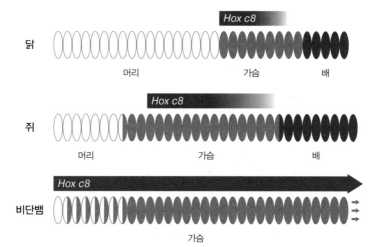

게끔 보존되어 있다는 것이다.

위의 그림은 이 *Hox* 유전자 중에서 *Hox c8*이라는 하나의 발생 유전자가 어떻게 조류, 포유류, 파충류에서 똑같은 기능을 하고 있는지를 드러내준다. 그림에서처럼 이 유전자는 닭, 쥐, 비단뱀에서 머리-꼬리 축을 따라 가다가 서로 다른 지점에서 발현된다. 즉, 동일한 발생 유전자들이 언제 어디서 발현되는가에 따라서 표현형에 획기적인 변화가 생긴다는 것이다. 유전자의 존재 유무만큼이나 발현 방식이 생명의 진화에 매우 중요하다는 사실이 밝혀진 셈이다. 이런 맥락에서 계통적으로 상당히 멀리 있

는 종들 사이에는 유전적 차이가 그만큼 클 수밖에 없을 것이라는 통념은 재고될 필요가 있다.[2]

　좀 더 포괄적으로 보자면 *Hox* 유전자와 같은 마스터 조절 유전자들은 생명의 다양성을 만드는 데 사용되는 일종의 레고 블록이다. 개구리, 악어, 제비, 침팬지, 그리고 인간을 만들려면 초파리의 경우보다는 레고 블록을 더 많이 사용해야 할 것이다. 하지만 이 모든 다양한 생명체를 진화시키는 과정 속에서 자연은 초파리를 위해 사용했던 레고 블록을 다시 활용해왔다. 생명의 다양성은 말하자면 레고의 수와 조립 방식이 변화된 결과이다. 즉 *Hox* 유전자 수의 증감과 그 유전자의 발현 방식의 차이 때문에 생겨났다. 아래 그림은 똑같은 형태의 두 건물이 어떤 식으로 분화되었는지를 보여준다. 두 건물은 '중복과 분화' 메커니즘에 의해 큰 변화를 겪었다고 할 수 있다. 이 예를 통해 우리는 *Hox* 유전자 수의 증가와 이후에 생기는 발현 방식의 변화,

중복과 분화(Scott, 2000). Photographs by Rovert S. Brantley

즉 '중복과 분화' 메커니즘이 무엇인지를 쉽게 이해할 수 있다.

　진화적 혁신도 근본적으로 이런 변화 때문에 일어났다. 아래 그림에서 보면 알 수 있듯이 다양한 규모의 형태적 차이들이 발생 유전자의 수와 발현 방식 때문에 생겨났다. 진화적 혁신을 위해서는 더 이상 거대 규모의 돌연변이 같은 것은 필요치 않다. 발생 유전자 수준에서의 작은 변화가 표현형 수준에서는 엄청난 혁신을 몰고 올 수 있기 때문이다. 다음 그림에서 (A)는 *Hox* 유전자 수의 변화로 인해 생긴 변화, (B)는 *Hox* 유전자의 발현 방식에 일반적인 변화가 일어난 경우, (C)는 *Hox* 유전자의 염기서열 중 일부가 변화한 경우, 그리고 (D)는 *Hox* 유전자의 발현에 영향 받는 하부 유전자들의 기능에 변화가 생긴 경우를 나타낸다. 그림에서 볼 수 있듯이 발생 유전자의 작은 차이는 실로 엄청난 표현형의 차이를 초래한다.

　이런 사실은 앞서 언급된 발생적 제약에 대한 흥미로운 해석을 가능케 한다. 그것은, 발생적 제약이 극복되고 진화적 혁신

| (A) | (B) | (C) | (D) |

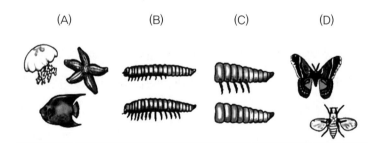

Hox 유전자의 변화가 동물의 진화에 미치는 영향(Gilbert, 2000)

이 일어나려면 발생 유전자의 수가 증가하거나 그 유전자의 발현 방식이 변화되어야 한다는 점이다. 발생 과정에서 별로 중요한 역할을 하지 않는 유전자들을 아무리 늘리거나 변화시켜봤자 근본적인 변화는 일어나지 않는다. 하지만 변화의 폭은 좁다해도 적재적소에 생겨난 변화라면 상위 수준에서 엄청난 차이를 야기할 수 있다.[3]

동물계에 존재하는 근본적인 형태적 차이는 총 26개의 문phyla으로 표현된다. 각 문은 각자의 신체 형성계획body plans을 갖고 있으며, 문보다 아래 단계의 분류군들(종, 속, 과, 목, 강)은 그 신체 형성계획 범위 내에서 생겨난 일종의 변형들이다. 예를 들어 딱정벌레가 속해 있는 절지동물과 인간이 속해 있는 척삭동물은 서로 다른 신체 형성계획을 가진 다른 문에 해당된다. 하지만 흥미로운 사실은, 이렇게 근본적으로 다른 신체 형성계획들도 따지고 보면 발생 유전자 수준에서 벌어진 몇 가지 변화의 산물이라는 점이다. 이 모든 신체 형성계획들이 동일한 주제의 변주에 불과하다는 사실은 20세기 후반의 가장 위대한 발견 중 하나일 것이다(Arthur, 1997; Erwin, 1999).

또 한 가지 놀라운 점은 이런 신체 형성계획들이 대부분 5억 7천만 년~5억 3천만 년 전쯤(캄브리아기)에 생겨났다는 사실이다. 당시의 변화가 워낙 대규모로 일어났기에 이를 흔히 '캄브리아기의 대폭발'이라 부른다.[4] 그렇다면 왜 이런 대규모의 변화들이 한꺼번에 갑자기 이 시기에 일어났을까?[5] 실제로 이 질문은 고생물학자들의 큰 고민거리였다.

내부적 요인으로는 *Hox* 유전자와 같은 발생 유전자들이 캄브리아기 바로 직전에 처음으로 생겨났다는 사실이 밝혀졌다. 그러나 이런 대폭발을 가능케 한 외부(환경)적 요인들에 대해서는 아직도 논란이 있다. 예컨대 어떤 학자들은 캄브리아기에 진입하기 이전의 약 7억 년 동안 계속된 산소량의 증가로 인해 생명체의 이동을 위한 연료가 풍부해졌고, 그로 인해 더 복잡한 신체 구조의 진화가 촉진되었다고 주장한다. 반면 캄브리아기 직전에 발생한 대멸종으로 인해 새로운 생명체들이 점유할 수 있는 적응 공간이 갑자기 열리는 바람에 그런 대폭발이 일어났다고 생각하는 이들도 있다(Gould, 1989; Conway Morris, 1998).

외부 환경이 생명의 진화에 미친 중대한 영향은 천하를 호령하던 공룡들을 사라지게 만든 K-T 대멸종 사건[6]에서 가장 극적으로 드러난다. 공룡 멸종의 원인에 대한 논쟁이 한동안 뜨거웠지만, 6천5백만 년 전에 외계에서 날아와 지구와 충돌한 소행성이 그 주범이라는 주장이 현재는 정설로 자리 잡았다(Raup, 1991). 공룡 멸종은 포유류에게 진화의 문을 활짝 열어주었고 결국 현생 인류로 이어지는 진화 경로의 원인으로 작용했다. 만일 백악기 말에 소행성이 지구를 약간 비껴갔더라면 지구 위의 생명체는 지금쯤 어떻게 되었을까? 하버드 대학의 저명한 고생물학자 굴드는 "진화의 테이프를 되돌린 후 초기 상태를 약간만 바꾸고 다시 재생시키면 현재와는 전혀 다른 생명체들이 생겨날 것"이라고 단언한다(Gould, 1996). 이렇게 외부 환경의 요인은 발생 유전자의 출현 및 개조와 더불어 진화 역사의 물줄기를 바꿔놓은 원동력이었다.

진화의 분수령과 모듈성의 증가

지금까지 우리는 발생 유전자의 진화를 통해 동물의 다양한 신체 형성계획들이 어떻게 생겨났는지를 주로 살펴보았다. 하지만 이런 논의에는 기껏해야 동물계 내에서의 혁신만이 다뤄졌다. 그렇다면 더 근본적인 혁신들, 가령 DNA세계에서 진핵세포의 출현과 단세포에서 다세포 생물로의 전환 등은 어떻게 가능했을까?

이것은 생물학의 가장 근본적인 물음이며 하나의 수수께끼이기도 하다. 왜냐하면 이런 대전환이 일어나기 위해서는 서로 경쟁하던 하위 수준의 존재자들이 상위 수준의 통합을 이끌어낼 수 있도록 어느 순간에는 협동했을 것이기 때문이다. 예를 들어, 핵 DNA와 미토콘드리아 DNA는[7] 서로 간의 복제 경쟁을 멈추고 하나의 막 속에 함께 묶여 진핵세포를 탄생시켰다. 그 세포가 소멸하면 함께 사라질 수밖에 없다는 의미에서 그들은 공동 운명체로 진화한 셈이다. 단세포에서 다세포 생물로의 전환 과정도 이와 유사하다. 단세포 생물의 입장에서 보면 다세포 생물로의 전환은 별로 내키지 않는 일일 수 있다. 자기 자신의 증식 뿐만 아니라 다른 세포의 증식에도 관심을 기울여야 하기 때문 이다. 여기서도 일종의 협동이 일어났다.

이와 관련하여 메이너드 스미스와 서트머리Eörs Szathmáry(1959~) 는 지구의 생명이 크게 여덟 번의 주요한 전환기major transitions in evolution를 거쳤다고 주장한다. 그들에 따르면, 생명은 각 전환기 때마다 그 수준에서 협동의 문턱을 넘어야 했고 이런 과정을 통 해 일종의 진보가 일어났다. 그들은 복잡성의 증가가 몇몇 경우 에 실제로 일어났으며 그 증가는 정보의 저장, 전달, 그리고 번 역 방식에 있어서의 몇 차례 큰 변화에 의존해왔다고 주장한다. 그들이 주장하는 여덟 번에 걸친 생명의 주요한 전환기를 간략 히 정리해보면 다음과 같다(Maynard Smith et al., 1999, pp. 17~18).

1) 자기 복제하는 분자 → 원시세포 속의 분자군

증식, 변이, 유전성을 지닌 최초의 대상은, RNA와 유사하지만 좀 더 간단한 구조를 가진 분자였다. 이 분자는 자기 복제를 할 수 있었지만 다른 구조를 명세화하지는 못했기 때문에 정보적 이지는 못했다. 이때 진화가 계속 진행되기 위해서는 다른 종류 의 여러 복제 분자들이 (다른 복제자의 복제를 돕는 효과를 산출하는) 협동을 해야만 했다. 이런 일이 일어나기 위해서는 분자들의 개 체군이 일종의 막membrane 또는 칸막이로 둘러싸여야 한다.

2) 독립적 복제자 → 염색체

현존하는 유기체 내에서는 자기 복제하는 분자들(또는 유전자들)이 서로 연결되어 염색체를 형성한다. 이 때문에 한 유전자가 복제되면 모든 유전자들이 덩달아 복제된다. 이런 동등한 복제는 한 칸막이 속에 있는 유전자들 간의 경쟁을 막고 협동을 강제한다. 즉, 그들은 공동운명체이다.

3) 유전자와 효소로서의 RNA → DNA와 단백질

오늘날에는 분자의 두 계층 간에 노동 분업이 존재한다. 즉, 정보를 저장하고 전달하는 핵산(DNA와 RNA)과 화학반응을 촉매하고 신체의 많은 구조물(가령, 근육과 머리카락)을 만들어내는 단백질이 그것이다. 초창기에는 이런 식의 노동 분업이 아예 없었고 RNA 분자들이 이 두 가지 기능을 모두 수행했다고 보는 것이 정설이다. 'RNA 세계'에서 DNA와 단백질 세계로의 이행은 유전 암호의 진화를 필요로 한다.

4) 원핵세포 → 진핵세포

세포는 크게 두 종류로 나눌 수 있다. 원핵세포는 핵이 없고 일반적으로 하나의 원형 염색체를 갖는데, 박테리아와 남조류가 여기에 속한다. 반면 진핵세포는 막 내에 유전물질을 담고 있는 핵과 세포소기관이라 불리는 세포 내 구조물(가령, 미토콘드리아와 엽록체 등)을 가지고 있다. 진핵생물은 원핵생물을 제외한 모든 유기체(단세포 아메바에서부터 인간에 이르는)를 포괄한다.

5) 무성생식적 클론 → 유성생식적 개체군

원핵생물에서는(그리고 약간의 진핵생물에서는) 새로운 개체가 세포의 분열로만 발생한다. 이와 대조적으로, 대부분의 진핵생물에서는 세포 분열에 의한 증식 과정이 상이한 개체들에 의해서 산출된 두 성세포(또는 배우자)의 융합에 의해 대체된다.

6) 원생생물 → 동물, 식물, 그리고 균류

동물은 상이한 종류의 많은 세포들로 구성되어 있다. 예컨대, 근육 세포, 신경 세포, 피부 세포 등. 이것은 식물과 균류에게 있어서도 마찬가지이다. 그러므로 각 개체는 유전 정보의 한 사본만(배수체인 경우에는 두 사본)이 아니라 수많은 사본들을 운반한다. 문제는, 비록 모든 세포가 동일한 정보를 가지고 있긴 하지만 모양, 구성물, 기능 면에서 매우 상이하다는 점이다. 이와는 대조적으로, 원생생물은 하나의 세포로 또는 몇 안 되는 종류의 세포 집단으로 존재한다. 이 여섯 번째 전환기와 관련하여 던질 수 있는 중요한 질문들에는 다음과 같은 것들이 있다. 동일한 정보를 가진 세포가 어떻게 서로 달라지는가? 상이한 종류의 세포들이 성체 구조를 만들기 위해 어떻게 배치되는가?

7) 고독한 개체 → 군체

몇몇 동물들(가령, 개미, 벌, 말벌, 흰개미 등)은 군체로 살고 오직 몇 개체만 번식을 한다. 그런 군체는 초유기체로 비유되곤 한다. 구체적으로 불임성 일꾼은 한 유기체 속의 체세포에 비유되고 번식하는 개체는 생식세포로 비유된다. 그런 군체의 기원은 매우 중요하다.

8) 영장류 사회 → 인간 사회(언어의 기원)

유인원에서 인간 사회로 이행하는 과정에서 가장 결정적인 역할을 하는 것이 바로 언어다.

메이너드 스미스와 서트머리는 이들 중 두 개를 제외한 나머지 전환들은 하나의 계통에서만 발생한 아주 독특한 사건들이었다고 말한다. 예외 중 하나는 세 번 발생했던 다세포 유기체의 기원이고, 다른 하나는 여러 번 발생했던 불임 카스트$_{caste}$를 가진 군체의 기원이다. 그런데 흥미로운 점은 이러한 상이한 전환들 간에 공통적인 특성이 존재한다는 사실이다. 그 특성은 바로 전환 전에는 독자적으로 복제할 수 있었던 존재자들이 그 후에는 더 큰 전체의 부분으로서만 복제할 수 있게 되었다는 점이다. 예를 들어보자. 우선, 진핵생물의 기원에서 중요한 사건은 두 개 이상의 상이한 종류의 원핵생물이 공생적으로 연합하게 되었다는 점이다. 이 사건 전에는 원핵생물이 독립적으로 복제를 할 수 있었지만 그 후로는 전체 세포가 복제될 때만 복제를 할 수 있게 되었다. 둘째, 성의 기원 후에 개체들은 유성생식적 개체군의 구성원으로서만 번식을 할 수 있게 되었다. 물론, 그 전에는 무성생식적인 방식으로 독자적인 번식이 가능했었다. 셋째, 고등 동식물의 세포들은 성장하는 동안 분열하지만 그 세포들의 장기적인 미래는 다세포 유기체의 부분됨에 의존한다. 넷째, 개미는 큰 군체의 구성원으로서만 번식할 수 있지만, 그 조상들은 성적인 짝의 구성원으로서 번식할 수 있었다. 인간의 경우에는 더 큰 사회 집단의 부분으로서만 번식할 수 있다.

여러 전환들의 이런 공통적인 특성은 당연히 공통의 문제를 제기한다. 그것은, "하위 수준에서의 존재자들(위의 예에서, 원핵세포들, 무성생식하는 개체들, 원생세포들, 개미들) 간의 선택이 상위 수준에서의 통합(진핵세포, 유성생식적 개체군, 다세포 개체, 개미 군체)을 왜 와해시키지 않았는가"라는 물음이다(Maynard Smith et al., 1999, p.19). 이에 대한 답을 하는 과정에서 상위 수준의 존재자가 받게 될 이득을 지적하는 것만으로는 충분하지 않다. 하위 수준의 존재자들에 작용하는 자연선택으로 상위 수준의 존재자가 어떻게 출현했는지를 설명할 수 있어야 한다. 이 문제는 "자연선택이 과연 어떤 수준에서 작용하는가?"라는 오래된 물음이기도 하다.

그렇다면 이런 대전환들을 이보디보에서 강조하는 모듈의 관점에서 어떻게 설명할 수 있을까? 실제로 진화의 분수령이 된 몇몇 사건들을 '모듈성modularity의 증가'라는 측면에서 바라보기 시작하면, 생명의 40억 년 역사는 모듈화의 역사로 새롭게 재구성된다.[8] 그 이유를 몇 가지 사례들을 통해 구체적으로 살펴보자.

모듈적 형질이 한번 존재하면 그것은 모듈성을 증가시키거나 구분된 하나의 형질로 합병consolidation되는 방향으로 진화한다 (Wagner et al., 1996; West-Eberhard, 2002). 이런 일은 모듈적 형질들의 두 속성들—내적 통합성과 외적 독립성—이 증가함으로써 구현된다. 와그너Günter Wagner(1954~)는 모듈성 증가의 이 두 측면을 각각 통합성integration의 증가와 소포화parcellation의 증가로 표현했는데, 전자는 원래 독립적이었던 형질들 사이에 다면발현 효과가 증가할 때 일어나는 현상이고, 후자는 다른 복합체들의 구성원들 사이에서 다면발현 효과가 차별적으로 제거될 때 일어나는 변화다(Wagner et al., 1996).

물론 소포화와 통합화가 어떤 비율로 모듈화에 공헌하는지는 경험적 탐구를 통해서만 알 수 있을 것이다. 예를 들어, 원생동물protozoan 군에서 후생동물metazoan로의 진화는 소포화가 증가함으로써 모듈성도 증가하는 경우다. 왜냐하면 그 사건은 동일한 유형의 세포로만 구성된 개체(원생동물)가 특화된 몇몇 다른 유형의 세포들을 포함하는 개체로 변화된 경우이기 때문이다. 이 특화는 소포화의 증가이며 유전자들의 차별적 발현이 최초로 일어난 결과이다. 이것은 후생동물들이 더 원시적인 것(원생동물)에 비해 더 모듈적이라는 견해를 지지한다(Wagner et al., 1996).

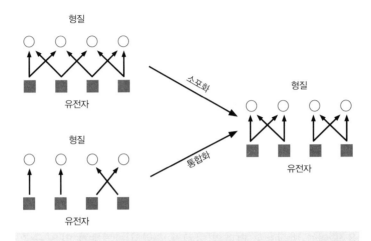

형질

유전자

형질

소포화

통합화

형질

유전자

유전자

모듈적 조직이 출현할 수 있는 두 가지 방식(Wagner et al., 1996)

여섯 번째 대전환(원생생물 → 동물, 식물, 그리고 균류)은 이렇게 소
포화의 증가로 인한 모듈성의 증가로 새롭게 이해된다.

세포핵의 진화(네 번째 대전환에 해당)도 소포화가 일어남으로써
모듈성이 증가하는 또 다른 사례다. 원핵세포에서 진핵세포로
의 분기는 윌슨이 "모든 진화에 있어서 가장 깊은 분리"라고 표
현했을 정도로 엄청난 대사건이었다(E. O. Wilson 1975, p.392). 진핵
세포의 경우에는 세포질과 핵질nucleoplasm을 분리하는 하나의 막
(핵막)이 있는데, 박테리아나 남조류 같은 원핵세포에는 그런 것
이 없다. 핵막이 처음에는 세포생리와는 무관한 기능을 했을 것
이다. 아마도 분자 기생자와 병원균의 이동을 막는 보호막에 불
과했을지도 모른다. 그러다 자연선택은 각 분할지 내에서 상호

작용하는 효소들이 달라지게끔 작용했고, 그 결과 핵과 다른 세 포내 소기관들이 생겨나게 되었으며, 궁극에는 독립된 분할지에서 상이한 생화학적 과정이 일어나는 상황이 벌어졌을 것이다(West-Eberhad, 2002). 이것은 소포화의 증가로 인해 모듈성이 높아진 또 하나의 대전환이다.

반면, 통합성의 증가를 통해 모듈성이 새롭게 출현하고 그로 인해 결과적으로 새로운 상위 존재자가 진화할 수도 있다. 예컨대, 구성 개체들의 노동 분업을 증가시킴으로써 그들의 독립성을 줄이는 방식으로 하나의 군체가 출현하는 경우가 있을 수 있다. 실제로 고도로 통합된 진사회성 곤충 사회는 이런 과정을 통해 진화했을 것이다(West-Eberhard, 1979). 이는 일곱 번째 대전환에 해당되는 사례다.[9]

진화적 융합과 자연의 혁신

생물계에서 벌어진 진화적 혁신에 관한 탐구는 지금까지 살펴본 바대로 그것 자체로도 대단히 흥미로운 주제다. 그동안 세분화되기만 했던 생물학의 전 분야를 진화와 발생이라는 키워드로 새롭게 통합해보려는 이보디보의 출현으로, 이제 혁신은 가장 중요한 탐구 주제로 급부상했다. 실제로 이런 탐구는 그 성격상 진화생물학은 물론, 고생물학, 발생생물학, 분자생물학, 세포생물학, 유전체학 등이 모두 동원되어야 할 다학제 간 연구의 범례이다.

그런데 흥미로운 사실은 혁신에 관한 생물학적 담론이 자연스럽게 인문·사회학의 장으로 새어나올 수밖에 없다는 점이다. 한 인간은 기껏해야 1백 년을 살고 한 사회는 길어야 몇백 년을 지속하며 한 문화는 잘해봐야 몇천 년을 영속하지만 지구 위의 생명은 무려 40억 년을 버텨왔다. 40억 살 먹은 생물계에서 그동안 수행된 변혁에 관한 실험들은 과연 얼마나 될까? 이에 비해 5천 년의 역사를 자랑하는 한반도 내에서는 그동안 얼마나 많은 변혁이 일어났을까? 나이만 비교해본다면 40억 년과 5천 년은 80만 배의 차이이다. 단순하게 생각하면 생물계는 변혁 실험을 했어도 우리보다 80만 배는 더 했을 것이다.

그렇다면 자연의 혁신 실험으로부터 우리가 배울 수 있는 교훈은 무엇일까? 지금까지 논의한 부분에서는 혁신과 관련하여 최소한 세 가지 정도의 시사점을 찾아볼 수 있다. 그중 하나는, *Hox* 유전자의 경우처럼 매우 작은 변화라 해도 그것이 적재적소適材適所에 가해진 변화라면 결과적으로 매우 큰 혁신을 이끌어낼 수 있다는 사실이다. 필립스 회사의 광고 문구처럼 "작은 차이가 명품을 만든다." 자연은 혁신을 위해 아무 요소나 단지 크게만 변화시키는 식으로 일하지는 않았다. 너무나 비효율적이기 때문이다. 하지만 그렇다고 완벽한 엔지니어처럼 모든 것들을 미리 다 설계해놓고 일하는 스타일도 아니었다. 노벨상을 수

상한 프랑스의 발생생물학자 자콥François Jacob(1920~2013)의 비유처럼 "진화는 어설픈 수선공tinkerer"일 뿐이다(Jacob, 1977). 과거의 유산들을 재량껏 땜질해 쓰면서 새로운 명품들을 창조해낸 것이다.

다른 한 가지 시사점은, 진핵세포의 출현에서처럼 구성원들의 적절한 협조가 있어야만 혁신적 발전의 주춧돌이 될 하나의 집합체가 형성될 수 있다는 사실이다. 하지만 이를 집단을 위해 개인을 희생할 때 그 사회가 혁신적으로 발전할 수 있다는 식으로 오해해서는 곤란하다. 오히려 강조점은 두 종류의 DNA가 자신들의 더 큰 이득을 위해 진핵세포라는 한 지붕 속에 있기로 '작정했다'는 대목에 있다. 같은 맥락에서, 구성원들의 이득이 전보다 더 커지는 상황에서 탄생한 집단만이 이후에 더 큰 변화들을 몰고 올 수 있으며 오래 간다.

자연에서 벌어진 혁신 실험의 비밀은 모듈 수의 증가와 모듈 간 관계의 복잡성에 있다. 즉, 자연은 모듈성의 증가를 통해 혁신을 진화시켰다. 나는 모듈성의 증가가 '진화적 융합'의 핵심이라고 생각한다.

마지막 한 가지 시사점은 혁신을 촉진하는 외부적 요인에 관한 것이다. 캄브리아기의 대폭발과 백악기의 대멸종 사건에서처럼 때로는 강력한 외부적 요인들이 혁신을 몰고 오기도 한다. 하지만 여기서도 주의할 사항이 있다. 외부적 요인들은 대개 혁신의 촉발제로서 기능하고 있다는 점이다. 즉 내부적 변화 동인

이 없이 외부적 요인만으로는 혁신이 일어날 수 없다. 이런 주장이 너무 강한 것 같다면, '외부적 요인은 내부적 요인—예컨대, 발생 유전자의 변화—과 함께 작용할 때에만 혁신을 일궈낸다' 정도로 말하면 될 것이다. 캄브리아기에 아무리 적응 공간이 팽창했다 해도 만일 당시에 *Hox* 유전자가 구비되어 있지 않았더라면 대폭발은 일어나기 힘들었을 것이다. 또한 백악기에 제아무리 큰 소행성이 지구와 충돌했다 해도 만일 당시에 포유동물들이 전혀 살고 있지 않았더라면 오늘날의 인류는 결코 진화해나오지 못했을 것이다.

과학은 가치에 침묵하는가?

"광막한 공간과 영겁의 시간 속에서 행성 하나와 찰나의 순
간을 당신과 공유할 수 있음은 나에게 커다란 기쁨입니다."

그 누가 사랑 고백을 이 정도의 스케일로 할 수 있으랴!《코스모
스Cosmos》의 맨 첫 쪽에 새겨져 있는 이 헌사는 위대한 천문학
자이자 과학 커뮤니케이터였던 칼 세이건Carl Sagan(1934~1996)이
자신의 (세 번째) 부인 앤 드루얀Ann Druyan(1949~)에게 보내는 낭
만이었다. 흔히 과학자라고 하면 미국 드라마 〈빅뱅 이론The Big
Bang Theory〉의 쉘든처럼 사회성이 결여된 괴짜 천재의 이미지를
떠올린다. 하지만 과학자들이 부를 수 있는 노래는 섬세한 양자
quantum에서부터 광대한 은하galaxy까지 그 음역대가 가장 넓다.
그 누구도 상상하지 못한 놀라운 시공간의 세계를 창조한 이들

이 그들 아니던가?

언젠가 물리학자 리처드 파인만Richard Feynman(1918~1988)에게 친구가 불평을 했다. "과학은 꽃에 대한 낭만을 다 앗아갔다"고. 문학은 꽃에 대한 낭만적 시를 쓸 수 있지만 과학은 꽃에 대한 건조한 사실만을 나열할 뿐이라는 것이었다. 이에 파인만은 주저 없이 답했다. "과학자도 다른 사람들과 똑같이 꽃을 느끼고 경험하지만, 시인들이 절대로 보지 못하는 또 다른 세계도 본다. 가령, 줄기에서 꽃잎이 피보나치 수열을 따라 자라나는 신기한 현상은 과학자들만이 보는 세계다." 이런 의미에서 과학은 '플러스 원'이라고 할 수 있다. 무엇을 보든, 과학은 거기에 하나를 더 보태기 때문이다.

그러나 과학에 대한 통상적 이미지는 사뭇 다른 것 같다. 사람들에게 '과학적 지식'에 관해 떠올려 보라고 하면, 대개 '어렵고 차가운 것'으로 '정보는 제공하지만, 가치나 실존, 의미와 규범의 문제에 대해서는 침묵하는 것'쯤을 떠올린다. 과학기술의 힘 때문에 인류의 물질문명이 이렇게까지 개선되었다는 사실은 기꺼이 인정하면서도, 사실과 정보 제공 정도로만 과학의 기여를 한정하려는 사람들이 대다수다. 한 마디로, 과학은 내 자신의 개인적 삶과는 아무런 관련이 없다는 생각이다. 심지어 몇몇 저명한 학자도 과학이 사실에 대한 탐구일 뿐 가치와는 아무런 관련이 없다고 말한다. 과학과 가치의 관계에 대한 그들의 입장을 보자.

"과학은 우리가 어떤 존재인가를 말해줄 수는 있지만 그런 존재의 문제점이 무엇인가는 말할 수 없다. 인간 조건에 대한 과학은 없다."

— 제리 포더Jerry Fodor(1935~), 철학자

"종교 없는 과학은 절름발이며 과학 없는 종교는 장님이다."

— 알베르트 아인슈타인Albert Einstein(1879~1955), 물리학자

"실험은 과학의 영역이고, 궁극적 의미와 도덕적 가치는 종교의 영역이다."

— 스티븐 제이 굴드, 진화생물학자

"과학적 해설들은 사람들의 가슴에 숨겨진 어떤 궁금증, 어떤 궁극적인 질문들에 대해서는 거의 아무런 답변도 주지 않는다."

— 도정일, 영문학자

이 학자들은 모두 과학이 실존적인 지침을 주지는 못하며 삶의 궁극적인 질문들에 대해 답하지 않는다는 견해를 피력하고 있다. 사실과 가치의 분리 테제는 그 뿌리가 짧지 않다. 영국 근대 경험주의 철학자 데이비드 흄David Hume(1711-1716)은 "사실 진술들만으로는 당위(가치) 진술들이 도출되지 않는다"라고 주장하

며, 이 두 종류의 진술을 구분하지 못하는 것을 '자연주의 오류naturalist fallacy'라고 불렀다. 이를테면 "고문은 나쁘다"(가치 명제2)라는 가치를 진술하려면 "고문은 고통을 준다"(사실 명제1)라는 사실 진술과 "고통을 주는 행위는 나쁘다"(가치 명제1)라는 가치 진술이 결합되어야만 한다. 즉, 사실과 가치가 결합되어야만 또 다른 가치 진술이 논리적으로 도출된다.

> 고문은 고통을 준다. (사실 명제1)
> 고통을 주는 행위는 나쁘다. (가치 명제1)
> ─────────────────────────
> 고문은 나쁘다. (가치 명제2)

물론 자연주의 오류가 진짜 오류는 아니라는 식으로 반론을 펴는 이들도 있다. 하지만 나는 그렇게 생각하지 않는다. 사실만으로는 가치를 이끌어낼 수 없다! 그렇다면 사실과 가치의 연결을 포기해야 한단 말인가? 아니다. 오히려 가치 진술의 탄생에 기여하고 있는 사실 진술들에 관해 주목해 볼 필요가 있다. 이런 사실 진술들은 대체 어떻게 얻어진 것인가? 그것들은 어떻게 변해왔는가? 그렇다. 과학은 우주, 자연, 인간, 사회에 대한 새로운 사실들을 끊임없이 출력해왔다. 다만 그것을 인간이라는 '의미 기계meaning machine'에 입력 값으로 넣어주는 데 재빠르지 못했을 뿐이다. 사실이 달라지면 가치도 달라지는데 말이다. 그래서 이

책을 관통하는 우리의 질문은 이것이었다. 과학은 인간 실존에 대해 어떠한 사실들을 말하고 있는가? 그 사실들은 과거의 지식을 어떤 면에서 업데이트해주고 있는가? 현대 진화학, 영장류학, 뇌과학 등이 꽃 피운 새로운 지식과 가치는 무엇인가?

이 책에서 나는 위의 질문들에 천착하여 1부에서는 '진화 인간학'을 모색하고, 그 다음으로 그것의 응용이라고 할 수 있는 '인문학의 새로운 진화'를 2부에서 다루었다.

진화 인간학은 인간 본성에 대한 과학적 탐구로서 현대 진화생물학, 진화심리학, 영장류학, 뇌과학 등의 관점에서 인간의 마음과 행동을 이해하려는 시도라고 할 수 있다. 1장은 인간이란 누구인가에 대한 진화학적 고찰이라 할 수 있다. 나는 진화심리학과 밈학의 관점에서 인간을 유전자 기계이면서 동시에 밈 기계인 존재로 이해하고자 했다. 인간의 독특성을 본격적으로 다루는 2장에서는 다른 동물에 비해 특출난 인간의 사회적 학습 능력이 호모 사피엔스의 생태적 성공과 어떤 관련이 있는지를 탐구했다. 이어서 3장에서는 인간 특유의 이런 모방 능력이 어떠한 신경학적 메커니즘에 기초해 있는지를 탐구함으로써 인간에 대한 이해의 폭을 넓히고자 했다. 4장에서 나는 복제자의 관점에서 동물, 인간, 인공물의 진화를 더 포괄적으로 설명하는 종합 이론을 모색하고자 했다. 거기서 제시된 '일반 복제자 이론'은 내가 추구하는 '진화 인간학'의 요체라고 할 수 있다. 일반 복제자 이론은 인간 행동에 대해서뿐만 아니라 인간이 만들어낸 산물(인공물)의 행동, 그리고 인간-비인간 행위자 네트워크에 대해서도 설명을 제공한다. 5장은 철학에서의 '지향계 이론'과 사회학에서의 '행위자 연결망 이론'을 연결하려는 하나의 시도였다.

2부는 앞에서 제시된 진화 인간학의 관점에서 기존 인문사회학의 몇몇 주제들을 재검토해보려는 시도였다. 이를 통해 나는 21세기 인문학의 새로운 형태를 모색해보고자 했다. 첫 번째는 사회성이었다. 나는 6장에서 "인간은 사회적 동물이다"라는 철학적 명제의 뜻을 뇌과학, 영장류학, 사회심리학적 관점에서 해명했다. 7장에서는 성적 판타지를 즐기는 인류의 독특한 행동을 진화 인간학적 관점에서 분석했다. 8장은 종교 행위를 자연 현상으로 이해하고자 하는 시도였다. 9장은 윤리학의 주제인 도덕성을 뇌과학, 심리학, 진화학의 관점에서 이해하려는 시도였다. 10장에서는 인간의 인지 체계에 대한 이른바 '체화된 마음' 이론을 비판적으로 검토했다. 마지막 11장에서는 혁신에 대한 진화학적 이해를 시도했다. 이렇게 2부는 사회성, 성적 판타지, 종교성, 도덕성, 인지 체계, 혁신과 같이 그동안 인문/사회/경영 영역에서 주로 분석되어온 주제들을 진화 인간학의 관점에서 재검토하는 것을 목표로 했다.

이런 작은 변이들은 기존 지식들을 보충하기도 하지만 때로는 그것에 도전하기도 한다. 가령, 인간의 초사회성에 관한 논의는 사회성을 인간 본성의 핵심으로 두지 않았던 기존의 인문사회학적 전통에 대한 도전일 수 있다. 최근의 도덕 심리학적 연구 성과를 논하고 있는 9장도 전통적 규범 윤리학에 대한 하나의 도전이다. 한편, 초월적 존재에 대한 믿음들이 어떻게 생겨났는지를 진화론적으로 이해하려는 시도를 담고 있는 8장은 기존 종교학 전통에서 묻지 않았던 측면에 대한 새로운 주제 발굴이라 할 수 있다. 나는 이런 지적 변이들이 21세기 인문의 새로운 진화를 추동하는 유익한 자원이 될 수 있길 기대하고 있다.

이 책이 왜 '다윈의 정원'이라는 제목을 달고 있는지를 다시 한 번 정확하게 해명하려고 한다. 지난 10년 동안 나는 현대 진화론의 정수와 쟁점, 그리고 함의들을 연구하고, 그 결과들을 한국의 지식 사회에 소개하는 일을 해왔다. 그 와중에 탄생한 《다윈의 식탁》은 현대 진화론자들 사이의 치열한 논쟁을 그리고 있고, 《다윈의 서재》는 과학의 현대적 고전들을 소개하고 있다. 《다윈의 정원》은 '다윈의 지식 정원에는 과연 어떤 꽃들이 피어 있을까?'라는 물음에서 출발하여 현대 과학이 꽃 피운 새로운 지식과 가치들을 다루고 있다. 이것이 이 책이 《다윈의 정원》인 이유이다.

하지만 앞의 두 권을 접해본 독자들이라면 이 책이 다소 당혹스러울 수 있겠다. 전작들의 트레이드마크라고 할 수 있는 스토리 라인도 없고, 게다가 딱딱한 논문 형식의 글이니 말이다. 변명을 하자면 나는 이 책에서 진화학자로서 그리고 과학철학자로서 지난 십여 년 동안 과학과 인문학 사이를 오가며 아슬아슬한 줄타기를 감행했던 나의 민낯을 보여드리고 싶었다. 그래서 책 꼴을 만들기 위해서 그동안 발표한 관련 논문들을 큰 틀에 맞게 고른 후 내용들을 살짝 비틀고 증보하는 방식을 취했다. 그 논문들의 출처는 아래와 같다.

1장 〈인간 본성의 진화론적 이해〉,《문화의 안과 밖 4 - 과학적 사유와 인간 이해》(민음사, 2014), 65~100쪽.

2장 〈호모 리플리쿠스: 모방, 거울 뉴런, 그리고 밈〉,《인지과학》 23권 4호(2012), 517~529쪽.

3장 〈호모 리플리쿠스: 모방, 거울 뉴런, 그리고 밈〉,《인지과학》 23권 4호(2012), 529~551쪽.

4장 〈일반 복제자 이론: 유전자, 밈, 그리고 지향적 자세〉,《과학철학》 11권 1호(2008), 1~33쪽

5장 〈라투르, 데닛을 만나다: 행위자 연결망과 지향계 이론〉,《과학철학》 17권 2호(2014), 57~82쪽.

7장 〈포르노그래피의 자연사: 진화신경학적 접근〉,《비평과 이론》 17권 1호(2012), 261~284쪽.

8장 〈종교는 스팬드럴인가?: 종교, 인지, 그리고 진화〉,《종교 문화비평》14호(2008), 18~42쪽.

9장 〈착한 뇌를 찾아서—내 탓인가, 뇌 탓인가?〉,《뇌로 통하다》(21세기 북스, 2013), 347~382쪽.

10장 〈뇌를 넘어서〉, 홍성욱 · 장대익 엮음,《뇌 속의 인간 인간 속의 뇌》(바다출판사, 2010), 339~368쪽

11장 〈진화적 융합과 창의적 혁신〉, 홍성욱 엮음,《융합이란 무엇인가》(사이언스북스, 2012), 167~194쪽

화장을 안했으니(그래도 기초 화장은 했다.) 겉이 매끄럽지는 않았을 것이다. 하지만 양해를 부탁드린다. 거인 골리앗(기존 인문사회학적 전통)을 상대하러 가는 꼬맹이 다윗(진화 인간학)인데 화장을 짙게 하고 갈 수는 없지 않겠는가!

이것으로 이른바 장대익의 '다윈 3부작'에 마침표를 찍으려 한다. 그간 정말로 적지 않은 분들이《다윈의 정원》을 애타게 기다리셨다. 그 분들에게 실망스런 완결판이 되지 않기만을 바랄 뿐이다. 이제 나는 큰 짐을 하나 덜었다. 하지만 내 아슬아슬한 줄타기를 결코 끝나지 않았다. 다윈 3부작에 대한 성원에 감사드린다.

1장 인간은 '다윈 기계'다

1. 여기서 '기계'라는 용어는 비유가 아니다. 오히려 그것은, 인간을 '기계 속의 유령'으로 보았던 데카르트의 이원론에 대항하여 인간도 동물과 마찬 가지로 기계일 뿐이라고 주장했던 라 메트리(La Mettrie, 1709~1751)의 용법과 유사하다. 단 인간은 다른 동물에 비해 훨씬 더 복잡하고 정교한 기계일 것이다.

2. 수혜자 질문이 왜 필요하고 무엇이며 어떤 철학적 의미를 담고 있는지에 대해서는 대니얼 데닛(Daniel Dennett)의 《다윈의 위험한 생각(Darwin's Dangerous Idea)》을 참고하라.

3. 진화심리학은 사실상 수렵채집기에 해당하는 '진화적 적응 환경'의 절대적 영향을 강조한다. 즉, 그 긴 기간에 비하면 문명이 발흥한 지난 수만 년 정도의 기간은 유전자 수준의 적응이 일어나기에는 너무 짧다는 것이다. 하지만 이런 생각의 문제점은 변이량을 시간의 함수로만 이해했다는 점이다. 변이량은 시간뿐만 아니라 인구의 함수이기도 하다. 가령 지난 1만 년이 250만 년에 비하면 매우 짧은 기간이긴 하지만, 인구가 그때보다 수십 배 더 많다면 변이량은 비슷할 수 있다. 한편 밈 이론을 발전시킨 수전 블랙모어(Susan Blackmore, 1951~)는 인구에 대해서는 언급하지 않지만, 그녀의 밈 이론이 모방 능력의 진화를 통한 문명의 '폭발'을 주장한다는 측면에서 일맥상통한다고도 할 수 있다.

2장 인간의 독특성은 어디서 왔는가?

1. 인간의 모방 능력뿐만 아니라 다른 동물들의 모방 능력에 대해서도 다뤄진다. 인간의 경우에는 성인과 아이, 그리고 정상인과 환자에 관해 주로 다뤄지고, 동물의 경우에는 영장류와 포유류에 대해서 주로 다뤄질 것이다. 하지만 언어 발달이 완성되기 전인 영아기의 모방 능력에 대해서는 거의 논의되지 않을 것이다. 모방의 주체에 대한 특별한 언급이 없는 경우에는 성인의 모방 능력에 관한 것이다.

2. 장소 강화는 타 개체를 관찰하여 특정 장소에 대한 선호와 기피를 학습하는 과정이며 목표 따라 하기는 타 개체가 특정 행동을 하는 것을 보고서 그 행동의 결과만을 다른 신체 부위나 방법을 이용하여 따라 하는 학습이다. 따라서 이 두 유형의 사회적 학습도 개인적 학습의 하나인 조작적 조건화를 통한 자극 강화 사례와 기본적으로 유사하다(Blackmore, 2001).

3. 이 세 가지 기준은 각각 독립적인데, 가령, 물체 지향적 행동에는 기능적 행동과 비기능적 행동이 모두 들어 있을 수 있고, 친숙한 행동에도 물체 지향적 행동과 신체 지향적 행동이 들어 있을 수 있다.

4. 두 가지 행위가 평소에 일어날 가능성이 같아야 한다는 전제가 있다.

3장 인간의 독특성은 어디에 새겨져 있는가?

1. 그렇다면 거울 뉴런이 물체의 크기에 따라, 그리고 종류에 따라 다르게 부호화를 할까? 원숭이에게 여러 가지 물체를 잡도록 했을 때는 물체의 종류가 거울 뉴런의 활성화에 영향을 주지 못하는 반면, 쥐에게는 물체의 크기가 영향을 준다(Umilta et al., 2007).

2. 마음 이론과 미러링을 상보적으로 보는 연구자들도 있다. 가령, 거울 뉴런계의 한 부분인 하전두회 영역은 피험자가 의도에 주의를 기울이고 있든

아니든 주어진 자극의 시각적 특질에 기반해서 의도성을 '미러링'을 통해 처리하고, '마음 이론'에 관계된 네트워크는 주어진 자극의 시각적 특질에 매우 둔감하지만 피험자가 관찰된 행동의 의도성에 주의를 기울일 때 활성화된다는 연구도 있다(de Lange et al., 2008).

3. 헤이즈는 거울 뉴런계가 모방을 위한 적응이 아니라 학습을 위한 적응인 연합 계열 학습의 부산물일 뿐이라고 주장하지만, 거울 뉴런계의 존재 및 효능 자체를 부인하는 것은 아니다.

4장 자연계를 지배하는 공통의 진화 원리는 무엇인가?

1. 이것은 힐이 1988년도 저서에서 내린 규정이다. 1980년에 발표한 논문에서는 각 정의에 "직접적으로"라는 수식어가 붙어 있다. 즉, 거기에는 "복제자는 구조를 직접적으로 전달하고 상호작용자는 환경과 직접적으로 상호작용한다."라고 되어 있다.

2. 그는 실제로 "운반자를 매장시키려고 끌어들였다."라고 말할 정도이다 (Dawkins, 1994, p.161).

3. 그럼에도 불구하고 그가 복제에 대해 이런 규정을 하는 이유는 따로 있다. 그는 그런 느슨한 정의를 만족시키는 복제자의 조건이 자연선택에 의한 진화에 불필요하다는 점을 부각시킴으로써, 엄격한 규정을 만족하는 복제자 조건은 더더욱 불필요하다는 점을 논증하고자 했다.

4. 세 태도가 예측 '전략'이라는 점 때문에 데닛의 지향성 이론이 진짜 패턴 (real pattern)을 반영하지 못하는 '도구주의'에 불과하다는 비판을 받아왔다. 이에 대해 그는 지향적 상태들에 대한 실재론을 주장한다. 그에 따르면, 어떤 대상의 행동에 대한 물리적 수준의 기술(description)이 지향적 수준의 기술을 통해 압축될 수 있다면 그 대상의 지향적 상태는 진짜이다(Dennett, 1991).

5. 이 대목에서 포퍼의 세계 이론과 데닛의 지향계 이론은 일견 닮아 보인다. 우선 포퍼의 물리세계(세계 1)와 관념세계(세계 3)의 구분은 데닛의 물리적 태도와 지향적 태도의 구분과 매우 유사해 보인다. 하지만 포퍼의 정신세계(세계 2)에 대응되는 데닛의 태도가 설계적 태도라고 하기에는 어색하다.

6. 아쉽게도 도킨스는 유전자에 대해서는 자신의 복제자 이론을 끝까지 밀고 나갔던 것과는 대조적으로 또 다른 복제자인 밈에 대해서만큼은 상당히 조심스런 입장을 취해왔다(Blackmore, 1999). 나는 여기가 도킨스가 현재 머뭇거리고 있는 지점이며, 앞으로 어떤 형태로든 증보될 수 있는 개념의 여지라고 본다. 그는 왜 머뭇거리는 것일까? 나는 어쩌면 그가 '확장된 표현형' 이론─문화를 설명하는 자신의 또 하나의 개념─과 밈 이론 사이에 존재하는 듯이 보이는 긴장감을 아직 해소하지 못했기 때문이 아닌가 의심한다. 《확장된 표현형》에서 강조한 "유전자의 긴 팔"과 《이기적 유전자》 11장에서 전개한 "유전자를 떠난 밈"은 개념적으로 긴장상태에 있는 것처럼 보인다. 이는 도킨스가 밈도 같은 복제자라고 하면서도 실제로는 유전자를 '더 중요한' 복제자인 양 취급했기 때문에 벌어진 쓸데없는 긴장이다. 나는 유전자와 밈을 동등 자격을 갖춘 복제자들이라고 놓고, 그들 간의 다양한 형태의 경쟁과 협동으로 자연계와 인공계의 진화를 설명하는 것이 가장 포괄적인 이해방식이라고 생각한다.

5장 인간과 비인간의 경계는 존재하는가?

1. "자기 조직 말고, 자기 전파는 생명체뿐만 아니라 사회적인 것의 일차적 요구사항이다. 조직은 전파라는 목표, 즉, 생성적 또는 모방적 모방이라는 목표의 수단일 뿐이다"(Tarde. 1890/1962, p.74).

2. "사회의 사회적 기원의 모든 유사성은 다양한 형태의 모방의 직간접적

인 열매다. 가령, 관습 모방, 유행 모방, 연민 보방, 복종 모방, 교훈 모방(또
는 교육 모방), 선천 모방, 숙고 모방 등이 그것이다."(Tarde. 1890/1962,
p.14).

3. "우리의 과제는 동시대의 100개의 서로 다른 혁신들(단어, 신화적 아이
디어, 산업 프로세스 등) 중에서 90개는 잊혀지고 10개가 널리 퍼지는 이유
를 탐구하는 것이다"(Tarde. 1890/1962, p.140).

4. 타르드의 모방 이론과 밈학의 유사성 관계를 포착한 연구가 없는 것은
아니다. 대표적으로 Marsden(2000)이 있다. 하지만 저자도 밝히고 있듯이
거기서는 정리 수준의 논의에 머물러 있다. 한편 타르드의 모방 이론이 밈
학에 비해 더 나은 문화 진화론이라는 주장도 있는데(Schmid 2004), 그것은
지향계 이론에 대한 오해에 기초해 있다.

5. 이 대목에서 라투르는 밈학자인 블랙모어가 부당하게도 타르드를 언급
하지 않았다고 비판한다. 왜냐하면 라투르가 보기에 밈 이론은 타르드 모
나드론의 단순한 형태이기 때문이다(Latour, 2002, p.120). 이런 비판에 대한
블랙모어 자신의 대응은 Blackmore(2002)에 나와 있다.

6. 타르드의 주장이 환원주의인 이유는 그가 자연과 사회 사이에 어떠한 경
계도 두지 않기 때문이고, 그가 물리학, 생물학, 사회학 사이의 그 어떤 경
계에서도 멈추지 않기 때문이며, 상위 수준으로 하위 수준을 설명하려는
시도를 받아들이지 않기 때문이다. 이것이 라투르가 보기에 타르드 사상의
환원주의적 측면이다. 하지만 여기에 '역(reverse)'이 앞에 붙은 이유는 타르
드의 환원주의에 "더 작은 것이 더 복잡하다"는 주장이 담겨 있기 때문이
다(Latour, 2002, p.124).

7장 왜 포르노에 빠지는가?

1. 물론 암컷이 반드시 수컷보다 더 많이 투자를 해야 하는 것은 아니다. 사

실, 모르몬 귀뚜라미, 실고기 해마와 같은 몇몇 종은 수컷이 암컷보다 더 많이 투자한다. 가령, 수컷 모르몬 귀뚜라미는 영양분이 채워진 커다란 정자 주머니를 만든다. 먹이가 희귀한 곳에서 큰 정자 주머니는 암컷에게 매우 중요한 자원이 된다. 그런데 그 정자 주머니를 만들기 위해서 수컷은 엄청난 양의 먹이를 먹고 소화시켜야 하기 때문에 여간 부담스럽지 않다. 이런 경우에는 오히려 암컷들이 보다 큰 정자주머니를 갖고 있는 수컷 짝을 차지하기 위해 서로 경쟁한다. 이렇게 '상대적' 양육 투자의 비중에서 성 역할이 바뀌어 있는 종의 경우에는 짝짓기에 관한 한 수컷이 암컷에 비해 더 까다로운 태도를 보인다. 하지만 이것은 예외적인 경우이다. 왜냐하면 영장류 200여 종을 포함한 포유류의 모든 종(대략 4000여 종)에서는 암컷이 체내 수정과 임신을 수행하기 때문이다.

2. 해당 연령에서 앞으로 남은 일생 동안 낳을 수 있을 것으로 기대되는 자식 수의 기대값을 의미한다. 특히, 자식의 수는 번식을 시작할 연령까지 생존하는 값을 유효값으로 친다.

3. 남성이 평균적으로 젊은 여성을 선호하는 진화적 이유는 그녀들이 상대적으로 더 높은 번식 가치를 지니기 때문이다. 짝짓기 전략에 있어서 상대의 연령, 지위, 경제력 등이 어떤 변수인지에 대한 연구들을 종합해 놓은 책으로는 데이비드 버스의 《욕망의 진화: 인간 짝짓기 전략들》을 참조할 것.

4. 성적 질투심의 성차가 동서양에서 어떤 형태로 (공통적으로) 나타나는지에 대한 연구로는 데이비드 버스 등의 〈질투심과 불륜에 대한 믿음의 본성(Jealousy and the nature of beliefs about infidelity: Tests of competing hypotheses about sex differences in the United States, Korea, and Japan〉을 참조할 것. 성적 질투심에 의한 폭력과 살인에 대한 고전적인 연구로는 데일리와 윌슨의 《살인(Homicide)》을 참조할 것. 남성의 성적 질투심이 서사의 중심인 문학 작품들은 꽤 많다. 가령, 모파상의 단편 〈쓸모없는 아름다움〉은 남편의 소유욕으로 억눌림을 당하던 아내가 남성의 성적 질투심을 이용해 복수하는 이야기다.

5. 이런 해석은 포르노 밈이 실제로 마음을 가지고 있어서 그런 지향성을 갖는다는 뜻이 아니라, 마치(as if) 그것이 그런 지향성을 가진다고 가정할 때, 포르노의 소비 패턴이 가장 잘 설명될 수 있다는 뜻이다.

8장 왜 종교적 세계관은 사라지지 않는가?

1. 적응과 부산물을 구별하는 문제가 항상 이렇게 까다롭지는 않다. 가령, 온몸을 돌아다니며 산소를 운반해주는 피는 적응의 사례이다. 그런데 피의 '붉은 색깔'은 산소 운반을 담당하는 헤모글로빈 때문에 생기는 일종의 부산물이다. 즉, 피는 적응이지만 피의 색은 부산물이다.

2. 여기서 보이어는 '통속(folk)'이라는 단어보다 '직관(intuitive)'이라는 단어를 선호한다. 물론 둘의 의미는 다르지 않다. 하지만 종교의 반직관성을 강조하려는 보이어의 입장에서는 '직관'이라는 단어를 쓰는 것이 더 적절했을 것이다.

3. 종교적 믿음의 대물림을 주장하는 도킨스의 주장은 일견 설득력이 있어 보인다. 예컨대 이슬람교인 부모 밑에서 자란 아이들이 결국은 대개 이슬람교인이 되듯, 부모와 자식의 종교가 일치할 개연성은 실제로 상당히 높다. 하지만 성인이 된 후에 종교적 믿음을 버리거나 새로운 믿음을 받아들이는 경우들 또한 비일비재하다. 이런 측면에서 아이들의 정신 메커니즘뿐만 아니라 성인의 그것이 종교밈의 확산과 어떤 관계가 있는지도 탐구되어야 할 것이다.

4. 나는 이런 데닛의 아이디어에 근거해 '신앙의 다양성(varieties of faith)' 조사 연구를 준비하고 있는 미국 예일 대학교 심리학과의 정(J. Junge)과 국제 공동 연구를 준비하고 있다. 우리의 예측 중 하나는 서양 사람들에 비해 좀 더 집단적이고(collective) 전일론적(holistic) 사고를 한다고 알려진 한국인들이 미국인들에 비해 종교에 대한 메타밈(가령, "나는 신에 대한 믿음이

325

모든 사람들에게 꼭 필요한 것이라 생각한다"라는 식의 믿음)을 더 많이 소유할 것이라는 점이다. 작금의 이슬람 근본주의는 이런 식의 종교적 메타밈이 극단적으로 공유되고 있는 종교일 것이다. 그리고 그런 밈이 그 소유자의 유전적 적합도(genetic fitness)를 낮추는 부적응적 형질(maladaptive trait)임에도 불구하고 사라지기는커녕 오히려 창궐하고 있는 현실(하루가 멀다 하고 터지는 이라크의 자살 폭탄 테러를 보라!)은 일반 복제자 이론—밈도 유전자와 마찬가지로 자기 복제를 '목표'로 삼고 합리적으로 행동하는 또 하나의 지향 체계(intentional system)라고 간주하는—을 뒷받침해준다. 종교적 메타밈의 확산 정도와 종교 분쟁의 정도가 실제로 상관관계를 보이는지를 조사해보는 것도 흥미로운 연구 주제가 될 것이다.

10장 뇌 밖에도 마음이 존재하는가?

1. 최근에는 사이코패스(psychopath)가 정서 반응과 관련된 편도체와 의사 결정과 연관된 전전두피질과 관계가 있다는 연구 보고들이 나왔다.
2. 마음의 체화/확장/분산을 명확히 구분하는 것은 쉽지 않다. 이 글에서 나는 이런 세부적인 구분을 하지 않은 채 모든 이론들을 체화적 접근으로 간주했다. 그런 구분이 의미가 없어서가 아니라, 이 글에서 내가 문제 삼으려는 '뇌를 넘어서'라는 언명에 각 이론들이 다들 동의하기 때문이다.
3. 이런 예가 가상에만 있는 것은 아니다. 실제로 전신마비를 당한 미국인 청년 네이글(M. Nagel)이 브레인게이트(braingate)를 이식받아 생각만으로 컴퓨터 커서와 인공팔을 움직인 사례가 있다. 다음 홈페이지에서는 그에 관한 영상도 볼 수 있다. http://neurophilosophy.wordpress.com/2006/07/13/brain-machine-interface-controls-movement-of-prosthetic-limb/
4. 클락과 차머스의 등가성 원리는 앞서 언급된 EMT의 여러 견해 중에서도 특히 (3)과 (4)에 해당된다.

5. 클락은 확장된 인지 개념에 근거해 인간을 혼성 인공물-유기체 시스템, 또는 사이보그(hybrid artifact-organism systems, or cyborgs)라고 규정한다. 사이보그라도 좋다. 하지만 사이보그의 인공 장치들이 과연 마음을 '구성'하고 있는지 없는지는 다른 문제다.

6. 최근에 신경윤리학자 레비도 확장된 마음 이론이 신경윤리학에 주는 함의들을 검토한 바 있다. 하지만 나와는 달리, 그는 확장된 마음 이론을 매우 긍정적으로 검토한 후 그 이론이 기존 신경윤리학의 논의들을 더욱 풍성하게 한다고 주장한다.

11장 혁신은 어떻게 오는가?

1. 제약의 강도 측면에서 보자면 어떤 종에서건 18개의 체절만을 발생시키는 곤충의 경우가 체절 수에 있어서 어느 정도의 융통성을 보이는 지네의 경우보다 제약의 강도가 더 강하다고 할 수 있다.

2. *Hox* 유전자, *pax6* 유전자 등과 같은 호메오 유전자들의 발견은 주로 형태론적 차원에서만 논의했던 기존의 상동성(homology) 개념을 재고하게 만들었다. 이에 대한 리뷰 논문인 Gilbert et al.(1996)과 Abouhief(1997)를 참고하시오. 척추동물과 곤충의 눈 발생에서 동일하게 마스터 조절 스위치 역할을 담당하는 *pax6* 유전자에 관해서는 Gehring & Ikeo(1999)에 잘 잘 정리되어 있다.

3. 이런 맥락에서 소진화와 대진화의 메커니즘이 질적으로 다르지 않다고 주장하는 이들이 있다. 그들에 따르면 두 경우에 모두 유전자 수준에서는 점진적 변화만이 존재하지만, 그 변화가 어떤 유전자에서 생겼는지—발생 유전자인지 아니면 구조 유전자인지—에 따라 소진화일 수도 대진화일 수도 있다.

4. 캄브리아기의 대폭발(the Cambrian explosion)은 5억 7천만 년 전~5억 3천

만 년 전 사이(주로, 캄브리아기)에 벌어진 생명의 대분화를 일컫는 용어로 현재 살아 있는 거의 모든 동물의 계통들이 이 기간에 출현했다고 알려져 있다.

5. 물론 여기서 '갑자기'는 대개 수백만 년 정도를 기본 단위로 하는 지질학적 시간 스케일에서 사용된 표현이다.

6. K-T 대멸종(K-T mass extinction)은 지질 시대에 있었던 여러 번의 대멸종 가운데 특히 6천5백만 년 전의 대멸종 사건을 지칭하는 용어이다. 공룡이 멸종한 시기가 바로 이때며, 중생대의 백악기(K)와 신생대의 제3기(T) 사이에 벌어진 일이기 때문에 'K-T'라는 약자가 붙었다.

7. '미토콘드리아 DNA'는 세포 내의 미토콘드리아가 가진 DNA로 크기가 작아서 16,567개의 염기쌍이 고리를 형성하고 있고 대량으로 쉽게 분리된다. 미토콘드리아는 모계를 통해서만 전달되기 때문에 미토콘드리아 DNA를 추적하면 모든 인류의 공통 조상인 '미토콘드리아 이브'를 만날 수 있다.

8. 메이너드 스미스와 서트머리는 자신의 저작들에서 '모듈'이나 '모듈화'라는 표현을 쓰지는 않았다. 대신 '구획(compartment)', 혹은 '구획화(compartmentation)'라는 용어만 사용했다. 하지만 생명의 대전환들을 '구획화의 증가'로 이해했다는 측면에서 그들이 구획을 모듈과 비슷한 의미로 사용했음을 짐작할 수 있다.

9. 이런 전환이 일어나면 구성 개체들 사이의 상호 의존성은 증가할 수밖에 없다. 그래서 흔히 진사회성 곤충집단에 '초유기체'라는 용어를 붙이기도 한다. 하지만 지금까지의 모듈론적 설명에 비춰볼 때 그것을 '개체'라는 뜻이 담긴 '초유기체'로 표현하는 것보다는 '모듈'로 간주하는 것이 더 적절해 보인다.

1장 인간은 '다윈 기계'다

장대익, 〈도킨스 다시 읽기: 복제자, 행위자, 그리고 수혜자〉,《철학사상》제
25권(2007), 195~225쪽.

_____,《다윈의 식탁》(바다출판사, 2015).

_____, 〈다윈 인문학과 인문학의 진화〉,《인문논총》제61권(2009), 3~47쪽.

_____, 〈포르노그래피의 자연사: 진화, 신경학적 접근〉,《비평과 이론》제17권
1호(2012a), 261~284쪽.

_____, 〈호모 리플리쿠스: 모방, 거울 뉴런, 그리고 밈〉,《인지과학》제23권
4호(2012b), 517~551쪽.

Alcock, J., *The Triumph of Sociobiology*, Oxford University Press, 2001.

Aunger, R.(Ed.), *Darwinizing Culture*, Oxford University Press, 2000.

Barkow, J. H., L. Cosmides and J. Tooby (eds.), *The Adapted Mind*, Oxford
University Press, 1992.

Brandon, R. N. and R. M. Burian (eds.), *Genes, Organisms, Populations:
Controversies over the Units of Selection*, MIT Press, 1984.

Buss D., et al., "Sex Differences in Jealousy: Evolution, Physiology, and
Psychology", *Psychological Science*, Vol. 3(1992), pp. 251~255.

Buss, D., "Sexual Conflict: Evolutionary Insights into Feminist and the 'Battle
of the Sexes'", D. M. Buss and N. M. Malamuth (eds.), *Sex, Power,
Conflict: Evolutionary and Feminist Perspectives*, Oxford University Press,
1996, pp. 296~318.

_____, *The Evolution of Desire: Strategies of Human Mating, Revised ed.*, Free
Press, 2003; 전중환 옮김,《욕망의 진화》, 사이언스북스, 2007.

_____, *Evolutionary Psychology, 2nd ed.*, Allyn and Bacon, 2004.

_____(ed.), *The Handbook of Evolutionary Psychology*, John Wiley & Sons, Inc., 2005.

Cochran, G. and H. Harpending, *The 10,000 Year Explosion: How Civilization Accelerated Human Evolution*, Basic Book, 2010.

Cosmides, L., and J. Tooby, "Cognitive Adaptations for Social Exchange", J. Barkow, L. Cosmides and J. Tooby (eds.), *The Adapted Mind: Evolutionary Psychology and the Generation of Culture*, Oxford University Press, 1992.

Crawford, C. and D. L. Krebs (eds.,), *Handbook of Evolutionary Psychology*, Lawrence Erlbaum, 1998.

Daly, M., and M. Wilson. *Homicide*. Hawthorne, Aldine, 1988.

Darwin, C., *On the Origin of Species*, Murray, 1859.

Dawkins, R., *The Selfish Gene*, Oxford University Press, 1976/1989; 홍영남 옮김, 《이기적 유전자》(을유문화사, 1993).

_____, "Replicators and Vehicles"(1982), reprinted in *Brandon and Burian*, 1984, pp. 161~180.

_____, "Burying the Vehicle", *Behavioral and Brain Sciences*, Vol. 17(1994), p. 617.

Dennett, D., *Darwin's Dangerous Idea*, Touchstonet, 1995.

_____, "The Evolution of Culture", *The Monist*, Vol. 84(2001), pp. 305~324.

_____, "The New Replicators", M. Pagel (ed.), *The Encyclopedia of Evolution Vol. 1*, Oxford University Press, 2002, pp. E83~E92.

_____, *Breaking the Spell*, Viking, 2006.

Dunbar, R., and L. Barrett (eds.), *The Oxford Handbook of Evolutionary Psychology*, Oxford University Press, 2007.

Gangestad, S. W. and R. Thornhil, "Human Sexual Selection and

Developmental Stability", J. A. Simpson and D. T. Kenrick (eds.), *Evolutionary Social Psychology*, Erlbaum, 1997, pp. 169~195.

Heyes, C., "Genuine Imitation", C. M. Heyes and B. G. J. Galef (eds.), *Social Learning in Animals: The Roots of Culture*, Academic Press, 1996, pp. 371~389.

Hobbes, T., *Leviathan*, Oxford World's Classics, Oxford University Press, 1651/1998.

Horner, V. and A. Whiten, "Causal Knowledge and Imitation/Emulation Switching in Chimpanzees(*Pan troglodytes*) and Children(*Homo sapiens*)", *Animal Cognition*, Vol. 8 no. 3(2005), pp. 164~181.

Huber, L., F. Range, B. Voelkl, A. Szucsich, Z. Virányi, and A. Miklosi, "The Evolution of Imitation: What Do the Capacities of Non-human Animals Tell Us about the Mechanisms of Imitation?" *Philosophical Transactions of the Royal Society B*, 364-1528(2009), pp. 2299~2309.

Hull, D. L., "Individuality and Selection", *Annual Review of Ecology and Systematics*, Vol. 11(1980), pp. 1~332.

Lewontin, R., "The Units of Selection", *Annual Review of Ecology and Systematics*, Vol. 1(1970), pp.1~18.

Mayr, E., *Toward a New Philosophy of Biology*, Harvard University Press, 1988.

_____, *Principles of Systematic Zoology*, McGraw-Hill, 1991.

_____, *Science as a Process*, University of Chicago Press, 1988.

Rizzolatti, G. and M. Fabbri-Destro, "Mirror Neurons: From Discovery to Autism", *Experimental Brain Research*, Vol. 200 nos. 3-4(2010), pp. 223~237.

Segerstrale, U., *Defenders of the Truth: The Battle for Science in the Sociobiological Debate and Beyond*, Oxford University Press, 2000.

_____, *Nature's Oracle: The life and work of W. D. Hamilton*, Oxford University

Press, 2013.

Sperber, D. *Explaining Culture: A Naturalistic Approach*, Blackwell, 1996.

Sterelny, K., and P. E. Griffiths, *Sex and Death: An Introduction to Philosophy of Biology*, The University of Chicago Press, 1999.

Sterelny, K., "Memes Revisited", *British Journal for the Philosophy of Science*, Vol. 57(2005), pp. 145~165.

Trivers, R. L., "Parental Investment and Sexual Selection", B. Campbell (ed.), *Sexual Selection and the Descent of Man: 1871-1971*, Aldine, 1972, pp. 136~179.

Wilson, E. O., *Sociobiology: The New Synthesis*, Harvard University Press, 1975.

_____, *The Social Conquest of Earth*, Liverright, 2013; 이한음 옮김, 《지구의 정복자》, 사이언스북스, 2013.

2장 인간의 독특성은 어디서 왔는가?

Bugnyar, T. and Huber, L., "Push or Pull: An Experimental Study on Imitation in Marmosets", *Animal Behaviour*, Vol. 54(1997), No. 4, pp. 17~831.

Chaminade, T., Meltzoff, A. N. and Decety, J., "An fMRI Study of Imitation: Action Representation and Body Schema", *Neuropsychologia*, Vol. 43(2005), No. 1, pp. 115~127.

Galef, B. G., "The Question of Animal Culture", *Human Nature*, Vol. 3(1992), No. 2, pp. 157~178.

Heyes, C., "Genuine Imitation", C. M. Heyes and B. G. J. Galef (eds.), *Social Learning in Animals*, Academic Press, 1996, pp. 371~389.

Horner, V. and Whiten, A., "Causal Knowledge and Imitation/Emulation Switching in Chimpanzees(*Pan troglodytes*) and Children(*Homo* sapiens)", *Animal Cognition*, Vol. 8(2005), No. 3, pp. 164~181.

Huber, L., Range, F., Voelkl, B., Szucsich, A., Viranyi, Z. and Miklosi, A., "The Evolution of Imitation: What Do the Capacities of Non-human Animals Tell Us About the Mechanisms of Imitation?", *Philosophical Transactions of the Royal Society B*, V. 364(2009), No. 1528, pp. 2299~2309.

Kawai, M., "Newly-acquired Pre-cultrual Behavior of the Natural Troop of Japanese Monkeys on Koshima Islet", *Primates*, Vol. 6(1965), pp. 1~30.

Myowa-Yamakoshi, M. and Matsuzawa, T., "Factors Influencing Imitation of Manipulatory Actions in Chimpanzees(Pan troglodytes)", *Journal of Comparative Psychology*, Vol. 113(1999), No. 2, pp. 128~136.

Range, F., Viranyi, Z. and Huber, L., "Selective Imitation in Domestic Dogs". *Current Biology*, Vol. 17(2007), No. 10, pp. 1~5.

Thorpe, W. H., *Learning and Instinct in Animals*, Methuen, 1963.

Voelkl, B. and Huber, L., "Imitation as Faithful Copying of a Novel Technique in Marmoset Monkeys", *PLoS ONE*, Vol. 2(2007), No. 7, e611.

Whiten, A., Horner, V., Litchfield, C. A. and Marshall-Pescini, S., "How Do Apes Ape?", *Animal Learning and Behaviour*, Vol. 32(2004), No. 1, pp. 36~52.

3장 인간의 독특성은 어디에 새겨져 있는가?

Altschuler, E. L., Vankov, A., Hubbard, E. M., Roberts, E., Ramachandran, V. S. and Pineda, J. A., "Mu Wave Blocking by Observation of Movement and Its Possible Use as a Tool to Study Theory of Other Minds" *Presented at the 30th annual meeting of the society for neuroscience*, New

Orleans, 4~9 November 2000.

Blackmore, S., *The Meme Machine*, Oxford University Press, 1999; 김영남 옮김, 《밈》, 바다출판사, 2010

_____, "Imitation Makes Us Human", In *What Makes Us Human?* ed. by C. Pasternak, Oneworld, 2007, pp. 1~16.

Dapretto, M., Davies, M. S., Pfeifer, J. H., Scott, A. A., Sigman, M., Bookheimer, S. Y. and Iacoboni, M., "Understanding Emotions in Others: Mirror Neuron Dysfunction in Children with Autism Spectrum Disorders", *Nature Neuroscience*, Vol. 9(2006), No. 1, pp. 28~30.

de Lange, F. P., Spronk, M., Willems, R. M., Toni, I. and Bekkering, H., "Complementary Systems for Understanding Action Intentions", *Current Biology*, Vol. 18(2008), No. 6, pp. 454~457.

di Pellegrino, G., Fadiga, L., Fogassi, L., Gallese, V. and Rizzolatti, G., "Understanding Motor Events: A Neurophysiological Study", *Experimental Brain Research*, Vol. 91(1992), No. 1, pp. 176~180.

Fadiga, L., Fogassi, L., Pavesi, G. and Rizzolatti, G., "Motor Facilitation During Action Observation: A Magnetic Stimulation Study", *Journal of Neurophysiology*, Vol. 73(1995), No. 6, pp. 2608~2611.

Frith, C. D. and Frith, U., "Interacting Minds: A Biological Basis", *Science*, Vol. 286(1999), No. 5445, pp. 1692~1695.

Gallese, V., Fadiga, L., Fogassi, L. and Rizzolatti, G., "Action Recognition in the Premotor Cortex", *Brain*, Vol. 119(1996), No. 2, pp. 593~609.

Gallese, V., Gernsbacher, M. A., Heyes, C., Hickok, G. and Iacoboni, M., "Mirror Neuron Forum", *Perspectives on Psychological Science*, Vol. 6(2011), No. 4, pp. 369~407.

Heiser, M., Iacoboni, M., Maeda, F., Markus, J. and Mazziotta, J. C., "The Essential Role of Broca's Area in Imitation", *European Journal of*

Neuroscience, Vol. 17(2003), No. 5, pp. 1123~1128.

Heyes, C., "Genuine imitation", In Social Learning in Animals: The Roots of
Culture, by Heyes, C. M. & Galef, B. G. J. (eds.), *Academic Press*, 1996,
pp. 371~389.

_____, "Where Do Mirror Neurons Come From?", *Neuroscience and
Biobehavioural Reviews*, Vol. 34(2010), No. 4, pp. 575~583.

_____, "Grist and Mills: On the Cultural Origins of Cultural Learning",
Philosophical Transactions of The Royal Society B, Vol. 367(2012), No. 1599,
pp. 2181~2191.

Iacoboni, M., *Mirroring People, Picador*, 2009a; 김미선 옮김,《미러링 피플》, 갤
리온, 2009.

_____, Neurobiology of Imitation, *Current Opinion in Neurobiology*, Vol.
19(2009b), No. 6, pp. 661~665.

Kakei, S., Hoffman, D. S. and Strick, P. L., "Direction of Action is Represented
in the Ventral Premotor Cortex", *Nature Neuroscience*, Vol. 4(2001),
No. 10, pp. 1020~1025.

Kohler, E., Keysers, C., Umilta, M. A., Fogassi, L. and Gallese, V., "Hearing
Sounds, Understanding Actions: Action Representation in Mirror
Neurons", *Science*, Vol. 297(2002), No. 5582, pp. 846~848.

McNamara, A., "Can We Measure Memes?", *Frontiers in Evolutionary
Neuroscience*, Vol. 3(2011), No. 1, pp. 1~7.

Newman-Norlund, R. D., van Schie, H. T., van Zuijlen, A. M. J. and
Bekkering, H., "The Mirror Neuron System Is More Active During
Complementary Compared With Imitative Action", *Nature Neuroscience*,
Vol. 10(2007), No. 7, pp. 817~818.

Rizzolatti, G. and Craighero, L., "The Mirror-Neuron System", *Annual Reviews
Neuroscience*, Vol. 27(2004), pp. 169~192.

Rizzolatti, G. and Fabbri-Destro, M., "Mirror Neurons: From Discovery to Autism", *Experimental Brain Research*, Vol. 200(2010a), pp. 223~237.

Rizzolatti, G. and Sinigaglia, C., "The Functional Role of the Parieto-Frontal Mirror Circuit: Interpretations and Misinterpretations", *Nature Reviews Neuroscience*, Vol. 11(2010b), No. 4, pp. 264~274.

Perrett, D. I., Harries, M. H., Mistlin, A. J., Hietanen, J. K., et al., "Social Signals Analyzed at the Single Cell Level: Someone is Looking at Me, Something Touched Me, Something Moved", *International Journal of Comparative Psychology*, Vol. 4(1990), No. 1, pp. 25~55.

Thioux, M., Gazzola, V. and Keyers, C., "Action Understanding: How, What and Why", *Current Biology*, Vol. 18(2008), No. 10, pp. 431~434.

Umilta, M. A., Brochier, T., Spinks, R. L. and Lemon, R. N., "Simultaneous Recording of Macaque Premotor and Primary Motor Cortex Neuronal Populations Reveals Different Functional Contributions to Visuomotor Grasp", *Journal of Neurophysiology*, Vol. 98(2007), No. 1, pp. 488~501.

van Schie, H. T., van Waterschoot, B. M., Borris, M. and Bekkering, H., "Understanding Action Beyond Imitation: Reversed Compatibility Effects of Action Observation in Imitation and Joint Action", *Journal of Experimental Psychology: Human Perception and Performance*, Vol. 34(2008), No. 6, pp. 1493~1500.

Vogt, S., Buccino, G., Wohlschläger, A. M., Canessa, N., Shah, N. J., Zilles, K., Eickhoff, S. B., Freund, H. J., Rizzolatti, G. and Fink, G. R., "Prefrontal Involvement in Imitation Learning of Hand Actions: Effects of Practice and Expertise", *Neuroimage*, Vol. 37(2007), No. 4, pp. 1371~1383.

Williams, J. H. G., Whiten, A., Suddendorf, T. and Perret, D. I., "Imitation, Mirror Neurons and Autism", *Neuroscience and Biobehavioral Reviews*, Vol. 25(2001), No. 4, pp. 287~295.

4장 자연계를 지배하는 공통의 진화 원리는 무엇인가?

장대익, 〈이타성의 진화와 선택의 수준 논쟁〉,《과학철학》8권 1호(2005), 81~113쪽.

_____, 〈도킨스 다시 읽기: 복제자, 행위자, 그리고 수혜자〉,《철학사상》제 25권(2007), 195~225쪽.

Atran, S., *In Gods We Trusts: The Evolutionary Landscape of Religion*, Oxford University Press, 2002.

Aunger, R.(ed.)., *Darwinizing Culture*, Oxford University Press, 2000.

Barkow, J. H., L. Cosmides, & J. Tooby(eds.), *The Adapted Mind*, Oxford University Press, 1992.

Blackmore, S., *The Meme Machine*, Oxford University Press, 1999.

Boyer, P., *The Naturalness of Religious Ideas*, University of California Press, 1994.

_____, *Religion Explained: Evolutionary Origins of Religious Thought*, Basic Books, 2001.

_____, "Religious Thought and Behavior as By-products of Brain Function", *Trends in Cognitive Sciences*, Vol. 7(2003), pp. 119~124.

Bradie, M., "Assessing Evolutionary Epistemology", *Biology and Philosophy*, Vol. 1(1986), pp. 401~459.

Burt, A. and R. Trivers, *Genes in Conflict*, Belknap Press, 2006.

Campbell, D., "Evolutionary Epistemology", in G. Radnitsky and W. W. Bartely, III(eds.), *Evolutionary Epistemology, Theory of Rationality and the Sociology of Knowledge*, Open Court, 1987, pp. 47~89.

Darwin, C., *On the Origin of Species*, Murray, 1859.

Dawkins, R., *The Selfish Gene*, Oxford University Press, 1976/1989; 홍영남 옮김,《이기적 유전자》, 을유문화사, 1993.

_____, *Extended Phenotype*, Oxford University Press, 1982; 홍영남 옮김,《확장

된 표현형》, 을유문화사, 2004.

_____, "Burying the vehicle", *Behavioral and Brain Sciences*, Vol. 17(1994), 617.

_____, *The God Delusion*, Houghton Mifflin, 2006; 이한음 옮김, 《만들어진 신》, 김영사, 2007.

Dennett, D. "Intentional System", *Journal of Philosophy*, Vol. 68(1971), 87-106.

_____, "Intentional Systems in Cognitive Ethology: The 'Panglossian Paradigm' defended", *Behavioral and Brain Sciences*, Vol. 6(1983), pp. 343~390.

_____, *The Intentional Stance*, MIT Press, 1987.

_____, "Memes and the Exploitation of Imagination", *Journal of Aesthetics and Art Criticism*, Vol. 48(1990), pp. 127~135.

_____, "Real Patterns", *Journal of Philosophy*, Vol. 89(1991), pp. 27~51.

_____, *Darwin's Dangerous Idea*, Touchstone, 1995.

_____, *Brain Children*, The MIT Press, 1998.

_____, "The evolution of culture", *The Monist*, Vol. 84(2001), pp. 305~324.

_____, *Breaking the Spell: Religion as a Natural Phenomenon*, Viking, 2006.

_____, "Review of Richard Dawkins' The God Delusion", *Free Inquiry*, 2006.

Godfrey-Smith, P., "The Replicator in Retrospect", *Biology and Philosophy*, Vol. 15(2000), pp. 403~423.

Gould, S. J. and R. Lewontin, "The Spandrels of San Marco and the Panglossian Paradigm: A critique of the adaptationist Programme," *Proc. of the Royal Society of London*, ser. B., no. 205(1979), pp. 581~98.

Grafen, A. and m. Ridley(eds.), *Richard Dawkins: How a Scientist Changed the Way We Think*, Oxford University Press, 2006; 이한음 옮김, 《리처드 도킨스》, 을유문화사, 2007.

Griffiths, P.E. and Gray, R.D., "Darwinism and Developmental Systems", in S. Oyama, P. E. Griffiths, and Russell D. Gray (eds.). *Cycles of Contingency:*

Developmental Systems and Evolution, MIT Press, 2003, pp. 195~218.

Guthrie, S., Faces in the Clouds: A New Theory of Religion, Oxford University Press, 1993.

Hacking, I., Representing and Intervening, Cambridge University Press, 1983.

Haig, D., "The social gene". In Krebs, J. R. & Davies, N. B.(eds.) Behavioural Ecology: an Evolutionary Approach, Blackwell Publishers, 2007, pp. 284~304.

Hull, D. L., "Individuality and Selection", Annual Review of Ecology and Systematics, Vol. 11(1980), pp. 1~332.

_____, Science as a Process, University of Chicago Press, 1988.

Lakatos, I., The Methodology of Scientific Research Programmes, Cambridge University Press, 1978.

Latour, B. "Pragmatogonies: A Mythical Account of How Humans and Nonhumans Swap Properties", American Behavioral Scientist, Vol. 37(1994), pp. 791~808.

Lewontin, R., "The units of selection", Annual Review of Ecology and Systematics, Vol. 1(1970), pp. 1~18.

Mayr, E., The Growth of Biological Thought, Belknap Press, 1982.

Mesoudi, A., Whiten, A., & Laland, K. N., "Towards a Unified Science of Cultural Evolution", Behavioral and Brain Sciences, Vol. 29(2006), pp. 329~383.

Monod, J., Chance and Necessity: An Essay on the Natural Philosophy of Modern Biology, Alfred A. Knopf, 1971.

Nanay, B., "The Return of the Replicator: What is Philosophically Significant in a General Account of Replication and Selection", Biology and Philosophy, Vol. 17(2002), pp. 109~121.

Oyama, S., Griffiths, P. E., and Gray, R. D., "What is Developmental Systems

Theory", in S. Oyama, P. E. Griffiths, and Russell D. Gray (eds.). *Cycles of Contingency: Developmental Systems and Evolution*. MIT Press, 2003, pp. 1~11.

Popper, K. R., *Objective Knowledge*, Oxford University Press, 1972.

Ruse, M., "The View From Somewhere", in M. Ruse, *Evolutionary Naturalism*, Routledge, 1995, pp. 154~196.

Sterelny, K., M. Dickison, et al. "The extended replicator". *Biology and Philosophy*, Vol. 11(1996), pp. 377~403.

Thagard, P., "Against Evolutionary Epistemology", *PSA*, Vol. 1(1996), pp. 187~196.

Whiten, A., J. Goodall, et al., "Cultures in chimpanzees", *Nature*, Vol. 399(1999), pp. 682~685.

Wilson, D. S., *Darwin's Cathedral: Evolution, Religion, and the Nature of Society*, The University of Chicago Press, 2002.

＿＿＿, *Consilience: The Unity of Knowledge*, Knopf, 1998; 최재천·장대익 옮김, 《통섭: 지식의 대통합》, 사이언스북스, 2005.

5장 인간과 비인간의 경계는 존재하는가?

김환석, 〈STS(과학기술학)와 사회학의 혁신: 행위자-연결망 이론(ANT)을 중심으로〉, 《과학기술학연구》 1권 1호(2001), 201~234쪽.

장대익, 〈일반 복제자 이론: 유전자, 밈, 그리고 지향계〉, 《과학철학》 11권 1호(2008), 1~33쪽

＿＿＿, 〈호모 리플리쿠스: 모방, 거울 뉴런, 그리고 밈〉, 《인지과학》 23권 4호(2012), 517~551쪽.

홍성욱, 〈기술은 인간처럼 행동한다: 라투어의 새로운 기술철학〉, 이중원 외

지음,《필로테크놀로지를 말한다: 21세기 첨단 공학 기술에 대한 철학적 성찰》(해나무, 2008), 124~153쪽.

_____, 〈인간과 기계에 대한 '발칙한' 생각: ANT의 기술론〉, 브루노 라투르 외 지음, 홍성욱 엮음,《인간·사물·동맹》(이음, 2010), 127~154쪽.

Blackmore, S., *The Meme Machine*, Oxford University Press, 1999; 김영남 옮김,《밈》, 바다출판사, 2010.

_____, "A Response to Gustav Jahoda", *History of the Human Sciences*, vol. 15(2002), No. 2, pp. 69~71.

Bloor, D., "Anti-Latour", *Studies in History and Philosophy of Science*, Vol. 30(1999), pp. 81~112.

Callon, M. and Latour, B., "Unscrewing the Big Leviathan: How Actors Macro-Structure Reality and How Sociologist Help Them To Do So," in K. Knorr-Cetina & A. Cicouvel (eds.), *Advances in Social Theory and Methodology: Towards an Integration of Micro and Macro-Sociology*, Routledge, 1981, pp. 277~303.

Callon, M., "Variety and Irreversibility in Networks of Technique Conception and Adoption," in D. Foray & C. Freemann(eds.), *Technology and the Wealth of Nations*, Pinter, 1983.

_____, "Some Elements of a Sociology of Translation: Domestication of the Scallops and the Fishermen of St Brieuc Bay," in John Law (ed.), *Power, Action and Belief: A New Sociology of Knowledge*, Routledge & Kegan Paul, 1986, pp. 196~233.

Collins, H. and Yearley, S., "Epistemological Chicken," in Pickering, A.(ed.), *Science as Practive and Culture*, University of Chicago Press, 1992, pp. 301~326.

Khong, L., "Actants and Enframing: Heidegger and Latoon Technology", *Studies in History and Philosophy of Science*, Vol. 34(2003), pp. 693~704.

Latour, B. *The Pasteurization of France*, Harvard University Press, 1988.

_____, "Pragmatogonies: A Mythical Account of How Humans and Nonhumans Swap Properties", *American Behavioral Scientist*, Vol. 37(1994), pp. 791~808.

_____, *Pandora's Hope: Essays on the Reality of Science Studies*, Harvard University Press, 1999a.

_____, "For David Bloor … and Beyond: A Reply to David Bloor's Anti-Latour", *Studies in History and Philosophy of Science*, Vol. 30(1999b), pp. 113~129.

_____, "Gabriel Tarde and the End of the Social", in Joyce, P.(ed.), *The Social in Question: New Bearings in the History and the Social Sciences*, Routledge, 2002, pp. 117~132.

_____, "On Actor-network Theory: A Few Clarifications", *Soziale Welt*, 1997; 홍성욱 엮음, 《인간·사물·동맹》, 이음, 2010, pp. 97~124.

_____, "Tarde's Idea of Quantification", in Candea, M.(ed.), *The Social after Gabriel Tarde*, Routledge, 2012, pp. 145~162.

Marsden, P., "Forefathers of Memetics: Gabriel Tarde and the Laws of Imitation", *Journal of Memetics-Evolutionary Models of Information Transmission*, Vol. 4(2000).

Tarde, G., *Les lois de l'imitation*, Translated by Elsie Clews Parsons as The Laws of Imitation, Henry Holt and Company, 1890/1962.

_____, *Monadologie et sociologie*, Les Empecheurs de penser en rond. 1895/1999.

6장 인간은 어떤 의미에서 사회적 동물인가?

Baron-Cohen, S., Tager-Flusberg, H., & Cohen D. J.(eds.), *Understanding*

Other Minds: Perspectives from Developmental Neuroscience, 2nd ed., Oxford University Press, 2000.

Byrne, R. W., & A. Whiten, A., *Machiavellian Intelligence*. Oxford: Oxford University Press, 1988.

Call, J. and M. Tomasello, "Does the chimpanzee have a theory of mind? 30 years later", *Trends in Cognitive Science*, Vol. 12(2008), No. 5, pp. 187~192.

Call, J., and F. Kano, "Cross-species variation in gaze following and conspecific preference among great apes, human infants and adults", *Animal Behaviour* Vol. 91(2014), pp. 137~150.

Cheney, D. L., and R. M. Seyfarth, *How monkeys see the world: Inside the mind of another species*. The University of Chicago Press, 1990.

Dunbar, R., "The co-evolution of neocortical size, group size and language in humans", *Behavioral and Brain Sciences*, Vol. 16(1993), pp. 681~735.

_____, *Grooming, Gossip, and the Evolution of Language*, Faber and Faber, 1996.

_____, "The social brain hypothesis", *Evolutionary Anthropology*, Vol. 6(1998), no. 5, pp. 178~190.

Dunbar, R., & S. Shultz, "Evolution in the Social Brain", *Science*, Vol. 317(2007), no. 5843, pp. 1344~1347.

Gamble, C., J. Gowlett, & R. Dunbar, *Thinking Big: The Social Evolution of the Modern Mind*. Thames & Hudson, 2014.

Goldman, A., "The psychology of folk psychology", *Beharvioral and Brain Sciences*, Vol. 16(1993), pp. 15~28.

Gopnik, A., "How we know our own minds: the illusion of first-person knowldege of intentionality", *Behavioral and Brain Sciences*, Vol. 16(1993), pp. 29~113.

Hare, B., & M. Tomasello, "Human-like social skills in dogs?", *Trends in*

Cognitive Sciences, Vol. 9(2005), no. 9, pp. 439~444.

Hare, B., J. Call, B. Agnetta, & M. Tomasello, "Chimpanzees know what conspecifics do and do not see", *Animal Behaviour*, Vol. 59(2000), no. 4, pp. 771~785.

Hare, B., J. Call, and M. Tomasello, "Do chimpanzees know what conspecifics know?", *Animal Behaviour*, Vol. 61(2001), no. 1, pp. 139~151.

Kano, F., & J. Call, "Cross-species variation in gaze following and conspecific preference among great apes, human infants and adults", *Animal Behaviour*, Vol. 91(2014), pp. 136~149.

Kobayashi, H., and S. Kohshima, "Unique morphology of the human eye", *Nature* Vol. 387(1997), pp. 767~768.

Kobayashi, J., and S. Kohshima, "Unique morphology of the human eye and its adaptive meaning: comparative studies on external morphology of the primate eye", *Journal of Human Evolution*, Vol. 40(2001), no. 5, pp. 419~435.

Povinelli, D. J., T. J. Eddy, R. P. Hobson and M. Tomasello, "What Young Chimpanzees Know about Seeing", *Monographs of the Society for Research in Child Development*, Vol. 61(1996), No. 3, pp. i+iii+v~vi+1~189.

Senju, A., K. Yaguchi, Y. Tojo, and T. Hasegawa, "Eye contact does not facilitate detection in children with autism", *Cognition*, Vol. 89(2003), B43~B51.

Soproni, K., A. Miklosi, J. Topal & V. Csanyi, "Dogs' (Canis familiaris) responsiveness to human pointing gestures", *Journal of Comparative Psychology*, Vol. 116(2002), no. 1, pp. 27~34.

Tomasello, M. "Why don't apes point?" In N J Enfield & S C Levinson (eds), *Roots of Human Sociality: Culture, cognition and interaction*, Berg, 2006, pp. 506~524.

Tomasello, M. and E. Herrmann, "Ape and Human Cognition", *Current Directions in Psychological Science*, Vol. 19(2010), no. 1, pp. 3~8.

Tomasello, M., *A Natural History of Human Thinking*, Harvard University Press, 2014.

Tomasello, M., B. Hare, H. Lehmann and J. Call, "Reliance on head versus eyes in the gaze following of great apes and human infants: the cooperative eye hypothesis", *Journal of Human Evolution*, Vol. 52(2007), pp. 314~320.

Wilson, E. O., *The Social Conquest of Earth*, Liveright, 2012; 이한음 옮김,《지구의 정복자》, 사이언스북스, 2013.

7장 왜 포르노에 빠지는가?

장대익, 〈일반 복제자 이론: 유전자, 밈, 그리고 지향계〉,《과학철학》114권 (2008), 1~33쪽.

최재천, 한영우, 김호, 황희선, 홍승효, 장대익.《살인의 진화심리학: 조선 후기의 가족 살해와 배우자 살해》(서울대학교 출판부, 2003).

Blackmore, S., *The Meme Machine*, Oxford University Press, 1999;《밈》, 김영남 옮김, 바다출판사, 2010.

Buss, D. et al., "Sex differences in jealousy: Evolution, physiology, and psychology", *Psychological Science*, Vol. 3(1992), pp. 251~255.

Buss, D. et al., "Jealousy and the nature of beliefs about infidelity: Tests of competing hypotheses about sex differences in the United States, Korea, and Japan", *Personal Relationships*, Vol. 6(1999), pp. 125~150.

Buss, D., "Sexual conflict: Evolutionary insights into feminist and the "battle of the sexes."", In D. Buss & N. M. Malamuth(Eds.) *Sex, power, conflict:*

Evolutionary and feminist perspectives, Oxford University Press, 1996, pp. 296~318.

_____, *The Evolution of Desire: Strategies of Human Mating*(Revised ed.), Free Press, 2003;《욕망의 진화》, 전중환 옮김, 사이언스북스, 2007.

_____, *Evolutionary Psychology*, 2nd Ed., Allyn and Bacon, 2004.

Carroll, J., *Literary Darwinism: Evolution, Human Nature, and Literature*, Routledge, 2004.

_____, "Evolutionary approaches to literature and drama," In Dunbar, R. and Barrett, L.(eds.). *The Oxford Handbook of Evolutionary Psychology*, Oxford University Press, 2007, pp. 637~648.

Dennett, D., *Darwin's Dangerous Idea*, Touchstone, 1995.

_____, *Breaking the Spell: Religion as a Natural Phenomena*, Viking, 2006;《주문을 깨다》, 김한영 옮김, 동녘사이언스, 2010.

Dunbar, R. and Barrett, L.(eds.), *The Oxford Handbook of Evolutionary Psychology*, Oxford University Press, 2007.

Ellis, B. J., & D. Symons, "Sex differences in fantasy: An evolutionary psychological approach," *Journal of Sex Research*, Vol. 27(1990), pp. 527~556.

Gaddam, S. and O. Ogas, *A Billion Wicked Thoughts*, Dutton, 2011;《포르노 보는 남자, 로맨스 읽는 여자》, 왕수민 옮김, 웅진지식하우스, 2012.

Gallese, V., M. A. Gernsbacher et al., "Mirror Neuron Forum" *Perspectives on Psychological Science*, Vol. 6(2011), no. 4, pp. 369~407.

Gangestad, S. W., & R. Thornhill, "Human sexual selection and developmental stability," In J. A. Simpson & D. T. Kenrick (Eds.), *Evolutionary social psychology*, Erlbaum, 1997, pp. 169~195.

Gottschall, J. and Wilson, D. S.(eds.), *The Literary Animal: Evolution and the Nature of Narrative*, Northwestern Press, 2005.

Iacoboni, M., *Mirroring People*, Picador, 2009a; 김미선 옮김,《미러링 피플》, 갤
리온, 2009.

_____ , "Neurobiology of Imitation", *Current Opinion in Neurobiology*, Vol.
19(2009b), No. 6, pp. 661~665.

Mouras, H., S. Stoleru, V. Moulier, M. Pelegrini-Issac, R. Rouxel, B.
Grandjean, D. Glutron, and J. Bittoun. "Activation of mirror-neuron
system by erotic video clips predicts degree of induced erection: an
fMRI study," *NeuroImage*, Vol. 42(2008), pp. 1142~1150.

Rizzolatti, G. and Fabbri-Destro, M., "Mirror Neurons: From Discovery to
Autism", *Experimental Brain Research*, Vol. 200(2010a), pp. 223~237.

Salmon, C. and Symons, D. *Warrior Lovers: Erotic fiction, Evolution and Female
Sexuality*, Weidenfeld & Nicholson, 2001.

Symons, D. *The Evolution of Human Sexuality*, Oxford university Press, 1979;《섹
슈얼리티의 진화》, 김성한 옮김, 한길사, 2007.

Trivers, R. L. "Parental investment and sexual selection," in B. Campbell (ed.),
Sexual Selection and The Descent of Man: 1871-1971, Aldine, 1972, pp.
136~179.

Pinker, S., *How the Mind Works*, Norton, 1999; 김한영 옮김,《마음은 어떻게
작동하는가?》, 소소, 2007.

8장 왜 종교적 세계관은 사라지지 않는가?

장대익, 〈이타성의 진화와 선택의 수준 논쟁〉,《과학철학》, 8권 1호(2005),
81~113쪽.

_____ , 〈도킨스 다시 읽기: 복제자, 행위자, 그리고 수혜자〉,《철학사상》, 제
25권(2007), 195~225쪽.

_____, 〈일반 복제자 이론: 유전자, 밈, 그리고 지향계〉, 《과학철학》 11권 1호 (2008a), 1~33쪽.

Alcock, J., *Animal Behavior: An Evolutionary Approach*, 6th ed., Sinauer, 2005

Atran, S., *Cognitive Foundations of Natural History: Towards an Anthropology of Science*, Cambridge University Press, 1990.

_____, *In Gods We Trusts: The Evolutionary Landscape of Religion*, Oxford University Press, 2002.

Barkow, J. H., Cosmides, L. and Tooby, J.(eds.). *The Adapted Mind*, Oxford University Press, 1992.

Baron-Cohen, S. *Mindblindness: An Essay on Autism and the Theory of Mind*. The MIT Press, 1995.

Baron-Cohen, S., Tager-Flusberg, H., & Cohen D. J.(eds.), *Understanding Other Minds: Perspectives from Developmental Neuroscience, 2nd ed.*, Oxford University Press, 2000.

Barrett, J. L., "Exploring the Natural Foundations of Religion", *Trends in Cognitive Sciences*, Vol. 4(2000), No. 1, pp. 29~34.

Blackmore, S., *The Meme Machine*, Oxford University Press, 1999; 김영남 옮김, 《밈》, 바다출판사, 2010.

Boyer, P., *The Naturalness of Religious Ideas*, University of California Press, 1994.

_____, *Religion Explained: Evolutionary Origins of Religious Thought*, Basic Books, 2001.

_____, "Religious Thought and Behavior as By-products of Brain Function", *Trends in Cognitive Sciences*, Vol. 7(2003), No. 3, 119-124.

Cheney, D. L., and Seyfarth, R. M., *How monkeys see the world: Inside the mind of another species*. The University of Chicago Press, 1990.

Darwin, C., *The Descent of Man and Selection in Relation to Sex*. Murray, 1871.

Dawkins, R., *The Selfish Gene*, Oxford University Press, 1976/1989; 홍영남 옮김,

《이기적 유전자》, 을유문화사, 1993.

_____, *A Devil's Chaplain*, Weidenfeld & Nicolson, 2003; 이한음 옮김, 《악마의 사도》, 바다출판사, 2007.

_____, *The God Delusion*, Houghton Mifflin, 2006; 이한음 옮김, 《만들어진 신》, 김영사, 2007.

Dennett, D., "Intentional System", *Journal of Philosophy*, Vol. 68(1971), pp. 87~106.

_____, *The Intentional Stance*, MIT Press, 1987.

_____, *Consciousness Explained*, Brown & Company, 1991; 유자화 옮김, 《의식의 수수께끼를 풀다》, 옥당, 2013.

_____, *Darwin's Dangerous Idea*, Touchstone, 1995.

_____, *Brainchildren*, MIT Press, 1998.

_____, *Breaking the Spell: Religion as a Natural Phenomenon*, Viking, 2006a; 김한영 옮김, 《주문을 깨다》, 동녘사이언스, 2010.

_____, "From Typo to Thinko: When Evolution Graduated to Semantic Norms", in Levinson, S. C. and Jaisson, P.(eds.), *Evolution and Culture*, the MIT Press, 2006b, pp. 133~146.

Gould, S. J. and Lewontin, R,, "The Spandrels of San Marco and the Panglossian Paradigm: A Critique of the Adaptationist Programme," *Proc. of the Royal Society of London, ser. B.*, Vol. 205(1979), pp. 581~598.

Matsuzawa, T.(ed.), *Primate Origins of Human Cognition and Behavior*, Springer, 2001.

Mayr, E., *The Growth of Biological Thought*, Harvard University Press, 1982.

Spelke, E., Phillips, A., and Woodward, A., "Infants' Knowledge of Object Motion and Human Action", In Sperber, D., Premack, D., & Premack, A.(eds.), *Causal Cognition: A multidisciplianry debate*, Clarendon Press, 1995.

Tomasello, M. and Call, J., *Primate cognition*. Oxford University Press, 1997.

Whiten, A., Goodall, J., McGrew, W. C., Nishida, T., Reynolds, V., Sugiyama, Y., Tutin, C., Wrangham, R., and Boesch, C., "Cultures in chimpanzees," *Nature*, Vol. 399(1999), pp. 682~685.

Whiten, A., Horner, V., Litchfield, C. A. and Marshall-Pescini, S., "How Do Apes Ape?", *Animal Learning and Behaviour*, Vol. 32(2004), No. 1, pp. 36~52.

Wilson, D. S., *Darwin's Cathedral: Evolution, Religion, and the Nature of Society*, The University of Chicago Press, 2002; 이철우 옮김,《종교는 진화한다》, 아카넷, 2004.

Wilson, E. O., *Sociobiology: The New Synthesis*, Belknap Press, 1975; 이병훈 옮김,《사회생물학》, 민음사, 1992.

_____, *Consilience: The Unity of Knowledge*, Knopf, 1998; 최재천·장대익 옮김,《통섭: 지식의 대통합》, 사이언스북스, 2005.

9장 도덕의 뿌리는 어디에 있는가?

성영신 외 지음,《뇌를 움직이는 마음, 마음을 움직이는 뇌》, 해나무, 2004.

Avenanti, A., Bueti, D., Galati, G., and Aglioti, S. M. "Transcranial magnetic stimulation highlights the sensorimotor side of empathy for pain", *Nature Neuroscience*, Vol. 8(2005), No. 7, pp. 955~960.

Bartels, A. and Zeki, S., "The neural basis of romantic love", *NeuroReport*, Vol. 17(2000), No. 11, pp. 3829~3834.

Canli et al., "Amygdala response to happy faces as a function of extraversion", *Science*, Vol. 296(2001), pp. 2191

Canli et al., "An fMRI study of personality influences on brain reactivity to emotional stimuli", *Behavioral Neuroscience*, Vol. 115(2001), pp. 33~42.

Canli, T. and Amin, Z., "Neuroimaging of emotion and personality: Scientific evidence and ethical considerations", *Brain and Cognition*, Vol. 50(2002), pp. 414~431.

Caplan, A. & Elliott, C., "Is it ethical to use enhancement technologies to make us better than well?", *PLoS Medicine*, Vol. 1(2004), No. 3, e52, pp. 173~175.

Chapman, H. A., Kim, D. A., Susskind, J. M., & Anderson, A. K., "In Bad Taste: Evidence for the Oral Origins of Moral Disgust," *Science*, Vol. 323(2009), pp. 1222~1226.

Dennett, D., *Freedom Evolves*, Viking, 2003.

Drescher, G., *Made-Up Minds: A Constructive Approach to Artificial Intelligence*, MIT Press, 1991.

Dumit, J., *Picturing Personhood: Brain Scans and Biomedical Identity*. Princeton University Press, 2003.

Farah M. J. et al., "Neurocognitive enhancement: What can we do? What should we do?", *Nature Reviews Neurosciences*, Vol. 5(2004), pp. 421~425.

Farah, M., "Emerging ethical issues in neuroscience", *Nature Neuroscience*, Vol. 5(2002), pp. 1123~1129.

_____, "Neuroethics: the practical and the philosophical", *Trends in Cognitive Science*, Vol. 9(2005), No. 1, pp. 34~40.

Feder, B., "Truth and Justice", *New York Times*, 9 Oct. 2001

Foster, K.R., Wolpe P.R. and Caplan, A.L.(2003), *Bioethics and the Brain*. IEEE Spectrum, June 2003.

Furlan, P. M. et al., "SSRIs do not cause affective blunting in healthy elderly volunteers", *American Journal of Geriatric Psychiatry*, Vol. 12(2004), pp.

323~330.

Gazzaniga, M.(Ed.), *The Cognitive Neurosciences III*, MIT Press, 2004.

_____, *The Ethical Brain*, Dana Press, 2005; 《뇌는 윤리적인가》, 김효은 옮김, 바다출판사, 2015.

Gray, R. and Thompson, P., "Neurobiology of intelligence: science and ethics", *Nature Reviews Neuroscience*, Vol. 5(2004), pp. 471~482.

Hall, S. S., "The quest for a smart pill", *Scientific American*, Vol. 289(2003), pp. 54–57; pp. 60–65.

Iacoboni, M., *Mirroring People*, Picador, 2009a; 김미선 옮김, 《미러링 피플》, 갤리온, 2009a.

_____, "Neurobiology of Imitation", *Current Opinion in Neurobiology*, Vol. 19(2009b), No. 6, pp. 661~665.

Illes, J. & Bird, S. J., "Neuroethics: a modern context for ethics in neuroscience", *Trends in Neurosciences*, Vol. 29(2006), No. 9, pp. 511~517.

Kane, R., *The Significance of Free Will*, Oxford University Press, 1996.

Knutson, B. et al., "Selective alteration of personality and social behavior by serotonergic intervention", *American Journal of Psychiatry*, Vol. 155(1998), pp. 373~379.

Lynch, G., "Memory enhancement: the search for mechanism-based drugs", *Nature Neurosciences*, Vol. 5(2002), pp. 1035~1038.

McClure, S. M. et al. "Neural correlates of behavioral preference for culturally familiar drinks", *Neuron*, Vol. 44(2004), pp. 379~387.

Mehta M. A. et al., "Methylphenidate enhances working memory by modulating discrete frontal and parietal lobe regions in the human brain", *Journal of Neuroscience*, Vol.20(2000), RC65.

Mobbes D. et al., "Law, Responsibility, and the Brain", *PLoS Biology*, Vol. 5(2007), No. 4, e103, pp. 693~700.

Moreno J. D., "Neuroethics: an agenda for neuroscience and society". *Nature Reviews Neuroscience*, Vol. 4(2003), No. 2, pp. 149~153.

Roskies, A., "Neuroethics for the new millennium", *Neuron*, Vol. 35(2002), pp. 21~23.

_____, "Neuroscientific challenges to free will and responsibility", *Trends in Cognitive Sciences*, Vol. 10(2006), No. 9, pp. 419~423.

Siegal M, and Varley R., "Neural systems involved in "theory of mind", *Nature Reviews Neuroscience*, Vol. 3(2000), No. 6, pp. 463~71.

Singer, T., B. Seymour, et al. "Empathy for pain involves the affective but not sensory components of pain", *Science*, Vol. 303(2004), No. 5661, pp. 1157~1162.

Slutske, W., "The genetics of antisocial behavior", *Curr. Psychiatry Rep*, Vol. 3(2001), pp. 158~162.

Wen, P., "Scientists Eyeing High-Tech Up grade for Lie Detectors", *Boston Globe*, 16 June 2001.

10장 뇌 밖에도 마음이 존재하는가?

이영의, 〈분산된 인지와 마음〉, 《철학연구》 35권 2호(2008).

이정모, 《인지심리학: 형성사, 개념적 기초, 조망》, 아카넷, 2001.

_____, 〈심리학에 새로운 혁명이 오고 있는가? - 체화적 접근〉, 동덕여대 지식융합심포지엄 발표문, 2009a.

_____, 《인지과학: 학문간 융합의 원리와 응용》, 성균관대학교 출판부, 2009b.

장대익, 《이보디보 관점에서 본 유전자, 선택, 그리고 마음: 모듈론적 접근》, 서울대학교 박사학위논문, 2005.

_____, 〈뇌 탓이오?: 신경윤리학의 쟁점들〉, 《철학과 현실》 79권(2008).

Adams, F. & Aizawa, K., "The bounds of cognition," *Philosophical Psychology*, Vol. 14(2001), pp. 43~64.

_____, "Why the Mind is Still in the Head," In Robbins P. & Aydede M.(eds.), *Cambridge Handbook of Situated Cognition*, Cambridge University Press, 2009, pp. 78~95.

Bem, S., & Keijzer, F., "Recent changes in the concept of cognition," *Theory & Psychology*, Vol. 6(1996), pp. 449~469.

Beurton, P.J., Falk, R., and Rheinberger, H.-J.(eds.). *The Concept of the Gene in Development and Evolution: Historical and Epistemological Perspectives*, Cambridge University Press, 2000.

Calvo, P. & Gomila, T., *Handbook of cognitive science: An embodied approach*, Elsevier, 2008.

Clark, A. and Chalmers, D., "The extended mind," *Analysis*, Vol. 58(1998), pp. 7~19.

Clark, A., *Being there: Putting brain, body, and world together again*, MIT press, 1997

_____, *Natural-Born Cyborgs*, Oxford University Press, 2003.

_____, *Supersizing the mind: Embodiment, action, and cognitive extension*, Oxford University Press, 2008.

Craig, M. C. et al., "Altered connections on the road to psychopathy," *Molecular Psychiatry*, Vol. 14(2009), pp. 946~953.

Giere, R., "Scientific cognition as distributed cognition," in Carruthers, P., Stich S., and Siegel, M. (eds.), *The Cognitive Basis of Science*. Cambridge University Press, 2002, pp. 285.

Gray, R. D., "Selfish genes or developmental systems? Evolution without interactors and replicators?," In R. Singh, K. Krimbas, D. Paul and J. Beatty (Eds.), *Thinking about evolution: Historical, philosophical and political perspectives*, Cambridge University Press, 2001, pp. 184~207.

Griffiths, P. E. and Gray, R. D., "Developmental Systems and Evolutionary Explanation," *Journal of Philosophy*, Vol. 91(1994), pp. 277~304.

_____, "Replicator II: Judgment Day," *Biology and Philosophy*, Vol. 12(1997), pp. 471~492.

_____, "Darwinism and Developmental Systems," in S. Oyama, P. E. Griffiths, and Russell D. Gray (eds.), *Cycles of contingency: Developmental systems and evolution*, 2001, pp. 195~218.

Griffiths, P. E. and Knight, R. D., "What is the Developmental Challenge," *Philosophy of Science*, Vol. 65(1998), pp. 253~258.

Hollnagel, E., "The elusiveness of cognition," In B. Wallace, A, Ross, J. Davies, & T. Anderson, T. (Eds.), *The mind, the body and the world: Psychology after Cognitivism?*, Imprint Academic, 2007.

Jablonka, E. and Szathmary, E., "The evolution of information storage and heredity," *Trends in Ecology and Evolution*, Vol. 10(1995), pp. 206~211.

Keller, E. F., "Decoding the Genetic Program: Or, Some Circular Logic in the Logic of Circularity," in Beurton, P. J., Falk, R., and Rheinberger, H. J.(eds), *The Concept of the ene in Development and Evolution: Historical and Epistemological Perspectives*, Cambridge University Press, 2000.

Kitcher, P., "Battling the Undead: How (and How Not) to Resist Genetic Determinism," in R. Singh, K. Krimbas, D. Paul and J. Beatty (Eds.). *Thinking about evolution: istorical, philosophical and political perspectives*, Cambridge University Press, 2001.

Levy, N., "Rethinking Neuroethics in the Light of the Extended Mind Thesis," *The American Journal of Bioethics*, Vol. 7(2007), No. 9, pp. 3~11.

Maynard Smith, J., "The Concept of Information in Biology," *Philosophy of Science*, Vol. 67(2000), pp. 177~194.

Noë, A., *Action in Perception.*, MIT Press, 2004.

_____, *Out of our heads*, Hill & Wang, 2009; 《뇌과학의 함정》, 김미선 옮김, 갤리온, 2009.

Osbectk, L. M., "Transformations in Cognitive Science: Implications and Issues Posed," *Journal of Theoretical and Philosophical Psychology*, Vol. 29(2009), No. 1, p. 16.

Oyama, S., *The Ontogeny of Information: Developmental systems and evolution*, Duke University Press, 1985.

Oyama, S., Griffiths, P. E., and Gray, R. D., "What is Developmental Systems Theory", in S. Oyama, P. E. Griffiths, and Russell D. Gray (eds.), *Cycles of Contingency: Developmental Systems and Evolution*. MIT Press, 2003, pp. 1~11.

Rupert, R., "Challenges to the hypothesis of extended cognition," *Journal of Philosophy*, Vol. 101(2004), pp. 389~428.

Sarkar, S., "Biological Information: A Skeptical Look at Some Central Dogmas of Molecular Biology," in S. Sarkar(ed.), *The Philosophy and History of Molecular Biology: New Perspectives*, Dordrecht, Kluwer Academic Publishers, 1996.

Sterelny, K., *Thought in a Hostile World*, Blackwell, 2004.

Sterelny, K., et al., "The extended replicator," *Biology and Philosophy*, Vol. 11(1996), pp. 377~403.

van Dijk, J., Kerkhofs, R., van Rooij, I. & Haselager, P., "Can there be such a thing as embodied embeded cognitive neuroscience?," *Theory and Psychology*, Vol. 18(2008), No. 3, pp. 297~316.

Varela, F., Thompson, E., and Roshe, E., *The Embodied Mind*, MIT press, 1991.

Weber, S. et al., "Structural brain abnormalities in psychopaths—a review," *Behavioral Sciences & the Law*, Vol. 26(2008), pp. 7~28.

Wilson, M., "Six views of embodied cognition," *Psychonomic Bulletin & Review*, Vol. 9(2002), pp. 625~636.

11장 혁신은 어떻게 오는가?

장대익, 《이보디보 관점에서 본 유전자, 선택, 그리고 마음: 모듈론적 접근》, 서울대학교 박사학위논문, 2005.

_____, 〈일반 복제자 이론: 유전자, 밈, 그리고 지향계〉, 《과학철학》 11권 1호 (2008), 1~33쪽.

Akam, M., "*Hox* genes, Homeosis, & the Evolution of Segment Identity: No need for Hopless Monster", *International Journal of Developmental Biology*, Vol. 42(1998), pp. 445~451

Amundson, R., "Two concepts of constraint: Adaptationism and the challenge from developmental biology", *Philosophy of Science*, Vol. 61(1994), pp. 556~578

Arthur, W., *The Origin of Animal Body Plans: A Study in Evolutionary Developmental Biology*, Cambridge University Press, 1997.

_____, *Evolutionary Developmental Biology: Developmental Constraint, Encyclopedia of Life Science(www.els.net)*, Nature Publishing Group, 2001.

Basalla, G., *The Evolution of Technology*, Oxford University Press, 1988; 김동광 옮김, 《기술의 진화》, 까치, 1996.

Campbell, D., "Unjustified Variation and Selective Retention in Scientific Discovery," in eds., by F. Ayala & T. Dobzhansky, *Studies in the Philosophy of Biology*, University of California Press, 1974.

Carroll, S. B., "Endless Forms: The Evolution of Gene Regulation and Morphological Diversity", *Cell*, Vol. 101(2000), pp. 577~580

_____, "Chance and Necessity: The Evolution of Morphological Complexity and Diversity", *Nature*, Vol. 409(2001a), pp. 1102~1109.

_____, "The Big Picture", *Nature*, Vol. 409(2001b), p. 669

Carroll, S. B., Grenier, J. K., and Weatherbee, S. D., *From DNA to Diversity: Molecular Genetics and the Evolution of Animal Design*, Blackwell Science, 2001.

Cosmides, L. and J. Tooby, "Cognitive adaptations for social exchange", in J. Barkow, L. Cosmides, & J. Tooby(eds.) *The adapted mind: Evolutionary psychology and the generation of culture*, Oxford University Press, 1992.

Darwin, C., *On the Origin of Species*, Murray, 1859.

Dawkins, R., *The Selfish Gene*, Oxford University Press, 1976/1989; 홍영남 옮김, 《이기적 유전자》, 을유문화사, 1993.

_____, *Extended Phenotype*, Oxford University Press. 1982; 홍영남 옮김, 《확장된 표현형》, 을유문화사, 2004.

Dietrich, M. R., "Macromutation", in eds. by E. F. Keller & E. A. Lloyd, *Keywords in Evolutionary Biology*, Harvard University Press, 1992, pp. 194~201.

Erwin, D. H., "The Origin of Bodyplans", *American Zoologist*, Vol. 39(1999), pp. 617~629

Galis, F., "Key Innovations and Radiations", in ed. by G. P. Wagner, *The Character Concept in Evolutionary Biology*, Academic Press, 2001, pp. 581~606

Gehring, W. J. & Ikeo, K., "Pax6: master eye morphogenesis & eye evolution", *Trends in Genetics*, Vol. 15(1999), pp. 371~277.

Gerhart, J. and Kirschner, M., *Cells, Embryos, and Evolution*, Blackwell Science, 1997.

Gilbert, S., *Developmental Biology, 6th ed.*, Sinauer, 2000.

Gilbert, S. et al., "Resynthesising evolutionary and developmental biology", *Developmental Biology*, Vol. 173(1996). pp. 357~372.

Goodall, J., *The Chimpanzee of Gombe*, Harvard University Press, 1986.

Gould, S. J. *Full House*, Harmony Book, 1996; 이명희 옮김, 《풀하우스》, 사이언스북스, 2002.

Hall, B. K., *Evolutionary developmental biology, 2nd ed.,* Chapman & Hall, 1999.

Holland, J., Holyoak, K., Nisbett, R., and Thagard, P., *Induction: Process of Inference, Learning, and Discovery*, MIT Press, 1986.

Holland, P. W. H., "The Future of Evolutionary Developmental Biology", *Nature*, Vol. 402(1999), pp. C41~C44.

Hull, D. L., *Science as a Process*, University of Chicago Press, 1988.

Jacob, F., "Evolution and Tinkering", *Science*, Vol. 196(1977), pp. 1161~1166.

Keller, L.(ed.), *Levels of Selection in Evolution*, Princeton University Press, 1999.

Leroi, A. M., "The scale independence of evolution", *Evolution and Development*, Vol. 2(2000), pp. 67~77.

Matsuzawa, T.(ed.), *Primate Origins of Human Cognition and Behavior*, Springer, 2001.

Maynard Smith, J. and Szathmary, E., *The Origins of Life: From the Birth of Life to the Origin of Language*, Oxford University Press, 1999.

Mithen, S., *The Prehistory of the Mind*, Thames and Hudson, 1996; 윤소영 옮김, 《마음의 역사》, 영림카디널, 2001.

Mokyr, J., "Evolutionary phenomena in technological change," in ed. by J. Ziman, *Technological Innovation as an Evolutionary Progress*, Cambridge University Press, 2000, pp. 52~65

Muller, G. B. and Wagner, G. P., "Novelty in evolution: Restructuring the concept", *Annual Review of Ecology and Systematics*, Vol. 22(1991), pp. 229~256.

Muller, G. B., "Novelty and Key Innovations", in ed. by M. Pagel, *Encyclopedia of Evolution*, Oxford University Press, 2002, pp. 827-830.

Nitecki, M. H.(ed.), *Evolutionary Innovations*, University of Chicago Press, 1990.

Pinker, S., *The Blank Slate*, Viking, 2002.

Raff, R., *The Shape of Life: Genes, Development, and the Evolution of Animal Form*, The University of Chicago Press, 1996.

_____, "Evo-Devo: the evolution of a new discipline", *Nature Genetics*, Vol. 1(2000), pp. 74~79.

Raup, D., *Extinction: Bad Luck or Bad Genes?*, W. W. Norton, 1997; 장대익 · 정재은 옮김, 《멸종》, 문학과 지성사, 2003.

Ruse, M., *Taking Darwin Seriously: A Naturalistic Approach to Philosophy*, Blackwell Publishers, 1986.

Scott, M. P., "Development: The Natural History of Genes", *Cell*, Vol. 100(2000), pp. 27~40

Spelke, E., "Physical knowledge in infancy: reflections on Piaget's theory", in eds., by S. Carey and R. Gelman, *Epigenesis of Mind*, Erlbaum, 1991, pp.133-169.

Wagner, G. P and Altenberg, L., "Perspective: Complex Adaptations and the Evolution of Evolvability", *Evolution*, Vol. 50(1996), pp. 967-976.

West-Eberhard, M. J., *Developmental Plasticity and Evolution*, Oxford University Press, 2002.

Wilson, E. O., *Sociobiology: The New Synthesis*, Belknap Press, 1975; 이병훈 옮김, 《사회생물학》, 민음사, 1992.

Ziman, J., "Evolutionary Models for Technological Change, in ed. by J. Ziman, *Technological Innovation as an Evolutionary Progress*, Cambridge University Press, 2000, pp. 3~12.

책·논문

용어 · 인명

다윈의 정원

다윈의 정원

초판 1쇄 발행 | 2017년 1월 10일
초판 6쇄 발행 | 2023년 6월 15일

지은이   장대익
편집   박선진
디자인   정진혁

펴낸곳   (주)바다출판사
주소   서울시 종로구 자하문로 287
전화   322-3885(편집), 322-3575(통합마케팅부)
팩스   322-3858
E-mail   badabooks@daum.net
홈페이지   www.badabooks.co.kr

ISBN 978-89-5561-882-2 03100